LA ROUE À LIVRES

Collection dirigée

par

Michel Casevitz

Professeur émérite de grec
à l'Université de Paris Ouest

Aude Cohen-Skalli

Chargée de recherche au CNRS
(Aix Marseille Université, TDMAM)

HIÉROCLÈS D'ALEXANDRIE

COMMENTAIRE
SUR LES VERS D'OR
DES PYTHAGORICIENS

TRAITÉ SUR LA PROVIDENCE

HIÉROCLÈS D'ALEXANDRIE

COMMENTAIRE SUR LES VERS D'OR DES PYTHAGORICIENS

TRAITÉ SUR LA PROVIDENCE

Textes introduits, traduits et annotés

par

NOËL AUJOULAT

et

ADRIEN LECERF

PARIS

LES BELLES LETTRES

2018

95, bd Raspail, 75006 Paris.
www.lesbelleslettres.com

ISBN : 978-2-251-44798-8
ISSN : 1150-4129

À Jacques Lamoureux,
À mon collègue,
À mon ami.

AVERTISSEMENT

Noël Aujoulat est décédé le 9 janvier 2017. Le présent livre tire son origine d'un manuscrit remis initialement par ses soins aux éditions des Belles Lettres. J'ai ensuite été chargé de réviser et compléter le manuscrit. C'est le résultat de ce travail – mené sans possibilité de contact direct avec Noël Aujoulat – qui est présenté ici.

La rédaction de l'Avant-Propos et de l'Introduction revient à Noël Aujoulat, hors corrections ponctuelles de ma part, et à l'exception des chapitres « Les *Vers d'or* : nature et interprétation » et « La doctrine philosophique de Hiéroclès ». La section « Le problème du Hiéroclès chrétien » adapte les arguments employés par Noël Aujoulat dans sa première rédaction, et les met en regard d'autres, relevant d'opinions différentes.

La traduction a été initialement élaborée par Noël Aujoulat ; je l'ai intégralement revue et ai ajouté la majorité des notes : celles présentant un contenu philologique ou mentionnant les ouvrages énumérés dans la liste des abréviations bibliographiques reviennent toutefois pour l'essentiel à Noël Aujoulat.

A.L.

ABRÉVIATIONS BIBLIOGRAPHIQUES

Aujoulat	N. Aujoulat, *Le Néoplatonisme alexandrin, Hiéroclès d'Alexandrie* (Philosophia Antiqua 45), Leyde, 1986.
Hadot	I. Hadot, *Le problème du néoplatonisme alexandrin, Hiéroclès et Simplicius* (Collection des Études augustiniennes. Série Antiquité 76), Paris, 1978.
Koehler	*Hieroclis in aureum Pythagoreorum carmen commentarius* recensuit F. G. Koehler (Bibliotheca Teubneriana), Stuttgart, 1974.
Mullach	*Hieroclis in aureum Pythagoreorum carmen commentarius* recensuit et illustravit F. G. A. Mullach, Berlin, 1853.
Schibli	H. S. Schibli, *Hierocles of Alexandria*, Oxford, 2002.
Schwyzer	H.-R. Schwyzer, compte rendu de l'édition Koehler de Hiéroclès, *Gnomon* 50, 1978, p. 251-256.
Thom	J. C. Thom, *The Pythagorean Golden Verses* (Religions in the Graeco-Roman World 123), Leyde, 1995.
D.-K.	H. Diels et W. Kranz, *Die Fragmente der Vorsokratiker*, Berlin, 1951^{6}.
V.O.	*Les Vers d'or* (numérotation d'après Koehler, p. 1-4).

L'écrit de Jamblique désigné comme *Réponse à Porphyre* est celui traditionnellement connu sous le titre (erroné) de *Mystères d'Égypte*, en latin *De Mysteriis*.

AVANT-PROPOS

Le *Commentaire sur les* Vers d'or *des Pythagoriciens* du philosophe Hiéroclès d'Alexandrie est connu en France grâce à la traduction du grec publiée par Mario Meunier en 1931[1]. Ce dernier, dans ses prolégomènes, fait allusion à son prédécesseur, André Dacier, traducteur des *Commentaires d'Hiéroclès sur les Vers Dorez de Pythagore...* parus en 1706[2]. Mario Meunier juge très défavorablement cette traduction. « Son exactitude en effet, dit-il, est maintes fois douteuse, et le style du traducteur nous paraît aujourd'hui si désuet et si vieilli, si contourné et si compact, que la lecture de son œuvre nous en devient presque impossible[3] ». Cette appréciation est trop sévère à notre avis. Si la traduction d'André Dacier n'est pas toujours exacte, du moins, avec un peu d'attention, son style nous paraît, même de nos jours, passablement accessible.

Quant à la version de Mario Meunier, malgré déjà un long passé, elle est encore utilisable et mérite mieux que le jugement de « belle infidèle ». Son auteur reste, en général, assez

1. *Pythagore, Les Vers d'Or ; Hiéroclès, Commentaire sur les Vers d'Or des Pythagoriciens*, traduction nouvelle avec prolégomènes et notes par M. Meunier, Paris, 1931.

2. *Les Commentaires d'Hiéroclès sur les Vers Dorez de Pythagore*, rétablis sur les manuscrits et traduits en français avec des remarques par M. Dacier, garde des livres du Cabinet du Roy, t. II, Paris, 1706.

3. M. Meunier, *op. cit.*, p. 9.

proche du texte grec édité par F. G. A. Mullach en 1853[4], en dépit de quelques omissions ou de quelques expédients dans les passages les plus obscurs. Son style n'a pas trop vieilli et n'est pas dépourvu d'une certaine élégance.

Cependant les notes, assez abondantes, ont besoin d'un rajeunissement. D'autre part, une nouvelle édition critique du texte du *Commentaire* a été éditée en 1974 par F. G. Koehler[5]. Elle a supplanté celle de F. G. A. Mullach et fait autorité malgré nombre d'imperfections signalées par H.-R. Schwyzer[6]. C'est donc le texte de Koehler que nous avons suivi, sans nous interdire de revenir parfois, en le signalant, au texte de Mullach, ou d'émettre certaines conjectures, étant bien entendu que le présent ouvrage ne saurait constituer une nouvelle édition[7].

Bien qu'assez fidèle au texte grec, Mario Meunier, dans sa recherche de l'élégance, est souvent contraint de s'écarter du mot à mot et de tendre vers l'interprétation, dérive dangereuse pouvant obscurcir ou modifier la compréhension de la pensée de l'auteur. Nous avons donc tenté de serrer le texte grec au plus près, de respecter, sinon l'ordre des mots, du moins l'ordre des phrases, et de ne pas reculer devant des répétitions ou des ellipses, plus familières au grec qu'au français. Ce contact presque immédiat avec le texte original pourra alléger la tâche de ceux qui sont encore capables de lire le texte grec, tandis que l'on épargnera aux autres, certainement les plus nombreux, des approximations et des inexactitudes.

---

4. Ci-après, Mullach. Le texte grec, avec une traduction latine, a été reproduit par l'auteur dans l'édition Didot, *Fragmenta Philosophorum Graecorum*, t. I, Paris, 1860, p. 408-484.

5. Ci-après, Koehler.

6. Ci-après, Schwyzer.

7. Une telle édition, outre les manuscrits de Hiéroclès lui-même, devrait prendre en considération la tradition manuscrite indépendante des *Vers d'or* (cf. Schwyzer, p. 251) : le travail préparatoire a été effectué par P. Derron, « Inventaire des manuscrits des *Vers d'or* pythagoriciens », *Revue d'histoire des textes* 22, 1992, p. 1-17.

Nous sommes bien conscients cependant qu'une traduction qui suit rigoureusement le texte grec risque de faire parfois violence aux habitudes du français. Si l'on ne peut pas respecter un mot à mot strict, il faut du moins tenter de montrer qu'on ne le perd pas de vue malgré de nécessaires approximations. Nous nous sommes donc efforcé de faire passer en un français acceptable le style de l'auteur, tout en sachant fort bien qu'il s'agit là d'une lutte perdue d'avance, mais nécessaire cependant pour exprimer au plus près la pensée de Hiéroclès.

Nous nous sommes surtout inspiré pour accomplir ce travail de l'ouvrage d'Ilsetraut Hadot, *Le problème du néoplatonisme alexandrin, Hiéroclès et Simplicius* (abrégé « Hadot »), de notre propre thèse, *Le néoplatonisme alexandrin, Hiéroclès d'Alexandrie* (abrégé « Aujoulat »), du commentaire des *Vers d'or pythagoriciens* de Johan C. Thom (*The Pythagorean Golden Verses* ; abrégé « Thom »), et du *Hierocles of Alexandria* d'Hermann S. Schibli (abrégé « Schibli »).

Nous devons beaucoup à ce dernier ouvrage. Sa première partie (« *La vie et la philosophie de Hiéroclès* ») se recommande par l'ampleur et par la précision de son information ; les traductions du *Commentaire* de Hiéroclès et des extraits de son *Traité sur la Providence,* recueillis par Photios, sont fidèles et affrontent sans détour les difficultés du texte grec. Quant aux notes, abondantes, riches en remarques sur la langue grecque, sur la pensée de Hiéroclès, sur les influences qu'il a subies, elles témoignent d'une érudition sans faille et maîtrisée et d'une profonde connaissance de l'Alexandrin et de son époque. Nous avons largement puisé dans cette mine de documents, sans nous interdire toutefois de recourir, dans quelques cas épineux, à la traduction latine du *Commentarius in Aureum Carmen* dans les *Fragmenta Philosophorum Graecorum* de Mullach (1860) ! La traduction allemande de F. W. Koehler (*Hierokles Alexandrinus, Kommentar zum Pythagorerschen goldenen Gedicht*, übers. von F. W. Koehler, Stuttgart, 1983) n'a quant à elle été consultée que sur les points faisant difficulté.

Nous avons ainsi tenté de donner aux lecteurs français une traduction aussi proche que possible du mot à mot du grec, certainement au prix de gaucheries et de raideurs dans l'expression, mais d'une fidélité à la pensée peut-être accrue ; de rajeunir les notes et la documentation afférentes à l'œuvre et à l'époque de l'auteur, et d'effectuer, dans l'introduction, une mise au point sur la place de Hiéroclès dans le néoplatonisme, sujet qui n'a pas fini de diviser, malgré des affirmations par trop péremptoires, les spécialistes de la philosophie des IVe et Ve siècles après J.-C.

N.A.

INTRODUCTION

I. L'auteur du *Commentaire sur les Vers d'or* des Pythagoriciens

Hiéroclès d'Alexandrie est un philosophe peu connu. On peut tout au plus avancer qu'il a vécu dans la première moitié du Ve siècle[1], et la datation de ses œuvres est également incertaine. Il a certainement fréquenté l'école d'Athènes puisqu'il nous apprend que Plutarque le Jeune l'a initié à la doctrine professée par Ammonius Saccas[2]. Photios, tant dans les lignes qu'il lui consacre dans ses extraits de la *Vie d'Isidore* (ou *Histoire philosophique*) par Damascius[3] que dans les deux *codices* dédiés à Hiéroclès[4], ne rapporte sur sa vie aucun événement marquant.

La *Souda,* en revanche, qui dépend, comme Photios, de la *Vie d'Isidore* et complète ainsi les maigres extraits de Photios sur

1. Cf. notre article « Sur la vie et les œuvres d'Hiéroclès : problèmes de chronologie », *Pallas (Annales de l'Université de Toulouse-Le Mirail)* 23, 1976, p. 19-30. Voir aussi Hadot, p. 17-20 et 203-204 ; Schibli, p. 16, n. 62.

2. Dans le *Traité sur la Providence* : Photios, *Bibliothèque*, éd. R. Henry, t. III, Paris, 1962, *codex* 214, 173 a 37-39, p. 130. Les références à cette œuvre seront données, par la suite, avec les seuls numéros de page et de colonne traditionnels.

3. Photios, t. VI, Paris, 1971, cod. 242, n° 36 et 54 dans l'édition de Cl. Zintzen, *Damascii Vitae Isidori reliquiae*, Hildesheim, 1967.

4. Photios, cod. 214 et 251.

Hiéroclès puisés dans ce même ouvrage, raconte que le philosophe alexandrin, étant allé à Byzance, y encourut la disgrâce des puissants du jour – c'est-à-dire des chrétiens –, qu'il fut traduit devant un tribunal et frappé à coups de verges. Son attitude devant ses juges fut héroïque : « Couvert de sang, il en recueille dans le creux de sa main et en asperge son juge tout en disant : "Tiens, Cyclope, bois le vin, maintenant que tu as dévoré la chair humaine"[5] ». Condamné à l'exil, il retourna plus tard à Alexandrie où il reprit ses cours comme à l'accoutumée[6]. Le lieu de son exil est inconnu.

La même *Souda* attribue au philosophe deux ouvrages seulement : l'un, le *Commentaire sur les* Vers d'or *des Pythagoriciens*, nous est parvenu dans son intégrité : l'autre, le *Traité sur la Providence*, nous est connu par un résumé de Photios et par un recueil d'extraits du même auteur. La *Souda* dit exactement qu'on peut apprendre à connaître la pensée magnanime de Hiéroclès *apo heterôn bibliôn peri pronoias sukhnôn*[7], qu'il faut se garder de traduire « par d'autres livres nombreux sur la Providence », comme le fait A.-É. Chaignet[8], alors que *sukhnôn* insiste sur la continuité qui unit les livres composant le seul *Traité sur la Providence*.

Nous connaissons au moins un de ses disciples : Théosébios[9]. Le chrétien Énée de Gaza[10] suivit peut-être ses cours, mais devint

5. Citation d'Homère, *Od.* IX, v. 347 (à propos de Polyphème).

6. Cf. Damascius, *Vie d'Isidore*, Fr. 106 Zintzen (p. 83, 5-11) ; Fr. 45B dans l'éd. Athanassiadi (*Damascius, The Philosophical History*, Athènes, 1999).

7. *Ibid.* (p. 83, 12-15).

8. A.-É. Chaignet, *Proclus le philosophe, commentaire sur le Parménide*, suivi de Damascius, *Vie d'Isidore*, t. III, Paris, 1903, p. 273, en note.

9. Photios, cod. 242, 338 b 37 (Damascius, *Vie d'Isidore*, éd. Zintzen, n° 54 dans l'épitomé de Photios et Fr. 106, p. 80 et 83 ; Fr. 45A et 45B Athanassiadi).

10. Énée de Gaza, *Théophraste*, éd. M. E. Colonna, Naples, 1958, p. 2, 1-9 et 20. Mais la fiabilité autobiographique de la mise en scène du *Théophraste* est contestable. Cf. Hadot, p. 19-20, et surtout p. 203.

sûrement son adversaire. Ils n'étaient pas ses seuls élèves : des expressions malheureusement trop vagues en font foi, comme : « ses auditeurs », « ses disciples ». Il devait faire partie d'un groupe de philosophes alexandrins dont il était peut-être le chef : dans la *Vie d'Isidore* on trouve en effet : « Hiéroclès et ceux qui lui ressemblent »[11], et dans le *Théophraste* d'Énée de Gaza, Euxithéos demande à Aiguptos si existent encore à Alexandrie « les initiateurs aux mystères de la philosophie comme l'était le maître Hiéroclès »[12]. Dans la même œuvre, Euxithéos et son contemporain Protagoras de Lycie, étudiant fort doué, sont donnés comme auditeurs de Hiéroclès, mais ne sont pas autrement connus[13].

Le philosophe alexandrin était lié à un certain Olympiodoros, peut-être à identifier à l'historien originaire de Thèbes en Égypte, qui conduisit avec succès une ambassade auprès des Huns en 412. Cet Olympiodoros (si c'est bien de lui qu'il s'agit) était resté païen. Il connaissait les sophistes de l'époque et aussi Valérius, le préfet de Thrace. Il a dû contribuer à élargir le cercle des relations de Hiéroclès qui lui a dédié son *Traité sur la Providence* : il avait en effet fourni le prétexte de l'ouvrage et était lui-même, d'après Hiéroclès, « épris de philosophie et de savoir en matière politique »[14]. Si l'Olympiodoros ami de Hiéroclès est bien l'historien connu sous ce nom, cela incline à situer l'activité de Hiéroclès assez haut dans la première moitié du ve siècle[15], et

---

11. Photios, cod. 242, 337 b 34, p. 15 (Damascius, *Vie d'Isidore*, éd. Zintzen, n° 36 dans l'épitomé de Photios, p. 52, 5-6 = Fr. 34D Athanassiadi).

12. *Théophraste*, p. 2, 19-20.

13. *Ibid.*, p. 3, 1-2.

14. *Traité sur la Providence*, 171 b 22-32. Le point sur le personnage d'Olympiodoros est fait par I. Hadot dans sa notice « Hiéroclès d'Alexandrie », dans R. Goulet (éd.), *Dictionnaire des philosophes antiques*, t. III, Paris, 2000, p. 692-694, qui critique l'identification des deux figures partageant ce nom.

15. À l'inverse, si on refuse l'identification, on pourra faire naître Hiéroclès aussi tard qu'en 410 (afin qu'il puisse, en tout état de cause, avoir été le disciple de Plutarque d'Athènes), et le faire mourir à une date indéterminée de la seconde moitié du ve siècle.

rend peu probable qu'il ait eu Proclus comme condisciple auprès de Plutarque d'Athènes. Proclus ne profita en effet que deux ans des leçons de ce maître qui mourut en 432. Cependant Proclus a pu entendre parler de Hiéroclès par Plutarque et son entourage, et peut-être l'a-t-il croisé à Alexandrie, lorsqu'il se rendit dans cette ville pour s'initier à la philosophie d'Aristote, avant d'aller à Athènes, soit avant 430[16].

II. L'époque de Hiéroclès

Hiéroclès a vécu à une époque particulièrement troublée. Si l'on admet une date de naissance située vers 390, sa vie a débuté à la fin du règne compliqué de Théodose. Valentinien I, empereur d'Occident, mort en 375, avait laissé deux fils : Gratien et Valentinien II. À la mort de Valens, frère de Valentinien I, chargé de l'Orient, qui périt dans la bataille d'Andrinople livrée contre les Wisigoths (378), Gratien, âgé de dix-neuf ans, transmit la succession de Valens à Théodose dont le père avait rendu de grands services à Valentinien I. Un peu plus tard Maxime, général de Gratien, se révolte et tue l'empereur à Lyon (383). Il passe en Italie et cherche à s'emparer de Valentinien II. Théodose secourt le jeune prince et fait décapiter Maxime à Aquilée (388). Cependant Valentinien II est tué par le chef de ses troupes, Arbogast, officier de la cour de Constantinople. Théodose défait près d'Aquilée Arbogast qui se tue (394), et fait mettre à mort Eugène, Romain d'obscure naissance, ancien professeur de rhétorique, à qui Arbogast avait passé le diadème. Théodose mourut bientôt après, laissant l'Occident à son fils Honorius et l'Orient à son autre fils Arcadius (395). L'Empire romain était définitivement coupé en deux.

Arcadius n'avait pas dix-sept ans lorsqu'il accéda au pouvoir. Il laissa d'abord régner son précepteur Rufin, qui fut assassiné

16. Cf. Marinus, *Proclus ou Sur le bonheur*, éd. H. D. Saffrey, A.-Ph. Segonds et C. Luna (CUF), Paris, 2001, sect. 8-9, p. 9-12.

au bout de deux ans. L'eunuque Eutrope succéda à Rufin, et à sa chute, en 400, la prépondérance passa à l'impératrice Eudoxie. Le chef des troupes impériales, Gaïnas, était un Goth, à la tête d'un puissant parti germanique. Ennemi d'Eutrope, il exigea sa mort d'Arcadius (399), mais le peuple se souleva et massacra la plupart des Goths installés à Constantinople. Gaïnas se réfugia en Thrace auprès du roi des Huns qui le fit exécuter et qui envoya sa tête à Arcadius. Enfin Théodose II (408-450) n'avait que sept ans quand il succéda à son père Arcadius. Sa sœur aînée, Pulchérie, régna en fait jusqu'en 421. Très pieuse, elle inspira à son frère le goût de l'étude et le maria à Eudocie, fille d'un professeur athénien, passionnée pour la philosophie et la théologie. La jeune impératrice supplanta Pulchérie dans l'esprit de l'empereur ; les deux femmes s'opposèrent l'une à l'autre au cours d'une crise religieuse qui bouleversa Constantinople. Ce fut Eudocie qui l'emporta et qui fit disgracier sa belle-sœur (449). À la mort de Théodose II, en 450, la paix religieuse était loin d'être assurée.

Si l'ambiance politique dans laquelle s'est déroulée la vie de Hiéroclès fut particulièrement complexe et agitée, l'histoire religieuse de cette époque le fut tout autant. Hiéroclès a grandi dans une période très pénible pour les adeptes du paganisme. En 391 l'empereur Théodose I interdit les sacrifices, la visite des temples ; en 392 il renforce ces condamnations. Tous ceux qui accomplissent un acte de paganisme commettent un crime de lèse-majesté.

La même année Alexandrie, sous le patriarcat de Théophile, voit la destruction du Sérapéum qui porte un coup fatal à l'hellénisme en Égypte. Les jeux Olympiques sont interdits en 393. En 396 le chef Wisigoth Alaric ravage Éleusis et les mystères éleusiniens sont supprimés.

Cependant, bien loin d'être unis, les chrétiens se déchirent entre eux. Théophile entame une longue lutte contre le patriarche de Constantinople, Jean Chrysostome ; contre un prêtre d'Égypte, Isidore ; réussit à faire bannir le premier par deux fois et se réconcilie avec le second avant de mourir en 412. Son neveu Cyrille lui succède et va porter par tous les moyens la puissance temporelle et spirituelle du patriarcat d'Alexandrie à son plus haut degré. Hiéroclès est ainsi le contemporain d'une succession de faits d'une rare violence. Tout d'abord Cyrille, avec l'aide des moines d'Égypte fanatisés, expulse quarante mille juifs d'Alexandrie, malgré l'opposition du préfet Oreste. Le préfet est lui-même molesté et l'autorité impériale bafouée. Les païens prennent le parti d'Oreste, bien qu'il soit officiellement chrétien ; c'est le prétexte d'une nouvelle émeute contre les païens, au cours de laquelle la philosophe Hypatie est mise en pièces devant l'église du Caesareum. On voit au milieu de quelles tribulations Hiéroclès a passé son enfance et sa jeunesse dans une ville où les patriarches Théophile et Cyrille, secondés par les moines, imposaient une orthodoxie étroite et n'hésitaient pas à se dresser contre l'autorité de l'empereur.

Le patriarche Cyrille devait par la suite porter ses coups contre l'Église de Constantinople et contre Nestorius, imposer ses vues au concile d'Éphèse en 431, surmonter les réticences de l'empereur Théodose II et finalement triompher de tous ses ennemis. Alexandrie dut subir les contrecoups de ces luttes incessantes. À la mort de Cyrille, en 444, elle était le siège du patriarcat le plus puissant de tous « aussi bien par son influence temporelle et son orthodoxie doctrinale que par sa prééminence en matière disciplinaire »[17]. La plus grande partie de la carrière de Hiéroclès s'est probablement déroulée sous le pontificat de l'impétueux prélat. La prudence et la discrétion devaient être alors de règle dans le clan des philosophes païens.

Nous ne savons malheureusement pas grand-chose du détail des enseignements philosophiques qui se donnaient dans la cité d'Égypte. Florissait alors à Alexandrie la fameuse Hypatie, fille de Théon, mathématicien et savant émérite. Qualifiée assez dédaigneusement de « géomètre » par Damascius dans sa *Vie d'Isidore*[18], elle s'était cependant attaquée, d'après la même

---

17. John Marlowe, *The golden age of Alexandria*, Londres, 1971, p. 292.

18. Damascius, *Vie d'Isidore*, n° 164 dans l'épitomé de Photios, éd. Zintzen (Fr. 106A Athanassiadi).

source, « à tous les autres domaines de la philosophie »[19]. Il est très peu probable qu'elle ait suivi à Athènes les cours de Plutarque le Jeune, contrairement à Hiéroclès[20] : bien au contraire, son activité témoigne du développement autonome à Alexandrie d'une tradition authentiquement néoplatonicienne, que nous connaissons essentiellement à travers le témoignage d'un élève d'Hypatie, Synésios de Cyrène[21]. Mais comme Hiéroclès, de son propre aveu, avait été disciple de Plutarque d'Athènes, il faut rappeler comment l'antique Académie avait été gagnée au néoplatonisme, question résolue grâce aux recherches de H. D. Saffrey et de L. G. Westerink[22], inspirées par les travaux de K. Praechter[23].

Pour en venir donc à Athènes, il est notable, constatent ces deux savants, qu'il existe une solution de continuité dans la liste des scolarques. Pour la période comprise entre la fin du IIIe siècle d'une part – celle où Plotin enseignait à Rome, Théodote et Euboulos à l'Académie – et le début du Ve siècle d'autre part, qui a vu prospérer l'enseignement de Plutarque, aucun nom ne

19. *Ibid.*, Fr. 102 Zintzen (Fr. 43A Athanassiadi). Cf. Chr. Lacombrade, *Synésios de Cyrène, hellène et chrétien*, Paris, 1951, p. 40. Sur Hypatie, cf. G. Beretta, *Ipazia d'Alessandria*, Rome, 1993.

20. Cf. Chr. Lacombrade, *op. cit.*, p. 40-41.

21. Son *Traité des songes* et ses *Hymnes*, notamment, sont pleins d'échos de doctrines néoplatoniciennes que nous qualifierions volontiers d'« ésotériques », et qui renvoient en particulier à l'exégèse des *Oracles chaldaïques*. Une appréciation complète et mise à jour de l'œuvre de Synésios, où l'influence de Porphyre, surtout, semble se faire sentir, est un *desideratum* de la recherche. Sa *Lettre* 136 est un document précieux, qui atteste à la fois de sa connaissance de la philosophie à Athènes (incarnée par un « couple de Plutarquiens » où on s'accorde généralement à reconnaître Plutarque d'Athènes et son disciple Syrianus) et de son dédain vis-à-vis d'elle, motivé par sa fierté de disciple d'Hypatie.

22. Proclus, *Théologie platonicienne*, éd. H. D. Saffrey et L. G. Westerink (CUF), t. I, Paris, 1968, p. XXX-XLVIII.

23. K. Praechter, « Richtungen und Schulen im Neuplatonismus », dans *Genethliakon für C. Robert*, Berlin, 1910, p. 105-156, réimp. dans ses *Kleine Schriften*, éd. H. Dörrie, Hildesheim, 1973.

peut être catalogué[24]. La capitale de l'Attique n'en connaissait pas moins une activité intellectuelle intense, comme en témoignent les noms de rhéteurs de haut renom : Prohairésios, Himérios de Pruse en particulier, maîtres de disciples non moins illustres tels que Libanios, l'empereur Julien, Basile de Césarée et Grégoire de Nazianze[25]. Encore faut-il en venir aux quinze dernières années du IVe siècle pour que soit attestée la présence à Athènes d'un néoplatonicien authentique, Priscos, issu de l'école de Pergame[26].

D'autre part, Jamblique de Chalcis, celui qui théorisa le cursus néoplatonicien d'enseignement et le fit culminer dans la révélation religieuse, avait eu pour successeur à Apamée son élève Sopatros, dont le fils, Himérios, eut à son tour un fils nommé Jamblique, en souvenir du grand homme. Nous connaissons la vie de ce Jamblique II grâce à la correspondance de Libanios qui le félicite, en 365, de travailler à Antioche « en compagnie de Pythagore, Platon, Aristote et de son homonyme ». Il s'établit à Athènes où, vers 390-391, il est célébré dans une inscription comme un philosophe bienfaiteur de l'Hellade[27].

Dès lors, concluent H. D. Saffrey et L. G. Westerink, « nous sommes assurés que non seulement Priscos, l'élève d'Aidésios, mais aussi Jamblique II, le propre petit-fils de Sopatros, disciple du grand Jamblique, vivaient tous les deux à Athènes dans le dernier quart du IVe siècle. Voilà qui constitue le chaînon solide entre Jamblique et Plutarque d'Athènes, nous explique la filiation de l'école de Syrie à l'école d'Athènes et nous indique le point d'insertion de la philosophie néoplatonicienne dans le milieu des écoles athéniennes … Plutarque d'Athènes, initié sans doute par Priscos et Jamblique II, puisant directement à la source même des œuvres du "divin Jamblique", fut le premier scolarque à entrer résolument dans le courant néoplatonicien »[28]. Tel est

24. H. D. Saffrey et L. G. Westerink, *op. cit.*, p. XXXVII.
25. *Ibid.*, p. XXXIX.
26. *Ibid.*, p. XLI-XLII.
27. *Ibid.*, p. XLIII-XLVI.
28. *Ibid.*, p. XLVI-XLVII.

l'homme par qui Hiéroclès, au début du Ve siècle, a été guidé dans l'étude des doctrines d'Ammonius, de Plotin, d'Origène le païen, de Porphyre, de Jamblique et de leurs successeurs.

III. Aperçu du contenu du *Commentaire sur les* Vers d'or et du *Traité sur la Providence*

D'après le prologue du *Commentaire sur les* Vers d'or, la philosophie purifie la vie humaine et la conduit à sa fin grâce à la vérité et à la vertu. Les *Vers d'or* nous conduisent vers une philosophie intégrale car ils contiennent les préceptes qui régissent la vie pratique et la vie contemplative. La philosophie pratique engendre la vertu ; la contemplative nous donne la vérité. Pour progresser avec ordre, il faut s'occuper des petites choses avant les grandes. Si donc les vertus morales nous rendent bons, la connaissance des vertus divines nous divinise. Les *Vers d'or* remplissent parfaitement ce but.

Voici, emprunté à H. S. Schibli[29], un résumé, chapitre après chapitre, du contenu du *Commentaire sur les* Vers d'or *des Pythagoriciens*.

« Prologue. Définition de la philosophie, divisée en philosophie pratique et contemplative. Introduction aux *Vers d'or*, qui dévoile le but (*skopos*) de la philosophie pythagoricienne.

Chapitre I. Sur la piété. Le dieu créateur et les trois classes d'êtres raisonnables – dieux immortels, héros glorifiés et êtres humains – qui méritent d'être honorés selon leur essence. La loi de la création qui préserve l'ordre et le rang des êtres dans le cosmos. Piété manifestée non pas dans les sacrifices extérieurs, mais dans la pureté intérieure.

Chapitre II. Sur la vénération envers le serment comme garant de la loi divine et de l'ordre cosmique. Les manifestations divines et humaines du serment. Sur l'usage convenable du serment.

29. Schibli, p. 19-21. On trouvera une analyse des *Vers d'or* eux-mêmes chez Thom, p. 59-68.

Chapitre III. Sur l'honneur dû aux héros glorifiés. Définition des héros glorifiés comme démons naturels qui occupent le rang moyen des êtres raisonnables.

Chapitre IV. Sur les démons qui habitent la terre, définis comme des êtres humains intelligents et vertueux qui sont des démons par relation, dans la mesure où ils ressemblent à la classe des démons. Nous honorons ces êtres humains éminents en suivant leur mode de vie.

Chapitre V. Sur l'honneur que l'on doit rendre à ses père et mère et à sa parenté. Sur les soins que l'on doit à ses père et mère. La loi divine l'emporte quand les parents ne sont pas vertueux.

Chapitre VI. Sur l'amitié volontaire. Tandis que les parents sont honorés en raison de liens naturels, les amis doivent être recherchés pour s'associer à eux dans les vertus.

Chapitre VII. Sur la conduite à tenir envers les amis. L'amitié doit être maintenue avec grande patience aussi longtemps qu'une association en vertu est possible ou qu'un ami perdu est susceptible d'être rappelé à la vertu. L'amour pour les hommes (*philanthrôpia*) s'étend à tous les hommes, mais l'amitié seulement aux hommes bons.

Chapitre VIII. Sur la maîtrise de l'âme irrationnelle. Sur les conflits qui proviennent de ses parties fougueuse et désidérative. Les facultés irrationnelles et affectives doivent être habituées à obéir à la raison.

Chapitre IX. Pour éviter les actions honteuses, à la fois dans la solitude et en compagnie. La connaissance de soi-même (c'est-à-dire le respect de soi-même en tant qu'essence rationnelle) et la conscience agissent comme des gardiens contre les pratiques honteuses.

Chapitre X. Sur les quatre vertus cardinales, notamment sur la sagesse pratique comme vertu prééminente. Comment la sagesse pratique et la droite raison sont capables d'évaluer et de supporter la mauvaise fortune. Sur la découverte de la cause de nos malheurs en nous-mêmes, en exceptant du blâme les êtres supérieurs.

Chapitre XI. Sur “les fortunes envoyées par le ciel”. La providence, le destin et le choix délibéré sont les causes premières des fortunes de l’homme, dans lesquelles le hasard et l’accident jouent un rôle subsidiaire. Dieu n’est pas à blâmer pour nos maux, mais l’homme se met lui-même en position de réclamer les corrections de la providence. Comment supporter vertueusement les fortunes de la vie.

Chapitre XII. Sur les bonnes et les mauvaises discussions. Pour découvrir le milieu entre la haine et l’amour du discours, et sur le moyen correct de réfuter les mensonges.

Chapitre XIII. Sur la fermeté de l’homme raisonnable en dépit des mots et des actions flatteurs ou menaçants. Définition de la personnalité humaine et de l’âme rationnelle. Le corps et les objets extérieurs sont des instruments pour l’usage de l’âme. Sur la protection de l’âme avec la vérité et la vertu.

Chapitre XIV. Sur le bon conseil et sur l’action délibérée qui est utile à l’âme. La valeur d’une punition corrective pour provoquer le repentir, “le commencement de la philosophie”. Délibération et droite raison s’opposent à l’irréflexion et procurent le meilleur mode de vie.

Chapitre XV. Sur la connaissance et l’exacte évaluation des plaisirs. Les plaisirs proviennent d’une vie vertueuse.

Chapitre XVI. Sur la modération dans la nourriture, la boisson, l’exercice. La santé et la modération valent le temps qu’on y passe dans la mesure où elles sont au service de l’activité de contemplation de l’âme.

Chapitre XVII. Sur la modération (suite). Sur la manière d’éviter les extrémités de la luxure et de la saleté, de la débauche et de l’avarice, en suivant la maxime : “Rien de trop”.

Chapitre XVIII. Sur la réflexion avant d’agir de manière à éviter de nuire à la vie philosophique.

Chapitre XIX. Sur le triple examen de conscience quotidien. Sur l’admonition personnelle avec l’aide de la mémoire.

Chapitre XX. Transition importante, des vertus humaines (civiques) et de la philosophie pratique à la vertu divine et à la philosophie contemplative. Sur la tétrade pythagoricienne (*tétractys*), identifiée avec le démiurge, et ses propriétés.

Chapitre XXI. Sur la prière. L'efficacité de la prière dépend à la fois de l'effort et du zèle de l'homme et de sa coopération avec le divin.

Chapitre XXII. Des relations ordonnées (*syntaxeis*) des trois classes d'êtres rationnels dans le cosmos. Sur la division du cosmos en un ordre incorporel et le monde visible (physique).

Chapitre XXIII. Sur la nature et le cosmos visible. Sur la nature amphibie de l'homme entre le royaume incorporel de l'intellect et le monde corporel irrationnel. L'homme doit respecter les mesures divines assignées à la création et aligner ses espoirs sur les limites qui lui sont imposées en vertu de sa valeur et de son essence.

Chapitre XXIV. Sur la chute de l'homme et la descente de l'âme. Sur le rôle de la libre volonté à la fois dans la chute de l'homme et dans sa délivrance. Les souffrances sont dues à nous-mêmes.

Chapitre XXV. Sur le nom et la nature de Dieu. Sur la délivrance des maux, limitée à une minorité qui se tourne volontairement vers la philosophie, tandis que la majorité ne parvient pas à reconnaître sa propre essence. Dieu reste exempt de blâme.

Chapitre XXVI. Sur la purification du corps lumineux, appelé aussi le véhicule de l'âme. Sa purification est ratifiée par les symboles pythagoriciens sur l'abstinence. Sur la philosophie télestique (c'est-à-dire la théurgie), qui, comme une branche de la philosophie pratique de conserve avec la philosophie civique, est subordonnée à la philosophie contemplative.

Chapitre XXVII. Sur le but de la philosophie : la déification de l'âme et son rétablissement, avec le corps congénital, dans le royaume éthéré. La place de l'homme dans la hiérarchie cosmique est ordonnée par la divine providence. Épilogue. »

Il apparaît à la lecture de ce sommaire du *Commentaire sur les* Vers d'or qu'il est surtout préoccupé de problématiques éthiques et sociales, qui occupent la partie centrale de l'ouvrage (chap. V-XIX) : celle-ci est encadrée par les quatre premiers chapitres d'une part, qui décrivent l'Univers comme un ordre immuable structuré par la tripartition des dieux, des démons et des hommes, et par les huit derniers chapitres d'autre part, qui abordent les thèmes de la contemplation et de la purification, c'est-à-dire un idéal philosophico-religieux qui couronne la pratique éthique du quotidien. Ces parties introductive et conclusive sont d'un ton nettement plus dogmatique, et il est plus facile d'y trouver des parallèles avec d'autres auteurs néoplatoniciens.

Le *Traité sur la Providence* d'autre part, en plus d'une histoire de la philosophie exposée du point de vue néoplatonicien, traite notamment de la providence, de la libre volonté, du jugement divin, de la création du monde, de l'immortalité, de la transmigration des âmes, tous thèmes déjà maintes fois abordés par les penseurs antérieurs ou contemporains. Pour autant que l'on puisse en juger par les fragments qui nous en ont été transmis, le ton de cette œuvre était plus impersonnel et dogmatique que dans le *Commentaire*, où nombreux sont les passages qui relèvent de l'exhortation directe. L'œuvre était également plus fermement structurée : les deux thèmes centraux étaient d'une part celui de la défense de la providence (théodicée), d'autre part celui de l'accord des philosophies païennes interprétables de façon idéaliste (au premier chef le pythagorisme, le platonisme et l'aristotélisme), ainsi que des sources théologiques « révélées » (Orphée, *Oracles chaldaïques*).

Dans le *Traité*, Hiéroclès était ainsi plus soucieux que dans le *Commentaire* de produire une vision idéologique de l'histoire de la philosophie, en la considérant de façon téléologique comme une chaîne véridique dont les maillons aboutissent à Ammonius Saccas et à Plutarque d'Athènes, et en polémiquant de manière virulente contre tout fauteur de dissensus. Cette histoire placée sous le signe d'une « concorde » idéalisée faisait l'objet des livres IV-VII (livre IV : les *Oracles chaldaïques* ; livre V : Orphée, Homère et autres théologiens ; livre VI : auteurs post-platoniciens, d'Aristote à Ammonius Saccas ; livre VII : successeurs d'Ammonius, de Plotin à Plutarque d'Athènes). Les livres I-III présentaient l'argumentation de fond sur le problème de la providence (livre I : arguments personnels ; livre II : arguments tirés de Platon ; livre III : réfutation des thèses adverses). C'est de cette première partie uniquement que nous avons conservé des extraits littéraux.

IV. Les *Vers d'or* : nature et interprétation

Les interrogations entourant la composition des *Vers d'or* (*khrusa epè*, latin *carmen aureum*), poème pythagoricien en hexamètres commenté intégralement par Hiéroclès, sont nombreuses. Même s'il n'est pas prudent de prétendre y apporter une réponse définitive, on peut toutefois résumer les grandes données des problèmes impliqués et faire valoir quelques arguments.

1. Datation et authenticité

Comme le rappelle leur principal éditeur, Johan C. Thom, l'appréciation des *Vers d'or* dans la recherche moderne a varié du tout au tout. Il s'est trouvé des savants pour y voir un document authentique d'une très ancienne sagesse, antérieure même à Pythagore et fondée dans les Mystères d'Éleusis[30] ; à l'extrême opposé, A. Nauck, l'éditeur de la *Vie pythagoricienne* de Jamblique, y voyait une banale compilation mal ficelée du IVe siècle de notre ère. Et selon Thom lui-même, « le poème symbolise une période relativement inconnue de la tradition pythagoricienne : les années de formation du pythagorisme hellénistique qui exerça un impact majeur sur la moralité et la philosophie du monde gréco-romain »[31].

Un jugement raisonné se doit de prendre en compte les données objectives de la philologie, à savoir l'existence de témoignages anciens sur les *Vers d'or*. Deux grandes questions se posent quant à ces témoignages : quand un parallèle existe, doit-on conclure que l'auteur en question s'est inspiré du contenu des *Vers d'or*, que ceux-ci s'inspirent de l'auteur en

30. Opinion de Glandorf : cf. Thom, p. 3.

31. Cf. Thom, p. IX. Thom discute en détail de la datation aux p. 35-58. D'autres propositions de datation incluent le IIe s. avant J.-C. (Thesleff) ; le Ier s. avant J.-C. (Untersteiner) ; les deux premiers siècles de notre ère (Dihle ; P. W. van der Horst).

question, ou que les deux tirent parti d'une source commune[32] ? Deuxièmement, là où un lien de dépendance strict semble établi, signifie-t-il que l'auteur en question a connu le poème que nous connaissons actuellement sous le titre de *Vers d'or* ; un état antérieur du même poème, pourvu d'un titre différent ; ou encore des sentences isolées, plus tard seulement réunies sous la forme d'un poème ?

On peut commencer à donner réponse à la seconde question en constatant que l'appellation de *Vers d'or* est tardive, n'étant attestée qu'avec Alciphron (tournant des IIe-IIIe siècles) et Jamblique (tournant des IIIe-IVe siècles)[33]. L'apparition de ce titre ne saurait donc raisonnablement devancer de beaucoup l'activité de ces auteurs : mais il serait toujours envisageable que le poème ait déjà circulé dans le texte actuellement connu, mais sous un autre nom.

Des témoignages antérieurs à Alciphron et Jamblique (IIe siècle : Plutarque, Galien, Clément d'Alexandrie...), assez nombreux[34], attestent une connaissance des maximes composant le poème, mais il est remarquable qu'aucun de ces témoignages ne parle d'un poème ou de vers : au contraire, tous parlent d'« exhortations », « conseils », « préceptes », « dits » ou autres « pratiques », en employant des termes tels que *parainesis*, *paraggelma*, *parakeleuein*, *rhèseidion*, *diatribè*, etc. Selon nous, si vraiment un poème du type des *Vers d'or* avait alors existé, il y aurait une coïncidence tout à fait étonnante à ce qu'aucun de ces auteurs n'en fasse mention. Il nous semble plus probable au contraire qu'ils fassent référence à des maximes morales versifiées circulant alors de façon autonome, et que ces maximes aient été ensuite (c'est-à-dire vers la fin du IIe siècle) réunies

---

32. C'était l'hypothèse d'A. Delatte dans ses *Études sur la littérature pythagoricienne* (Paris, 1915), qui voit dans les *Vers d'or* le remaniement d'un *Discours sacré* (*Hieros logos*) plus ancien. Nous laisserons de côté cette hypothèse, dont la discussion impliquerait un travail considérable de *Quellenforschung*.

33. Cf. Thom, p. 15.

34. Examen par Thom, p. 37-43.

sous la forme d'un court poème continu, intitulé « *Vers d'or* ». Johan C. Thom préfère pour sa part penser que le poème formait déjà une unité, ce qui est certainement possible.

Un témoignage en particulier pose un problème plus délicat. Il s'agit de celui du stoïcien Chrysippe[35] :

> Bien qu'il soit exact que toutes choses sont tenues ensemble et reliées par le destin au moyen d'une certaine raison nécessaire et principale, toutefois les intellects qui sont les nôtres n'y sont soumis qu'à mesure des propriété et qualité qui leur sont propres. En effet, si tant est qu'ils ont été dès l'abord constitués par la nature selon des critères d'avantage et d'utilité, ils relaient toute la force qui leur vient extérieurement du destin sous un mode débonnaire et facilement malléable. Si au contraire ils sont revêches, ignorants, mal dégrossis et dépourvus de tout soutien leur venant de bonnes mœurs, alors, même s'ils ne sont soumis qu'à une contrariété faible – voire nulle – de la part du destin, ils se précipitent dans une suite ininterrompue de crimes et d'égarements du fait de leur méchanceté et d'une impulsion volontaire. Que ce processus même se déroule de cette façon, c'est un enchaînement naturel et nécessaire des choses qui en est responsable, et celui-ci est appelé « destin ». C'est en effet une règle pour ainsi dire fatale et inextricable, que fautes et erreurs ne fassent pas défaut aux esprits des méchants… De même que si tu pousses une pierre cylindre[36] sur un plan en pente raide, tu as produit la cause

35. Cité par Aulu-Gelle, *Nuits attiques*, VII, 2 = *Stoicorum Veterum Fragmenta* (éd. Arnim, Leipzig, 1903), t. II, n° 1000 = n° 1007 de la collection de témoignages traduite par R. Dufour, *Chrysippe, Œuvre philosophique* (Fragments 5), Paris, 2004. Cf. aussi Cicéron, *Traité du destin*, XIX, 43 = *SVF*, t. II, n° 974 = n° 980 de la collection de Dufour.

36. *Sic* Aulu-Gelle, qui écrit *lapis cylindrus*. Aulu-Gelle savait qu'un des sens du mot grec *kylindros* est « pierre qui roule » (voir Thom, p. 55), et voyait que le sens s'imposait ici, mais devait être embarrassé par l'emploi de ce mot au lieu du plus attendu *lithos*. Il aura donc traduit « pierre cylindre », comme si le *kylindros* était un certain type de pierre, d'où notre propre traduction, fidèle à la confusion d'Aulu-Gelle.

> et le début de sa chute, et que pourtant il se met à rouler en ligne droite, non de ton propre fait, mais parce que son comportement et la capacité à rouler, qu'il doit à sa forme, le veulent ainsi ; de même, l'ordre, la raison et la nécessité du destin mettent en mouvement les causes à un niveau générique et principiel, mais ce sont la volonté et l'intellect propres à l'âme de chacun qui acclimatent les impulsions délibératives de nos esprits et nos actions elles-mêmes... C'est pourquoi il est dit par les Pythagoriciens : « *Tu sauras que les hommes ont les maux qu'ils ont choisis librement* » [*V.O.* 54], dans l'idée que le dommage subi par tous réside en eux-mêmes, parce qu'ils fautent et sont lésés du fait de leur tendance, de leur état d'esprit et de leur disposition.

Le texte de Chrysippe, d'un intérêt considérable, est une des sources principales sur sa conception du destin. Selon lui, le destin ne fait qu'apporter le point de départ de l'action humaine : il donne les circonstances dans lesquelles celle-ci évolue. Face aux impulsions livrées par le destin, l'esprit humain est diversement réceptif : le bon recevra ces impulsions de manière paisible ; le mauvais en tirera prétexte pour mal agir. Bref, l'attitude face au destin dépend de la disposition propre de notre âme[37]. C'est ici qu'intervient l'image de la pierre qui roule : celle-ci n'est pas libre d'être poussée dans une pente ; en revanche, il dépend de sa nature que cette poussée ait pour conséquence de rouler en ligne droite (plutôt que de rebondir en tous sens, ou d'être déportée latéralement par une bourrasque comme ce serait le cas d'un corps plus léger). La pierre a donc « reçu » les impressions du destin et les a traitées pour le mieux, par un mouvement maîtrisé et rationnel : ainsi devrions-nous faire de notre côté.

Chrysippe cite à son appui un dit pythagoricien qui s'identifie au *Vers d'or* 54. Par ailleurs, la métaphore de la pierre

37. De la sorte, le texte de Chrysippe préfigure d'une certaine façon la théorie de la « réceptivité » forgée par les néoplatoniciens pour expliquer l'écart entre la bonté absolue de Dieu et le mal régnant dans le monde : cf. *Commentaire*, n. 140.

(*kylindros*) apparaît dans le *Vers d'or* 57. Il est impensable que cela soit dû à une coïncidence, et une relation de dépendance est forcément à l'œuvre. Mais dans quel sens, et sous quelle forme ? Selon Johan C. Thom, rien n'empêche que Chrysippe ait connu le poème pythagoricien plus tard appelé *Vers d'or* : la composition de celui-ci devrait donc être renvoyée au IIIe siècle avant J.-C. au plus tard[38]. Si au contraire on pense que ce poème est plus tardif, on doit conclure que le dit pythagoricien cité par Chrysippe circulait alors de façon indépendante[39]. C'est alors l'auteur des *Vers d'or* qui, intégrant à sa composition le dit concerné, aurait ajouté un vers faisant mention de *kylindroi* (pierres qui roulent), afin de donner une ancienneté factice à son poème en le faisant passer, pour un lecteur cultivé, comme la source de Chrysippe.

On notera en tout cas que le philosophe stoïcien ne fait pas mention d'un poème, et que la mention générique « les Pythagoriciens » s'accorde davantage avec une maxime versifiée isolée, sans attribution précise, qu'avec un poème au texte stable[40]. On peut être étonné aussi par l'absence de toute mention assurée d'un vers figurant dans l'œuvre, entre

38. Plus exactement, Thom suggère une datation dans la seconde moitié du IVe siècle (Thom, p. 58). Il a précisé sa position dans une contribution ultérieure : « Cleanthes, Chrysippus and the Pythagorean *Golden Verses* », *Acta Classica* 44, 2001, p. 197-219.

39. À cet égard, il est intéressant de noter que Chrysippe joua un rôle moteur dans la constitution de gnomologies tirées de poètes, selon l'étude d'A. Elter, *De gnomologiorum Graecorum historia atque origine commentatio*, t. I, Bonn, 1893, qui se fonde sur la réception de Chrysippe chez Athénée, Plutarque (surtout le *De Stoicorum repugnantiis*), Galien (*De placitis Hippocratis et Platonis*) et Sextus Empiricus, et les reprises de ce matériau chez Stobée. Ce goût pour la poésie philosophique est partagé par l'ensemble des premiers maîtres de l'école (cf. Thom, *art. cit.*, p. 197-198).

40. Thom (*art. cit.*, p. 208) fait toutefois valoir que le vers cité par Chrysippe, « Tu sauras que les hommes ont les peines qu'ils ont choisies librement », renvoie à un contexte d'énonciation plus large et ne peut donc pas avoir formé une maxime autonome : il a dû appartenir à un texte poétique qui par certaines caractéristiques au moins était comparable aux

le IIIe siècle avant et le IIe siècle après J.-C. : Thom ne cite ici qu'un parallèle entre les *Vers d'or* et l'*Hymne à Zeus* de Cléanthe, qui peut toutefois s'expliquer soit par l'intervention d'une source tierce, soit par un démarquage, par l'auteur des *Vers*, de ce poème célèbre d'un autre Stoïcien réputé[41]. Même si certains préceptes pythagoriciens présents dans l'œuvre (tels que celui mentionné par Chrysippe) sont certainement plus anciens – et ont dû à ce titre faire l'objet d'une attention particulière de la part de l'auteur des *Vers d'or*, comme susceptibles de conférer à son travail une « patine » renforçant sa crédibilité –, il serait, somme toute, assez logique que l'essentiel de la composition date du début de l'époque impériale, soit de l'époque même où des parallèles commencent à apparaître en abondance, et où le pythagorisme connaît aussi un considérable regain d'intérêt autour de figures telles que Nicomaque de Gérase ou Numénius d'Apamée.

L'autre série d'arguments pour dater le poème est de nature interne, et concerne les doctrines ou faits de langue rattachables à une époque en particulier. Malheureusement, tant pour leur contenu que pour leur forme, les *Vers d'or* se montrent passablement banals, et pourraient être de toute époque. Quant aux indices pointant vers un travail de compilation, ils sont par nature non probants : l'unité du poème (que cherche fréquemment à démontrer Thom, afin d'accréditer la thèse d'un poème fondamentalement original) peut en effet signifier simplement qu'on a affaire à un compilateur talentueux. Ce type d'argument, au final, risque de faire passer comme inauthentique l'œuvre du mauvais poète, et authentique celle du bon compilateur.

Vers d'or. C'est un argument intéressant, mais il reste envisageable que le vers cité par Chrysippe ait appartenu à un ensemble assez bref.

41. Les arguments de Thom, p. 48-53 (et répétés dans son *art. cit.*), pour affirmer que l'influence s'est faite dans l'autre sens semblent constituer des pétitions de principe. Il pose ainsi qu'il était plus difficile à l'auteur des *Vers d'or* de simplifier le stoïcisme de Cléanthe, qu'à Cléanthe de faire évoluer un propos banal en une construction philosophique élaborée. La supposition inverse a au moins autant pour elle.

Il ne peut être question ici de trancher cette question complexe. Johan C. Thom ne voit aucune contradiction interne (doctrinale ou linguistique) à faire remonter le poème au début de l'époque hellénistique. Pour notre part, nous nous contenterons de dire que les multiples parallèles avec la littérature philosophique existante que l'on peut trouver dans les *Vers d'or*[42] nous semblent aller dans le sens d'un auteur versé en philosophie, d'esprit syncrétique et soucieux de proposer une morale simple pourvue d'accents religieux subtils, mais fermes. Les deux premiers siècles de notre ère, où s'équilibraient l'influence du stoïcisme, encore dominant, et celles du platonisme et du pythagorisme en pleine renaissance, où aussi le souci du soin de l'âme pendant et après la vie préoccupait tous les esprits (souci dont se fait l'écho la fin du poème, qui évoque la montée de l'âme de l'homme de bien vers l'éther), nous semblent fournir un cadre parfait pour l'activité d'un tel auteur. Il est dans tous les cas factuel que les

---

42. Citons comme lieux parallèles Théophraste et Démocrite (cf. *Vers d'or*, n. 4) ; Empédocle (cf. *Vers d'or*, n. 14) ; l'image platonicienne du cocher employée dans le *V.O.* 69 (cf. *Vers d'or*, n. 12) ; une maxime de Cléobule de Lindos (cf. *Commentaire*, n. 287) ; et les auteurs stoïciens, si effectivement ce sont les *Vers d'or* qui les démarquent, et non l'inverse. Thom (p. 47) remarque lui-même que les *V.O.* 9-20 reprennent le schéma platonicien des vertus cardinales. Peut-être le *V.O.* 2 et ses « héros glorifiés » (*hèrôes agauoi*) font-ils en outre allusion à la citation de Pindare dans le *Ménon* (81 b-c), où il est question de « rois glorifiés » (*basilèes agauoi*) et de « héros sans tache » (*hèrôes hagnoi*) : la variante « héros glorifiés » (*hèrôes agauoi*) est d'ailleurs donnée par un manuscrit du *Ménon*. – Quelques notes encore. Thom (p. 41-42) mentionne le témoignage de Porphyre sur les *V.O.* 40-42, qui concernent la remémoration vespérale des actions effectuées durant le jour ; mais dans ce texte, Porphyre mentionne immédiatement après deux autres vers sur la récapitulation *matinale* des préceptes. Or ce type de récapitulation matinale ne figure pas comme telle dans les principaux manuscrits des *Vers d'or*. Ceci laisse penser que l'auteur des *Vers d'or* a opéré un choix entre les divers préceptes pythagoriciens transmis par la tradition. Il a d'ailleurs visiblement remanié (cf. *V.O.* 47-48) un serment pythagoricien sur la *tétractys* mentionné par de nombreux auteurs du IIe siècle, comme l'admet Thom lui-même (p. 47).

Vers d'or ne se sont véritablement imposés dans le discours philosophique que durant l'Antiquité tardive, chez les auteurs païens aussi bien que chrétiens, qui les considéraient donc en accord avec leurs propres conceptions.

Ceux qui contestent une datation haute peuvent en tout cas rejeter avec assurance l'argument avancé pour une date haute par P. C. van der Horst, qui écrit : « Je trouve… une détermination de temps dans l'attitude respectueuse de Hiéroclès à l'égard de tout ce qui est dit dans les *Vers d'or*. Il faut que le poème ait été écrit bien longtemps avant lui – disons au moins 250 ans – pour que Hiéroclès puisse regarder son contenu comme étant d'ancien pythagorisme et qu'il puisse en parler avec le respect qu'il aurait pour un langage biblique »[43]. Cet argument du moins n'a pas de valeur : en effet, les néoplatoniciens attribuaient un prestige bien plus grand encore aux *Oracles chaldaïques*, qu'ils croyaient révélés par les dieux eux-mêmes, mais dont nous savons pourtant de source sûre qu'ils ont été composés dans le courant du IIe siècle de notre ère. Dans l'absolu toutefois, la question de la datation du poème ne saurait être tranchée de façon précise, et semble nécessiter un « saut de la foi », soit que l'on fasse valoir son unité d'inspiration et par là un caractère d'authenticité, soit que l'on insiste sur les traits disparates qui s'y trouvent et font signe vers une compilation tardive.

2. L'auteur

Les circonstances entourant l'auteur des *Vers d'or* sont plus obscures encore que pour ce qui est de l'œuvre. Le poème est pour l'essentiel écrit en deuxième personne, à un destinataire anonyme qu'il s'agit d'orienter dans la voie de la vérité : et l'énonciateur en première personne ne laisse aucun indice sur son identité.

Les Anciens ont varié entre deux positions quant à ce problème. Pour certains auteurs, les *Vers d'or* sont dus à Pythagore

43. P. C. Van der Horst, *Les Vers d'Or pythagoriciens*, Leyde, 1932, p. XXXVII.

lui-même. Jamblique est de cet avis[44] ; de même Stobée, qui cite des extraits des *Vers d'or* en les faisant précéder par *Pythagorou*, « de Pythagore » ; et encore Élias[45]. Pour d'autres, l'auteur n'est pas Pythagore lui-même, puisque celui-ci est de toute évidence le personnage désigné dans le poème par le vers 47 : « Oui, par celui qui a transmis à notre âme la *Tétractys* ». C'est ce que pense Hiéroclès lui-même[46]. Le philosophe néoplatonicien tardif David pense que l'auteur est un pythagoricien anonyme qui a attribué son œuvre à Pythagore pour lui rendre hommage[47]. Quant à Proclus et Simplicius, ils parlent respectivement, de façon vague, du « père des *Vers d'or* »[48] et du « poète des *Vers d'or* »[49].

Du point de vue de nous autres modernes, une fois exclu que l'auteur puisse être Pythagore lui-même, il reste qu'il s'agisse d'un philosophe anonyme se revendiquant en tout ou partie du pythagorisme, sans pour autant appartenir en un sens institutionnel strict à une « école » pythagoricienne, sur laquelle nous n'avons plus aucun renseignement fiable à partir de l'époque hellénistique.

3. Nature et rôle

Les *Vers d'or* présentaient une grande valeur pour les lecteurs de l'Antiquité et ces derniers n'émettaient aucun doute ni sur son ancienneté, ni sur son inspiration pythagoricienne. Leur importance « vient de ce que les *Vers d'or* contiennent les principes moraux fondamentaux qu'on doit appliquer afin d'atteindre à la maturité spirituelle. Le poème non seulement

44. Cf. *Vie pythagoricienne*, XXVIII, 144.

45. *In Isag.*, p. 34, 11-12 Busse.

46. Les références de Hiéroclès à l'auteur des *Vers* se trouvent dans le *Commentaire*, XX, 9 et 20-21 ; XXVII, 11 (voir la note *ad loc.*).

47. *Prolégomènes à la philosophie*, p. 26, 6-8 Busse ; *In Isag.*, p. 82, 13-19 Busse.

48. *In Tim.* II, 53, 6-7.

49. *In Encheiridion*, p. 23, 22 Dübner.

se compose de préceptes de sagesse élémentaire, mais il donne aussi un programme à suivre : il est, en réalité, un instrument psychagogique fondamental et de valeur. De plus, même si le poème contient quelques éléments pythagoriciens, ces derniers ne s'imposent pas ; les principes moraux et même la plupart des principes religieux auraient été acceptables pour un large ensemble de lecteurs anciens. Le manque de spécificité doctrinale, la nature générale et même banale de nombreux adages qui forme une pierre d'achoppement pour les savants modernes, sont précisément ce qui a rendu ce poème utile pour les lecteurs anciens »[50]. C'est pourquoi le poème a connu un grand nombre de lecteurs dès l'Antiquité – païens comme chrétiens –, en qualité de représentant remarquable du genre littéraire gnomique[51].

Une fois identifiés comme texte indépendant (donc à partir du IIIe siècle), les *Vers d'or* devinrent un objet d'exégèse suivie. Outre le commentaire de Hiéroclès, c'est surtout chez Jamblique – un des premiers auteurs, comme nous l'avons vu, à donner au poème le titre que nous lui connaissons – que nous avons trace d'interprétations : le chapitre III (p. 10, 14-16, 10 Pistelli) de son *Protreptique* (ou *Exhortation à la philosophie*) constitue ainsi un petit centon de la dernière partie des *Vers d'or* (v. 45-71), conçus comme représentatifs d'un procédé exhortatif « mesuré, harmonieux » et ne reposant pas sur la comparaison terme à terme. Protreptiques par excellence sont les vers 45-46 : « *Accomplis ces préceptes, médite-les, tu dois les aimer : / Ils te mettront sur les traces de la divine vertu* », et 55-56 : « *Eux qui ne voient ni n'entendent les biens / Qui sont près d'eux* », qui proposent à l'homme un idéal de sagesse à portée de main, si on veut s'en donner la peine. Les *Vers d'or* offrent un choix simple entre une vie terrestre et mortelle, et une vie meilleure où nous serons sauvés[52]. Chez Jamblique déjà[53], on trouve l'idée chère

50. Thom, p. 91.
51. Sur ce caractère des *Vers d'or*, cf. Thom, p. 69-81.
52. *Protreptique*, p. 13, 23-14, 17 Pistelli.
53. Cf. Thom, p. 18 et 25-26.

à Hiéroclès que la fin du poème renvoie à la « sagesse contemplative » (*theôrètikè sophia*), c'est-à-dire à un savoir d'ordre supérieur à la vie pratique et consistant dans la « connaissance des dieux » (*theôn gnôsis*), en quoi résident « la vertu, la sagesse et le bonheur parfaits ». Ce savoir contemplatif « nous rend semblables aux dieux » : les *Vers d'or* dessinent ainsi, comme chez Hiéroclès, un parcours dont la fin est la divinisation de l'homme. Mais selon Jamblique, ils le font aussi en proposant des biens de toutes sortes, de sorte qu'ils remplissent parfaitement leur rôle introductif. Les « symboles » pythagoriciens seraient, quant à eux, de nature plus ésotérique[54].

Les rapprochements possibles entre Jamblique et Hiéroclès dans l'interprétation des *Vers d'or* – outre de très nombreux parallèles doctrinaux, qui seront évoqués par la suite – suggèrent la possibilité que Hiéroclès avait connaissance de leçons aujourd'hui perdues consacrées par Jamblique à ce texte[55]. Un témoignage de saint Jérôme, qui pourrait aller en ce sens, est contesté, à juste titre semble-t-il, par Thom[56] ; néanmoins, on a conservé en langue arabe deux commentaires attribués à Jamblique et à Proclus qui, à défaut d'être authentiques[57],

54. Cf. Thom, p. 17-18. Jamblique renvoie dans son *Protreptique* (p. 111, 29-112, 3 Pistelli) à un écrit perdu *Sur les symboles*, et y donne le commentaire de certains d'entre eux. Hiéroclès fait allusion aux « symboles » dans son *Commentaire* (XXVI, 4).

55. Autre indice en ce sens : Jamblique (*Protreptique*, p. 13, 2 Pistelli) partage la leçon de Hiéroclès *syniasi* pour le *V.O.* 56, alors que l'essentiel de la tradition manuscrite a *syninasi* (cf. H.-R. Schwyzer, compte rendu de F. W. Koehler, *Textgeschichte von Hierokles' Kommentar zum* Carmen Aureum *der Pythagoreer*, *Gnomon* 42, 1970, p. 307). Ceci pourrait indiquer que Hiéroclès a exploité un commentaire de Jamblique en reprenant ses lemmes.

56. Thom, p. 19-20.

57. Cette question fait l'objet d'un débat savant. Pour ce qui est du commentaire attribué à Jamblique, nos propres conclusions à la lecture de l'édition allemande de H. Daiber (*Neuplatonische Pythagorica in arabischem Gewande*, Amsterdam, 1995) rejoignent celles de la notice rédigée par A. Izdebska pour le dernier tome du *Dictionnaire des*

apportent un éclairage indirect sur les commentaires philosophiques consacrés, dans l'Antiquité tardive, aux *Vers d'or*.

Les autres mentions de ce texte chez les auteurs néoplatoniciens[58] montrent qu'il était surtout considéré comme une introduction à la philosophie : seul Proclus le mentionne à propos de la doctrine, très spéculative, de la *tétractys*[59]. Il fait, en réalité, partie d'un cycle pythagoricien plus large, aux contours assez mal définis mais qui rassemblait un ensemble d'écrits pseudépigraphes, c'est-à-dire attribués faussement à des figures faisant autorité telles qu'Archytas, Brotinos, Timée, etc., et qui furent présentés comme la source pythagoricienne de textes aussi importants que le *Timée* de Platon ou les *Catégories* d'Aristote. Ces textes ont été notamment popularisés par Jamblique[60], qui poursuivait les efforts de Numénius d'Apamée (IIe siècle après J.-C.) pour harmoniser les doctrines de Platon et de Pythagore. Aux termes de la synthèse philosophique proposée par Jamblique dans ses écrits, et notamment dans une *Somme pythagoricienne* en dix livres dont nous avons conservé les quatre premiers (*Protreptique*, *Vie de Pythagore*, *De la science mathématique commune*, paraphrase de l'*Introduction arithmétique* de Nicomaque de Gérase), le cursus

---

philosophes antiques dirigé par R. Goulet (*s.v.* « Pythagore dans la tradition syriaque et arabe »). Cette notice fait le point sur l'influence des *Vers d'or* et leurs traductions dans l'Orient médiéval. La conclusion d'A. Izdebska concernant le commentaire attribué à Jamblique est que son contenu a un caractère beaucoup plus général que ce qui apparaît chez Hiéroclès et que ses lemmes sont identiques à la traduction arabe de large diffusion, indice laissant penser que l'auteur arabe n'a pas traduit un original grec antique mais composé une œuvre originale à partir d'une traduction déjà existante. Le commentaire attribué à Proclus a davantage de chances de remonter à un original grec. Notre reconnaissance va à A. Izdebska et à R. Goulet pour la communication de cette notice avant sa publication.

58. Élias, *In Isag.*, p. 34, 10-25 Busse ; *In Cat.*, p. 231, 7 Busse ; Simplicius, *In Encheiridion*, p. 23, 18-26 Dübner.

59. Proclus, *In Tim.* II, 53, 5-7.

60. Voir C. Macris, « Jamblique et la littérature pseudo-pythagoricienne », dans S. C. Mimouni (éd.), *Apocryphité, Histoire d'un concept transversal aux religions du Livre*, Turnhout, 2002, p. 77-129.

pythagoricien incorporait également des écrits attribués à Orphée, tels qu'un *Hymne aux nombres*[61]. Jamblique considère en effet Orphée comme l'inspirateur de Pythagore, celui-ci ayant en outre, notamment via Timée de Locres, exercé une influence déterminante sur Platon[62]. L'ajout des écrits orphiques et pythagoriciens au cursus principal axé autour de Platon[63] et d'Aristote[64] permettait de renforcer celui-ci en lui accolant des écrits introductifs, plus brefs et moins techniques, des œuvres mathématiques (en particulier le corpus de Nicomaque de Gérase), et aussi des « révélations » théologiques.

4. Exégèse des *Vers d'or*

a. Principes recteurs

Dans ses références à des textes faisant autorité, Hiéroclès est donc pleinement néoplatonicien. En effet, le néoplatonisme après Plotin se définit pour l'essentiel par le commentaire de

---

61. Les rapports entre ce texte et le *Discours sacré* à contenu arithmologique, mentionné par Hiéroclès (*Commentaire*, XX, 12) mais aussi par Syrianus (*Commentaire sur la* Métaphysique, p. 10, 5 ; 123, 2 ; 140, 16 ; 175, 4 Kroll), restent à éclaircir.

62. Voir L. Brisson, « Syrianus et l'orphisme », dans A. Longo (éd.), *Syrianus et la métaphysique de l'Antiquité tardive*, Naples, 2009, p. 463-497 [p. 464-469]. Timée est mentionné comme « pythagoricien » par Hiéroclès lui-même (*Commentaire*, Prologue, 2).

63. Deux cycles de dix et deux dialogues : *Alcibiade*, *Gorgias*, *Phédon*, *Cratyle*, *Théétète*, *Politique*, *Sophiste*, *Phèdre*, *Banquet*, *Philèbe* ; puis *Timée* et *Parménide*, censés récapituler l'ensemble d'un programme centré sur la physique et surtout la théologie. Ces cycles sont analysés en détail dans l'Introduction de l'édition CUF des *Prolégomènes anonymes à la philosophie de Platon* par Westerink, Segonds et Trouillard, Paris, 1990.

64. Le cursus aristotélicien devait surtout faire office d'enseignement technique dans le domaine de la logique (*Organon*) et de la physique, un préalable nécessaire à la sélection des élèves retenus dignes d'assister aux leçons sur les dialogues platoniciens et les sources révélées (*Rhapsodies orphiques*, *Oracles chaldaïques*). La *Métaphysique*, le *De Anima* et (dans une mesure moindre) les *Éthiques* font également partie des textes aristotéliciens populaires dans l'école néoplatonicienne.

textes prestigieux, dont l'exégète cherche à faire émerger le sens profond[65] : ce qui signifie le plus souvent appliquer au texte, sur une base philologique ténue, la vision néoplatonicienne orthodoxe de la réalité, que nous aborderons plus bas. À mesure qu'on s'approche de la fin de l'Antiquité, la pensée philosophique grecque accorde de plus en plus de prix aux révélations et à l'ancrage du savoir dans la religion, au travers de l'exemple d'« hommes divins »[66] : ceci vaut aussi, bien entendu, pour les auteurs chrétiens contemporains.

Les néoplatoniciens, à partir de Porphyre et surtout de Jamblique, développèrent des outils rigoureux afin d'encadrer leur pratique de l'exégèse des textes d'autorité. Nous mentionnions à l'instant le « principe de bienveillance » consistant à poser par hypothèse que le texte commenté contient un sens profond : la chose est particulièrement claire s'agissant de Hiéroclès, qui donne une signification spirituelle très poussée à ce qui n'est souvent, dans le contexte des *Vers d'or*, que conseils banals. Nous faisions en outre allusion à la nécessité de lire les textes dans le cadre d'un *cursus*, lequel est censé donner, dans sa totalité, un aperçu de l'ensemble du réel, et qui contient des articulations qui elles-mêmes copient les divisions de la réalité. Ce cursus n'est pas à proprement parler explicité par Hiéroclès (Aristote, un de ses piliers, n'est même pas explicitement mentionné), mais il est bel et bien à l'arrière-plan de son œuvre, dans la mesure où celle-ci se structure selon une progression réglée, de la philosophie pratique à la contemplation : « les petites choses précèdent les grandes dans l'ordre, pour ceux qui s'élèvent »[67]. Le principe du cheminement réglé est souvent rappelé : suivi par l'apprenti philosophe, il est fondé dans le poème lui-même, qui laisse transparaître un ordre précis afin, entre autres, d'éviter tout découragement[68].

65. Ce sens est souvent désigné par le mot grec *nous* (cf. *Commentaire*, n. 340) ou l'expression *noera theôria*.

66. Voir *infra*, p. 32.

67. *Commentaire*, Prologue, 4 : cf. XX, 1.

68. La partie « contemplative » des *Vers* se trouve ainsi après la partie pratique, car si le commençant devait passer tout de suite, radicalement, à la contemplation, il verrait ses efforts balayés (XX, 1).

On doit commencer par les « premiers » vers (Prologue, 6) ; la notion de piété vient au début du poème, parce qu'elle est en position maîtresse parmi les vertus (I, 1) ; la mise en ordre des passions précède l'application des autres préceptes (VIII, 5) ; la justice est mentionnée en premier car elle accomplit les autres vertus (X, 2) ; le désir de boisson est mentionné avant le désir de nourriture, en tant que plus difficile à réprimer (XVI, 7) ; la purification vient nécessairement avant la libération (XXVI, 20-21). Ces préoccupations rencontrent l'insistance de Hiéroclès sur la notion d'« ordre » en cosmologie et en métaphysique[69].

Deux autres notions exégétiques peuvent encore être mentionnées. Celle du *skopos* (« but », « cible ») fut définitivement introduite dans l'école néoplatonicienne par Jamblique. Elle consiste à poser que toute œuvre faisant autorité se propose un certain objectif qui, tel une cause finale, oriente ses différentes parties de façon à former un tout cohérent : par exemple, le *Timée* se consacre à l'exposé de la science tout entière de la Nature, et on doit par conséquent rattacher à cette préoccupation également le début du dialogue, qui traite entre autres du mythe de l'Atlantide[70].

Pour les *Vers d'or*, cet objectif, selon Hiéroclès, est de nous faire « disposer de certaines règles qui énoncent leurs définitions en peu de mots, telles des aphorismes techniques, afin que, avec ordre et suivant une bonne méthode, nous puissions parvenir à la perfection de la vie heureuse » (Prologue, 2) ; les vers ont pour « but et ordre » (*skopos* et *taxis*) d'« imprimer une empreinte philosophique, avant les autres lectures, chez les auditeurs » (Prologue, 4). Ils ont donc fonction *propédeutique*[71] : il s'agit de faire office, au sein du cursus, d'introduction simple, générale

69. Cf. *infra*, chap. « Ordre, Loi, Serment, rang ».

70. Cette position est exprimée par Proclus dans son interprétation du prologue du *Timée* : Jamblique est cité dans son *Commentaire*, I, 19, 9-29.

71. Sur ce point, cf. Schibli, p. 173, n. 12. Au témoignage de Damascius (*Vie d'Isidore*, éd. Zintzen, n° 54 dans l'épitomé de Photios = Fr. 45A Athanassiadi), Hiéroclès avait coutume de commenter le *Gorgias*, une autre œuvre associée aux commençants.

et ordonnée, qui donne une « vue d'ensemble de la doctrine pythagoricienne » (XXVII, 10). En particulier, les *Vers d'or* recouvriraient les deux principales parties de la philosophie, contemplative (« théorétique ») et pratique, qui correspondent respectivement à la « vérité » et à la « vertu »[72]. Cette vocation recoupe, plus largement, celle de la philosophie pythagoricienne tout entière, qui a aussi un *skopos* propre (Prologue, 6).

Le terme de *skopos* est employé par Hiéroclès en X, 16, et désigne alors, en un sens moins rigoureux sans doute que celui légué par Jamblique mais néanmoins significatif, le « propos » de telle ou telle partie du texte : dans le cas en question, il s'agit de l'exposé de la doctrine des quatre vertus pratiques (« cardinales »). Une telle doctrine est supposée *a priori* avoir un caractère exhaustif, puisqu'on présume d'emblée que les *Vers d'or* sont « parfaits » (Prologue, 5-6). Elle est complétée par d'autres expositions partielles, comme ce « discours sur l'éducation politique » (Prologue, 3) par quoi Hiéroclès semble désigner l'ensemble des vers 35 à 48, tandis que les *V.O.* 17-20 sont censés constituer un « exposé élémentaire de la vertu » (XI, 38) ; ailleurs, Hiéroclès parle d'une « doctrine de l'immortalité » (X, 22 et la n.). Le texte progresse donc par points de doctrine successifs, censés réaliser dans le sujet, progressivement, une forme de libération : grâce à lui, on accède à une compréhension plus adéquate de notre place ici-bas et de ce que nous pouvons faire[73]. Le poème culmine dans l'expression d'un idéal de divinisation (chap. XXVII), sur lequel nous aurons à revenir.

En permettant de mettre l'homme sur la voie du respect de l'essence divine et de sa propre essence, les *Vers d'or* répondent en réalité à un dessein divin : c'est là encore le terme *skopos* qui est employé (XIX, 1). Le caractère vertical de cette représentation est patent dans le vocabulaire de la « transmission » (*paradosis* :

72. Sur cette distinction, cf. D. O'Meara, *Platonopolis*, Oxford, 2003, chap. 5. Nous y reviendrons dans le chapitre consacré à « La double vocation de l'âme ».

73. Voir par ex. X, 25, où Hiéroclès anticipe sur un vers futur dont la lecture nous permettra de « remédier à nos difficultés ».

cf. X, 16 ; XVI, 12 ; XIX, 2) : le poème est légué aux hommes par son auteur anonyme, mais selon un plan qui est en définitive celui de la Providence, et on lui doit donc le plus grand respect. Il y a ici une analogie remarquable avec les processus de canonisation à l'œuvre dans les différentes religions du Livre.

La dernière des notions exégétiques rectrices mises en œuvre par Hiéroclès est celle de l'*accord* (*symphônia*) : entendons par là, l'idée que tous les auteurs faisant autorité parlent d'une seule voix, et ne sauraient se contredire. Elle est relativement discrète dans le *Commentaire sur les* Vers d'or, où peu d'autorités sont alléguées hormis Platon, dont la doctrine, du moins, s'identifie entièrement à celle des anciens Pythagoriciens. Dans le *Phèdre*, il ferait ainsi allusion aux *Vers d'or* (XXVI, 2 et la n.) ; Hiéroclès retrouve dans les *V.O.* 13-16 la tétrade bien connue des vertus cardinales de Platon ; surtout, le *Timée* est constamment utilisé par Hiéroclès comme base pour l'explication du système des entités divines des *Vers d'or*, qui culmine avec le Démiurge. Timée lui-même (Prologue, 2 ; XI, 32), pythagoricien mais aussi personnage central d'un des dialogues les plus importants de Platon, renvoie à cette alliance qui avait déjà été théorisée, au IIe siècle de notre ère, par le médio-platonicien Numénius. Quant aux autres autorités, Héraclite et Empédocle sont mentionnés dans le chap. XXIV ; mais c'est surtout la mention furtive des *Oracles chaldaïques* (XXVI, 4) qui retient l'attention.

En effet, ce texte est une des pièces maîtresses du projet d'« accord » théorisé par les néoplatoniciens tardifs. Selon ces derniers, Platon lui-même est censé avoir confirmé dans ses écrits la voix des dieux révélée dans les *Oracles*, qui sont la source ultime de la théologie de tradition « barbare », tandis que la théologie « hellénique » est incarnée par les *Rhapsodies* du Ps.-Orphée. C'est précisément l'accord de Platon, d'Aristote, des *Oracles* et d'Orphée, ainsi que d'autres poètes illustres tels qu'Homère, que Hiéroclès a théorisé dans son *Traité sur la Providence*, aux livres IV et V (173 a) : ce thème devait être exploité abondamment dans les œuvres plus tardives de Proclus, Damascius et Simplicius.

L'accord de Platon et d'Aristote, problématique plus ancienne, posait déjà des difficultés très notables : Hiéroclès avait développé dans son traité des arguments pour réduire les contradictions perçues entre eux, depuis longtemps déjà, sur les questions de la *providence*, de l'*âme* et du *monde* (171 b-172 a). Les Platoniciens reprochaient en effet souvent à Aristote de limiter la Providence au monde supralunaire, abandonnant au hasard les êtres humains ; ils considéraient que sa doctrine de l'âme forme ou « entéléchie » du corps équivalait au matérialisme, en faisant mourir l'âme avec le corps ; quant au Monde, il fallait expliquer la contradiction apparente entre le dogme aristotélicien de son éternité (et l'absence d'un créateur), et le *Timée* qui, à le prendre à la lettre, parle d'une naissance du monde du fait d'un agent divin, le Démiurge.

Ces contradictions avaient nourri des controverses enflammées entre écoles philosophiques et en leur sein même, et les chrétiens n'étaient que trop heureux de s'engouffrer dans la brèche ainsi créée pour dénoncer toute philosophie païenne, fausse car équivoque. Toute étude dépassionnée et a-confessionnelle de l'histoire de la philosophie étant alors hors de question, seule l'idéologie de la *symphônia*, aux yeux des philosophes, pouvait permettre à la culture païenne de présenter un front uni. *Symphônia* et esprit d'ordre et de système (sur quoi nous nous permettons de renvoyer au chapitre V) devinrent ainsi les mots d'ordre de la synthèse néoplatonicienne. Hiéroclès s'est proposé de lutter contre les concurrents païens de cette synthèse, aussi bien les représentants d'écoles étrangères à l'Académie et au Péripatos que ceux qui, à l'intérieur de ces écoles, ont « trahi la cause » pour propager la doctrine de la dissension. Les maigres restes du *Traité sur la Providence* (172 a) nous permettent malgré tout d'affirmer que Hiéroclès a contre ces mauvais exégètes toute la rage de l'orthodoxe contre l'hérétique, dénoncé comme véritable faussaire (461 a)[74]. Il affirme lui-même ne pas faire en cela autre chose que suivre les traces

74. Dans le *Commentaire*, en revanche, les allusions polémiques sont rares et banales (les Épicuriens athées).

d'Ammonius Saccas, le maître de Plotin : mais nous ne pouvons le vérifier, puisque nous n'avons pratiquement aucune information à son sujet, en dehors de Hiéroclès. En tout cas, ce dernier considérait que la vérité de la philosophie faisait l'objet d'une tradition immémoriale, parvenue depuis les plus anciens poètes jusqu'aux disciples d'Ammonius, et après eux jusqu'à Plutarque d'Athènes, de façon à former un immense « chœur », ou ce que Hiéroclès nomme ailleurs une « race sacrée » (173 a)[75], que Proclus notamment célébrera dans la *Théologie platonicienne* sous les noms d'« époptie platonicienne » et de « chœur divin »[76]. Les Pythagoriciens, « communauté sacrée » (XXVII, 11), font aussi partie de ces figures de philosophes-saints, dont la popularité dans l'Antiquité tardive ne fait aucun doute.

En somme, l'œuvre de Hiéroclès est un document important pour juger de la diffusion chez les intellectuels païens de la notion d'*orthodoxie*. « (Hiéroclès) établit, d'une part, ce qu'il met un point d'honneur à considérer comme l'enseignement des deux auteurs [*sc*. Platon et Aristote] ; il combat, d'autre part, ceux qui prennent le parti contraire » (172 a). Cette dimension d'établissement et de défense de la « bonne doctrine » ne disparaîtra qu'avec l'école néoplatonicienne elle-même, au début du VIe siècle.

b. Techniques et procédés

L'examen de détail du texte confirme tout le soin mis par l'auteur à l'élaboration de son exégèse générale. On constate la grande attention de Hiéroclès à différents effets de structure. Puisque les *Vers d'or* suivent un ordre progressif, il est naturel de les voir contenir ou faire allusion à des récapitulations synthétiques de la doctrine, ou à des vers déjà expliqués (cf. par ex. XV, 3 ; XVIII, 1 ; XIX, 3 ; XX, 3). L'élève lui-même est

---

75. L'expression est inspirée par le mythe hésiodique des races. On trouve encore l'appellation « chaîne d'or », selon la métaphore tirée d'Homère (*Il.* VIII, v. 19) : cf. en outre Plat., *Phèdre*, 235 e 2, où Socrate dit de Phèdre qu'il est « d'or ».

76. Proclus, *Theol. Plat.* I, 6, 16-7, 8.

appelé à opérer le résumé des enseignements reçus (XIX, 1). Certains préceptes sont reconduits à d'autres, plus englobants : par exemple le précepte « (Pratique) ce qui ne te chagrinera pas » rassemble sous son extension l'ensemble des règles régissant le soin mesuré du corps (XVI, 11). L'injonction « Rougis devant toi-même » englobe le commandement « Connais-toi toi-même » (X, 18), la doctrine morale étant ainsi résumée en un petit nombre de préceptes, d'une façon assez similaire à ce que propose l'empereur Julien dans son discours *Contre le cynique Héracléios* (211 B-D), quand il réduit la morale cynique à deux préceptes, celui de Delphes et celui reçu en propre par Diogène, « Réévalue ta monnaie ».

Hiéroclès s'efforce en outre de signaler les sutures du texte : il identifie ainsi un point de basculement majeur (commenté en XX, 3) dans les *V.O.* 45-46 : le premier de ces vers achève la doctrine pratique, le second commence la doctrine contemplative. C'est l'occasion pour Hiéroclès de reprendre la distinction faite dans le Prologue entre devenir homme et devenir dieu (sur ce dernier point, voir encore XX, 4, qui s'appuie sur le *V.O.* 71).

La doctrine des trois premiers chapitres est retrouvée dans le chap. XXII. Hiéroclès travaille aussi les transitions entre les commentaires de chaque vers : elles sont parfois évidentes, comme celle entre les chap. XVI et XVII qui passent du soin du corps aux règles régissant l'habillement ; mais elles peuvent aussi faire l'objet de davantage d'ingéniosité. C'est le cas en X, 26-27 : si nous nous comportons « irrationnellement » (*V.O.* 14), nous ne comprendrons pas d'où nous vient le mal ; donc nous accuserons à tort la divinité ; ce faisant, nous nous causerons encore davantage de mal ; il apparaît donc que nous devons réfléchir sur la notion de mal, ce qui est fait dans la suite immédiate du texte, commentant les *V.O.* 17-20.

Le travail sur la lettre même des *Vers d'or* donne lieu à de subtils jeux d'échos. Par exemple, la piété est le *commencement* des vertus, tandis que l'amitié est leur *conclusion* (VI, 9) et que la justice, de son côté, est la vertu « complète » car elle fait la synthèse des vertus cardinales (X, 1). Tel passage s'occupe du soin du *corps*, tel autre de celui qui *s'en sert* (XVI, 12). L'insensé est athée, aussi bien que l'athée insensé (XXIV, 13). L'exemple le plus remarquable de ce procédé est sans doute la dialectique de l'action et de la prière, inspirée des *V.O.* 48-49 et développée tout au long du chap. XXI. Hiéroclès affectionne aussi d'interpréter certains vers selon une complémentarité de sens, par exemple, du négatif au positif : tandis que l'interdiction d'entreprendre ce que nous ne connaissons pas nous exempte de faute, le fait d'apprendre ce qui contribue à la vie la meilleure nous procure le succès dans l'action (XV, 1) ; nous pouvons pécher en faisant ce que nous ne devons pas, ou en ne faisant pas ce que nous devons (XIX, 6).

Selon les théories exégétiques des commentateurs néoplatoniciens, l'examen du sens précis de certains termes se nomme *lexis*. On trouve chez Hiéroclès plusieurs cas intéressants : « poursuivre jusqu'au bout » l'examen de ses fautes, par exemple, signifie aller des premiers actes accomplis dans la journée jusqu'aux derniers, sans omettre aucun intermédiaire (XIX, 7). Plusieurs expressions donnent occasion à des analyses : les groupes « démons terrestres » (IV, 1) et « héros glorifiés » (III, 6), les couples « créateur » et « père » (XXV, 11), « intelligence » et « cocher » (XXVI, 16), l'expression « divines fortunes » (XI, 7-9) sont ainsi décomposés, ce qui permet à Hiéroclès d'en tirer une exégèse très précise. Il assigne aussi un sens spécifique à deux adjectifs platoniciens dans un texte cité du *Timée* (XXIV, 5 et la n.). Ce pointillisme s'étend jusqu'à la syntaxe, quand l'auteur tire commentaire de la forme négative d'un précepte (XIX, 8). Cette virtuosité semble presque parfois tourner à la casuistique : s'il n'est ni prudent ni pieux de jurer à tout bout de champ, en revanche, prononcer un solennel serment tel que celui des *V.O.* 47-48, qui porte sur les vérités les plus générales et certaines, est tout à fait bienvenu (XX, 9-11) ; si le respect des parents est une chose sacrée, il est néanmoins licite (et même obligatoire) de leur désobéir là où leur comportement viole les lois divines (chap. V).

À la *lexis* répond le *nous*, c'est-à-dire l'exégèse du sens « profond » du texte[77]. Il faut en effet parfois savoir s'abstraire

---

77. Cf. *supra*, n. 65 ; XXV, 8 et la n. ; *Traité sur la Providence*, 461 a.

de la signification littérale d'un mot afin d'en tirer une signification plus universelle et plus utile dans l'usage quotidien de la vie. Une telle distinction entre valeur littérale et valeur plus large d'un précepte est faite en XXVI, 11-18 : s'abstenir des « cadavres » signifie ne pas consommer de viandes qui n'ont pas été consacrées, mais aussi, plus largement, se détacher de la nature mortelle. Et Hiéroclès de conclure : « Il est juste, en effet, s'agissant des admonestations symboliques, de sauvegarder leur sens apparent tout autant que leur signification allégorique latente ». De ce point de vue, il n'y a pas contradiction, mais complémentarité entre les différentes pratiques de l'exégèse.

On voit donc que l'exégèse néoplatonicienne est largement informée par une substructure très développée, qui guide l'interprétation du texte de façon à en tirer une richesse maximale de sens. On peut attribuer à cette substructure l'emploi de schémas techniques tels que celui de l'essence, de la puissance et de l'activité (I, 12 ; XI, 26 ; XXV, 1). La forme privilégiée de tels schémas est ternaire (en grec, « triadique »). Plusieurs « triades » sont extraites du texte, souvent par un tour de force : celle des « genres supérieurs », sur laquelle nous reviendrons[78] ; la tripartition entre êtres premiers, intermédiaires et derniers (*Commentaire*, I, 8 et XXII, 2 ; *Traité sur la Providence*, 172 a) ; anges, démons et héros (III, 7) ; accomplissement, méditation et amour (XX, 5) ; vérité, vertu et pureté (XXVI, 27) ; l'œuvre triple de la sage délibération (XIV, 2). Les néoplatoniciens sont ici redevables de leur passion pour l'arithmologie de matrice pythagoricienne ; mais on peut également voir ici un thème récurrent de la pensée grecque, foncièrement rationaliste, qui recourt avec le trois au premier nombre permettant une classification[79].

De façon générale, toutefois – et ceci en accord avec la nature introductive de son propos – le *Commentaire* de Hiéroclès

78. Dans le chapitre « La triade des genres supérieurs ».

79. Pour donner un autre exemple, on distingue dans le monde la sphère des fixes, les sphères planétaires et la zone sublunaire (Plutarque, *Quaest. conv.* 745 B).

maintient tout au long une sobriété de bon aloi, et la technicité y est modérée par un style clair et concis, salué par Photios lui-même. Hiéroclès s'abstient en général de réciter des leçons toutes faites : une exception notable est l'excursus sur la tétrade de XX, 11-19, qui constitue une véritable « fiche de cours » arithmologique dont on pourrait trouver une foule de parallèles dans la littérature du temps. L'aridité du propos, corollaire nécessaire de tout commentaire linéaire, est balancée par un ton qui prend par moments les accents de l'homélie. Il arrive à Hiéroclès de s'adresser à son lecteur – qui peut, aussi bien, être l'auditeur d'une salle de cours – à la deuxième personne (XVI, 5). Il emploie fréquemment des questions rhétoriques (XII, 9). La *répétition* est un principe pédagogique fondamental, théorisé pour lui-même dans l'entretien vespéral devant récapituler les actions du jour (XIX, 2), et aussi dans l'évocation des lectures en commun dans l'école pythagoricienne (XXVII, 12).

V. La doctrine philosophique de Hiéroclès

Une présentation synthétique mais complète de Hiéroclès a été fournie par Schibli[80]. Conformément aux standards du *Dictionnaire des philosophes antiques*, la notice « Hiéroclès d'Alexandrie » de cet ouvrage de référence, due à I. Hadot[81], se consacre à un inventaire très précis des informations objectives que nous possédons sur l'auteur et l'œuvre, tandis que la synthèse doctrinale proprement dite passe au second plan.

Les principaux ouvrages de bibliographie ont été cités dans la table des abréviations. On y ajoutera le livre de Th. Kobusch, *Studien zur Philosophie des Hierokles von Alexandrien*, Munich, 1976, une étude complète et riche en références, mais qui souffre

80. H. S. Schibli, « Hierocles of Alexandria », dans L. P. Gerson (éd.), *The Cambridge History of Philosophy in Late Antiquity*, t. I, 2010, p. 437-456.

81. R. Goulet (éd.), *Dictionnaire des philosophes antiques*, t. III, Paris, 2000, H 126, p. 690-701.

aujourd'hui de ses présupposés, à savoir celui d'un Hiéroclès influencé par le christianisme[82] et dépendant, pour ses concepts, des auteurs de la période médio-platonicienne. On signalera en outre qu'I. Hadot a fusionné et fait traduire plusieurs études sur Hiéroclès parues originalement en français dans le volume *Studies on the Neoplatonist Hierocles*, Philadelphie, 2004.

1. Le système de la réalité

a. Ordre, Loi, Serment, rang

Comme c'est le cas pour tout système néoplatonicien, et plus particulièrement pour ceux en lien avec la tradition issue de Jamblique (l'empereur Julien, Saloustios, Proclus notamment), l'œuvre de Hiéroclès est marquée par une vision holiste de la réalité, où les vicissitudes subies par les individus ne prennent sens qu'une fois ramenées à la totalité de la structure des choses. Cette idée n'est pas en soi nouvelle et correspond, par exemple, à la croyance très répandue en une « sympathie universelle » : mais Hiéroclès la développe et l'enrichit considérablement.

On la voit en effet se concrétiser chez lui, de façon tout à fait remarquable, sous la forme d'une « Loi » cosmique, décrite surtout au chapitre I du *Commentaire* et qui serait évoquée aux v. 1 et 3 des *Vers d'or* : « Honore d'abord les dieux immortels, selon l'ordre disposé par la Loi ... et vénère les démons terrestres en accomplissant les préceptes de la Loi ». Il est visible en réalité que les *Vers d'or* visaient ici un ensemble de prescriptions rituelles. Le déplacement opéré par Hiéroclès n'en est que plus significatif.

Cette « Loi » recouvre pour notre auteur plusieurs nuances distinctes, ce même si elles renvoient toutes en dernière analyse à la croyance en un ordre absolu régissant la réalité. Du point de vue divin, elle s'identifie à la volonté du Démiurge, en accord avec le récit du *Timée*, qui relate les décisions rationnelles autant qu'efficientes prises par ce dieu pour créer le monde. Hiéroclès

82. Sur la question, voir ci-dessous, « La question du Hiéroclès "chrétien" ».

écrit : « la Loi, c'est l'intelligence démiurgique et la volonté divine qui produit éternellement toutes choses et qui les conserve pour toujours » (I, 10). On notera, dans cet énoncé, que la Loi ne se contente pas de faire venir les choses à l'être, mais les conserve également. Il y a ici deux présupposés sous-jacents : le caractère nécessairement immuable de la volonté de Dieu, sous peine de trahir en lui un défaut de puissance ou un changement d'avis non motivé[83] ; la bonté de la création, que le Créateur pourrait en droit détruire, mais seulement au prix d'une impensable méchanceté[84]. De fait, Dieu est garant non seulement de l'être des choses, mais aussi de leur « bien être » (*eu einai* : I, 4 ; II, 1 ; XXI, 7).

En sa qualité de volonté, la Loi relève d'une double nature : elle est, tout d'abord, action et création, « activité invariable et créatrice de Dieu, qui engendre les genres divins et les dispose éternellement et immuablement » (I, 16). Elle réapparaîtra ainsi plus loin (chap. XXIII) sous la forme d'une double création, corporelle et incorporelle, décrétée par le Démiurge[85]. Mais la Loi désigne aussi l'état de fait opéré par ces processus créatifs, vu *sub specie aeternitatis* comme une certaine règle ou mesure que les êtres divers ne doivent pas outrepasser, ou comme un « Serment » qu'ils ne doivent pas enfreindre (*V.O.* 2, commenté dans le chap. II). C'est son aspect pour ainsi dire restrictif, coercitif, et en ce sens Hiéroclès dit que la Loi se préoccupe aussi du châtiment des coupables (XI, 13-17), en s'identifiant par là à la Providence, dont il sera question dans notre section 4.

Plus généralement, dans cet aspect, la Loi est ce qui assigne de certaines « limites » aux êtres, définissant ainsi l'identité propre de chaque genre et espèce (XXVII, 9 et la n.) : elle est, en somme, un plan rationnel issu de la divinité, à la fois paradigme et ordre immanent tourné vers le bien, qui assigne leur place à tous les êtres du monde et au-dessus du monde. Pour les néoplatoniciens en effet, la notion d'ordre n'est pas

83. Comparer Saloustios, *Des dieux et du monde*, I, 2 et VII, 1.

84. Cf. Plat., *Tim.* 41 b.

85. Ce thème figure aussi dans le *Traité sur la Providence,* 461 b.

avant tout liée à la sphère de la justice et de l'éthique, en dépit de l'importance prise par la loi des cités (*nomos*) dans la définition même de la civilisation grecque[86]. Plutôt, elle exprime certains invariants ontologiques, de « nature », et y contrevenir est moins une manifestation de méchanceté que la trahison d'un équilibre qui rend le fauteur de troubles lui-même, au premier chef, malheureux.

Ces invariants de nature définissent, pour chaque être, un certain « rang » (*taxis*) à quoi il peut prétendre : le mot est à entendre dans les deux sens de ce terme en français, une *place* plus ou moins élevée dans la structure, et une *dignité* ou un *honneur* plus ou moins éminents (ces deux dimensions vont toujours de pair pour Hiéroclès). Puisque ce rang est partie intégrante de l'essence même des choses, les possibilités d'évolution sont extrêmement limitées : pour les êtres humains que nous sommes (créatures rationnelles de rang inférieur), il est impossible de nous élever au rang des genres supérieurs à nous, ou de déchoir dans la condition animale. Il va sans dire que la Loi sanctifie, de ce point de vue, une inégalité radicale de conditions. Toutefois, nous sommes nous-mêmes responsables de notre bonheur – si nous respectons l'ordre – et de notre malheur – si nous l'enfreignons : « La plus haute vertu consiste à demeurer dans les limites de la création ... et à se conformer aux lois de la providence, grâce auxquelles toutes choses, selon leurs capacités particulières, s'assimilent à leur propre bien » (XXVII, 9).

Rang, ordre, Loi, providence, tous ces noms ne semblent en définitive que des approches différentes d'une réalité unique et indivisible. Le point capital est que cette réalité est conçue d'un point de vue essentialiste et fixiste (voir I, 7-8 ; I, 15 ; XXIII, 4-5 et 9-10 ; XXVII, 6) : de même que le rang est introduit dans les dieux simultanément à leur essence (I, 1 ; I, 12),

86. On citera simplement le passage fameux d'Hérodote, *Hist.* VII, 104. La loi au sens humain du terme est l'objet d'un éloge appuyé chez Jamblique, *Lettre* 1 *à Agrippa*, *apud* Stobée, *Anth.* IV, 5, 77 (cf. D. O'Meara, *Platonopolis*, Oxford, 2003, p. 99-100).

la Loi caractérise l'essence même des choses (I, 11). Hiéroclès liera plus loin le statut ontologique des êtres et le régime de providence auquel ils sont soumis (XI, 32). C'est dans le *V.O.* 2 (« selon l'ordre disposé par la Loi ») qu'il prétend trouver la meilleure confirmation de sa position.

Il est inconcevable pour lui qu'il y ait passage essentiel d'un genre divin à l'autre ou d'une classe à l'autre en raison d'un mérite ou démérite[87]. Ceci signifie qu'un être humain ne peut jamais accéder de plein droit à une condition supérieure, ceci en désaccord avec tout un pan de la religion grecque, savante comme populaire, qui envisageait que l'homme vertueux devienne après sa mort un héros ou un bon démon[88] : cette conviction est d'ailleurs expressément énoncée dans les *Vers d'or* (v. 71). Comme dans bien d'autres cas, Hiéroclès hérite ici de Jamblique son opinion. Comme chez ce dernier, elle n'est pas purement négative : le fixisme se traduit aussi, dans d'autres contextes, par le refus de la réincarnation des hommes en animaux, alias « métempsycose » ou « métensomatose » (*Commentaire*, XXIII, 5 ; XXIII, 9-10 ; *Traité sur la Providence*, 172 b). Si on ne peut s'élever, on ne peut pas non plus chuter radicalement.

b. Genres et classes, uni-multiplicité : la théologie scientifique

Conformément là encore aux orientations du néoplatonisme depuis Jamblique, les rangs des différents êtres composent une véritable hiérarchie divine, dont l'existence ne fait aucun doute selon Hiéroclès (I, 11). Cette hiérarchie règne également parmi les espèces relevant de chaque genre (I, 15).

L'existence de relations de supériorité et d'infériorité au sein du monde divin n'est pas en soi une nouveauté dans le

---

87. À l'extrême opposé, nous trouvons la doctrine du grand théologien chrétien Origène, qui considérait que les êtres rationnels, créés libres, pouvaient permuter entre anges, démons et hommes : voir son *Traité des principes*.

88. Voir par ex. Plat., *Rép.* V, 468 e-469 b, à propos des soldats morts au champ d'honneur.

néoplatonisme : les trois hypostases plotiniennes, déjà, sont fermement distinguées et hiérarchisées. Mais là où Plotin s'efforce, la plupart du temps, d'établir des ponts entre réalités de rang différent, en insistant sur la continuité du flux issu de l'Un, sur l'identité à soi du monde intelligible et sur la présence permanente d'une partie de l'âme (l'âme dite « non descendue ») dans ce même monde, le langage adopté par Hiéroclès est plutôt abrupt. Le fait hiérarchique est non seulement indéniable, mais sa reconnaissance constitue même la base de toute compréhension correcte de la nature des dieux.

Héritage de l'intellectualisme cher à la pensée grecque, cette compréhension est elle-même au cœur de la démarche religieuse. Selon Hiéroclès, « toute l'efficacité de l'honneur [*sc.* celui rendu aux dieux] réside dans la connaissance de l'essence des êtres honorés » (III, 2), et il faut « connaître et honorer les dieux selon le rang qui leur fut attribué par leur créateur et père » (I, 2)[89]. Connaître les dieux est la culmination d'un parcours commencé avec la vertu éthique et la connaissance de soi (XXV, 5) : cela consiste en une assimilation au divin, car « connaître ainsi les êtres tels qu'ils sont venus de Dieu lui-même à l'existence, c'est acquérir un élément de ressemblance divine » (XXII, 7). Connaissance des dieux et connaissance tout court sont intimement liées : « il ne se peut que celui qui est déserté de Dieu ne déraisonne pas, ou que celui qui est tombé dans la déraison ne soit pas déserté de Dieu, car il est nécessaire que l'insensé soit aussi athée et que l'athée soit insensé » (XXIV, 13).

Aussi étonnant que cela puisse paraître à un lecteur moderne, habitué à considérer foi et savoir objectif comme deux domaines distincts, Hiéroclès parle de façon répétée de la théologie comme d'une connaissance ou science : « (les préceptes) te rendront semblable à Dieu à travers la connaissance scientifique de toutes choses » (XX, 7). L'expression de « théologie scientifique » apparaît avec Jamblique[90], et décrit de façon fidèle l'orientation principale du néoplatonisme après lui : exposer de façon claire

89. Voir aussi la note à XXII, 1.

90. *Réponse à Porphyre*, p. 10, 18 Saffrey-Segonds.

la composition du monde divin, selon des modalités relevant de l'axiomatique (comme dans les *Éléments de Théologie* de Proclus) ou bien de l'exégèse systématique et comparative des textes faisant autorité (comme dans la *Théologie platonicienne* du même auteur). Chez Hiéroclès, en raison du format adopté et du public attendu, la théologie scientifique n'est pas déclinée de façon complète, mais on sent l'auteur très attaché à donner des jalons sûrs, et à ne commettre aucune entorse à l'« orthodoxie » qui, dès son époque, était fixée dans ses grandes lignes[91].

C'est dans le chap. XXII du *Commentaire* que Hiéroclès donne les dogmes de base de cette théologie scientifique. Le thème recteur – repris dans le *Traité sur la Providence* (172 a) – est celui de l'union-distinction des genres divins (« ils sont séparés et simultanément unis » ; « d'une part diffèrent, parce que d'espèces diverses, d'autre part se rassemblent en tant que parties d'un seul univers »). Ce thème est ensuite décliné selon deux dimensions :

– l'existence en eux de certains ordres ou classes distincts : « leur *ordonnance* est indiquée ici par le nom de "liaison", leur *distinction spécifique* par "comment elle pénètre" et leur *communauté générique* par "comment chaque chose est commandée" ». Les mots employés – respectivement *syntaxis*, *kat' eidos diaphora*, *kata genos koinônia* ; et d'autres encore comme *diakosmos* ou *symplokè* – appartiennent au vocabulaire technique de la nouvelle théologie scientifique. Comme dans la théorie aristotélicienne des genres et espèces dont il est issu, ce vocabulaire vise à la fois à unir des choses différentes sous une même appellation, et à définir des réalités individuelles par différence spécifique par rapport à un genre plus englobant (« homme » est une espèce du genre « animal » constituée par ajout de la différence spécifique « rationnel »).

– la répartition « verticale » de ces classes, selon une échelle de valeur : « les uns sont les premiers, les autres les médians et

91. Le meilleur exemple d'une théologie scientifique antérieure à la naissance de l'école néoplatonicienne d'Athènes est donné par le traité de Saloustios, *Des dieux et du monde*, chap. VI.

les autres les derniers ». Cette répartition, absolument immuable, ne remet pas en cause l'unité de l'ensemble de la structure : elle la permet plutôt, en lui conférant un axe et une permanence, ainsi que la « perfection », c'est-à-dire un caractère exhaustif ou complet, qui exige de différencier entre ce qui est antérieur et ce qui est postérieur. Cette perfection ou complétude (le terme grec *teleios* possède ces deux sens), en accord avec l'arithmologie si présente dans la pensée grecque, et en particulier dans le pythagorisme qui eut sur le platonisme une profonde influence, s'exprime de façon privilégiée dans le nombre trois (I, 14). Pour un Grec en effet, l'un s'identifie à la simplicité du point, le deux à l'indéfinition de la ligne, toujours prolongée, et le trois à la première réalité complexe mais stable qu'est la figure la plus simple, à savoir le triangle (voir *Commentaire*, XX, 17). Par ailleurs, entre deux termes extrêmes, comme l'explique Hiéroclès, la nécessité d'un troisième terme intermédiaire s'impose d'elle-même. La forme triadique sera par conséquent celle de la plupart des ordres divins du néoplatonisme.

Comme sur un repère organisé en abscisse et ordonnée, aux entités divines et semi-divines échoient une place conforme à leur rang (sur l'axe vertical) et une définition propre qui les distingue de leurs congénères (sur l'axe horizontal). Ceci vaut tant pour les classes prises en elles-mêmes que pour les particuliers. La distinction réelle des essences divines – exprimée notamment par la diversité de leurs attributs et sphères d'influence[92] – n'empêche pas toutefois celles-ci de partager une concorde parfaite, à l'exclusion de toute animosité ou sentiment passionnel : « ces trois classes, comme en un seul vivant ou en un seul chœur et un seul accord, sont liées entre elles, mais conservent, à cause de leur union et de leur mutuelle connexion, leur distinction naturelle

92. Hiéroclès est peu disert sur ce point, se contentant de caractériser de façon générale les trois classes des dieux, démons et âmes. Les propriétés divines recouvrent plus d'importance pour l'empereur Julien, qui dans son traité *Contre les Galiléens* développe la théorie des dieux « ethnarques », c'est-à-dire préposés à certains peuples auxquels ils transmettent leur caractéristique propre.

sans confusion » (*Traité sur la Providence*, 172 a)[93]. Cette unité dans la diversité résulte d'une adaptation au monde divin des traits caractéristiques du monde platonicien des Formes intelligibles. Selon Plotin, dans le monde intelligible ou « Intellect », chaque forme est à la fois absolument elle-même et parfaitement unie aux autres, de façon à former un tout cohérent : en d'autres termes, dans l'intelligible, la partie ne contredit pas le tout, et les différences sont les aspects d'une unité d'ordre supérieur. Cette uni-multiplicité, cette union-distinction, sont des caractéristiques définitoires du monde intelligible et divin, et il est important de comprendre qu'elles s'imposent à chaque entité de façon simultanée, en défiant le principe de non-contradiction à l'œuvre dans le monde sensible.

Ces points doctrinaux néoplatoniciens sont eux-mêmes issus en droite ligne de Platon, notamment du *Sophiste* (les Formes caractérisées par la dualité du Même et de l'Autre, du Mouvement et du Repos) et du *Parménide* (dont on tire, à partir de la seconde hypothèse, l'idée de la co-existence possible de prédicats contraires tels que tout et partie, semblable et dissemblable) ; également du *Philèbe* (les puissances contraires du Limitant et de l'Illimité, *peras* et *apeiron*) qui relaie l'influence des Pythagoriciens.

c. La relation entre Démiurge et Monde, garante de la cohérence du système

Dans la structure onto-théologique ainsi définie, le Démiurge tient une place centrale, à tel point qu'on a pu penser que Hiéroclès se distinguait des autres néoplatoniciens en le considérant comme un dieu suprême. Il est de fait que la causalité qu'il déploie assume des traits plus souvent associés au premier dieu néoplatonicien, l'Un-Bien issu de la *République* platonicienne : c'est en particulier le cas de son absolue sollicitude, qui se déploie à un niveau universel et plus particulièrement

93. Sur l'uni-multiplicité divine, voir Th. Kobusch, *Studien zur Philosophie des Hierokles von Alexandrien*, Munich, 1976, p. 56-61.

sur les gens de bien (telle est l'exégèse que Hiéroclès donne du double titre du Démiurge dans le *Timée*, « créateur et père », cf. XXV, 11 et la n.). La bonté est, de façon plus générale, une caractéristique du divin (I, 13), et c'est le caractère essentiel de cette bonté qui fait office de cause principale de la création[94] et garantit la permanence des êtres, selon la doctrine du *Timée* alléguée à cette occasion. La bonté divine est également garante de la théodicée (XI, 14).

Entre le Démiurge et le Monde, aucune matière préexistante ne vient s'interposer : le Monde est en effet produit de toute éternité avec sa matière (*Traité sur la Providence*, 172 a ; 460 b) ; le Démiurge le produit « par son essence même », sans recours à un mouvement (*Traité sur la Providence*, 463 b et les n.)[95]. La structure du Monde est également en rapport direct avec son créateur (I, 8-9) : cette homologie se retrouve également entre le Monde et les classes de dieux (I, 12), entre le Serment cosmique et les serments sociaux (II, 4-5) et entre les dieux et notre parenté (V, 2), preuve de l'attention apportée par Hiéroclès à la cohésion de la réalité dans son ensemble. Comme la démiurgie, selon les néoplatoniciens, ne saurait être uniquement matérielle (elle est en effet l'œuvre d'un esprit supérieur à la matière), le Monde vient à l'être en vertu d'une double création, corporelle et incorporelle (XXIII, 6-7), qui se répercute dans « l'arrangement du monde visible et invisible », de nature double lui aussi (*Traité sur la Providence*, 172 a) : il est en outre composé en outre des trois ordres d'êtres supérieurs (*Commentaire*, chap. I, III,

94. Cf. Th. Kobusch, *Studien zur Philosophie des Hierokles von Alexandrien*, Munich, 1976, p. 73-77.

95. Cette conception est un développement des théories de Porphyre qui, critiquant les penseurs médio-platoniciens, refusait toute indépendance à la matière et considérait le Monde comme engendré causalement, mais inengendré temporellement. Si le Monde ou sa matière étaient inengendrés causalement, alors Dieu n'aurait aucun droit à agir sur eux, puisqu'ils seraient de même rang que lui. S'ils étaient engendrés temporellement, alors on ne comprendrait pas pourquoi Dieu a choisi de les créer à tel moment plutôt qu'à tel autre.

IV ; *Traité sur la Providence*, 172 a ; 461 b) dont nous traiterons dans la section 2. Les parallèles et affinités entre divin et mondain peuvent se poursuivre : le monde est dieu céleste et sensible, causé par le dieu intelligible qu'est le Démiurge (XX, 19) ; tant la terre que les astres ont part à la ressemblance divine (XXIII, 1).

On peut voir en tout cela autant d'applications du couple platonicien Modèle / Image. Ce qui est « ici-bas » se retrouve « là-bas » sous forme absolue (XX, 12). Le Démiurge accapare divers traits normalement associés au Modèle intelligible (lequel est, significativement, totalement absent de l'œuvre de Hiéroclès) : il est dit par exemple qu'il contient les causes des êtres (XX, 8). Il s'agit en fait ici d'une caractéristique du néoplatonisme tardif : le Démiurge est considéré comme un intellect contenant des formes, à l'image du Modèle, mais ces formes sont présentes dans son propre intellect à un état de moindre cohésion que dans le Modèle, qui est « intelligible » (*noètos*) tandis que le Démiurge est « intellectif » (*noeros*). Cette dernière distinction n'est pas chez Hiéroclès, qui appelle le Démiurge « dieu intelligible » (XX, 19) : il n'en avait pas besoin, d'une part parce qu'il s'adresse à des commençants, d'autre part parce que les *Vers d'or* n'évoquent que « Zeus », pas un quelconque Modèle intelligible.

Cette superposition fonctionnelle explique que le Démiurge soit pour Hiéroclès une sorte de point focal : les dieux y ont une ressemblance perpétuelle et immuable, les héros une ressemblance perpétuelle mais susceptible de variation, les âmes une ressemblance ni perpétuelle ni immuable (XXVII, 7-8 ; cf. aussi I, 4 et *Traité sur la Providence*, 461 b-462 a)[96]. Les dieux viennent « juste après lui » (III, 4), puis la ressemblance s'atténue peu à peu. Intervient ici une loi de « dégression » qui trouve son répondant chez d'autres auteurs néoplatoniciens

---

96. On se rappellera que la *Réponse à Porphyre* de Jamblique (p. 216, 8-21) se conclut elle aussi sur l'idéal d'une communion théurgique avec le Démiurge, plutôt qu'avec le monde intelligible ou l'Un. Cela peut expliquer pourquoi Hiéroclès insiste sur lui plutôt que l'Un.

tels que Proclus : les différents êtres en produisent d'autres qui les suivent immédiatement dans l'échelle. D'autres lois métaphysiques interviennent pour donner un aspect objectif et scientifique à la vision néoplatonicienne de la réalité : celle des moyens termes, qui pose qu'entre les extrêmes que sont les dieux immortels et les dieux mortels, il est nécessaire qu'il y ait la classe médiane des démons, qui partage des traits de chacune des deux autres (I, 6-7)[97] ; la loi de coïncidence entre le dernier maillon d'un ordre supérieur et le premier d'un ordre inférieur (cf. III, 5). Ces lois ont de nombreux parallèles dans les textes néoplatoniciens.

d. Le problème du Hiéroclès « chrétien »

Après avoir traité du Démiurge, nous devons faire ici une pause afin de traiter d'une controverse majeure à propos de l'œuvre de Hiéroclès. Cette controverse porte en effet sur l'influence du christianisme sur l'auteur, influence qui se lirait surtout dans la place éminente qu'il attribue apparemment au dieu créateur.

Le premier nom auquel est associé ce débat est celui du savant allemand K. Praechter, qui en 1912 compare l'enseignement de Hiéroclès aux doctrines antérieures de Plotin et d'Amélius et à celles, postérieures, de Proclus et de Damascius, en proposant de voir en Hiéroclès un représentant d'une école « alexandrine », fondée sur l'enseignement d'Ammonius Saccas et de son disciple Origène le païen, et aux dogmes théologiques moins exubérants que dans la tradition inaugurée par Plotin et encore considérablement enrichie par les scholarques athéniens. Il écrit : « ... Il en va tout autrement de Hiéroclès. Son entité la plus haute est le *dèmiourgos*. Il est le créateur conçu entièrement à la manière d'un dieu, ordonnateur, législateur et administrateur du monde. Il est *ho theos* purement et simplement. Au-dessus de lui ne se tient ni le *hen* ni d'ailleurs une hypostase, il est le

97. Une version plus complexe apparaît dans le *Traité sur la Providence*, 462 a (cf. *Traité sur la Providence*, n. 46).

seul être hypercosmique, le *theos theôn,* le *theos hypatos kai aristos* »[98]. Ce « monothéisme » ferait de Hiéroclès un auteur proche du christianisme.

En 1976, Th. Kobusch porte la thèse de Praechter à son apogée et dégage l'influence du moyen-platonisme, et surtout du christianisme, sur l'œuvre de Hiéroclès, au détriment de la tradition prépondérante du néoplatonisme représentée par Plutarque d'Athènes[99]. Il faut attendre 1978 pour qu'I. Hadot, dans un effort pour contester toute distinction doctrinale stricte entre les deux écoles néoplatoniciennes d'Alexandrie et d'Athènes, entreprenne de réfuter les positions de Praechter sur Hiéroclès, mais aussi sur le commentaire au *Manuel* d'Épictète de Simplicius qui fournissait à son prédécesseur un appui pour sa thèse[100]. Cette œuvre et celles de Hiéroclès témoigneraient selon Hadot d'un néoplatonisme « fragmenté », c'est-à-dire adapté à des objectifs et auditoires moins exigeants que ceux des véritables sommes théologiques du néoplatonisme : une analyse détaillée démontrerait toutefois que le système de Hiéroclès, en apparence simple, suppose en réalité des dogmes similaires, sinon identiques, à ceux des autres auteurs néoplatoniciens postérieurs à Jamblique. L'argumentation d'Hadot, très développée, fut critiquée par N. Aujoulat qui opéra un retour à Praechter[101]. Un débat s'ensuivit par voie d'articles dans la *Revue des Études Grecques*[102] ; enfin, le dernier éditeur de Hiéroclès, H. S. Schibli,

---

98. K. Praechter, « Christlich-neuplatonische Beziehungen », *Byzantinische Zeitschrift* 21, 1912, p. 3-4, réimp. dans *Id.*, *Kleine Schriften*, éd. H. Dörrie, Hildesheim, 1973. Praechter se réfère au *Commentaire*, I, 2.

99. Th. Kobusch, *Studien zur Philosophie des Hierokles von Alexandrien*, Munich, 1976 (surtout p. 13-26 et 193-196).

100. I. Hadot, *Le problème du néoplatonisme alexandrin, Hiéroclès et Simplicius*, Paris, 1978 (abrégé « Hadot »).

101. N. Aujoulat, *Le Néoplatonisme alexandrin, Hiéroclès d'Alexandrie*, Leyde, 1986 (abrégé « Aujoulat »).

102. I. Hadot, « Le Démiurge comme principe dérivé dans le système ontologique d'Hiéroclès », *Rev. des Ét. Gr.* 103, 1990, p. 241-262 ; N. Aujoulat, « Le Démiurge chez Hiéroclès d'Alexandrie : en réponse à l'article de Mme Hadot (*R.E.G.* 1990, p. 241-262) », *Rev. des Ét. Gr.* 106, 1993,

se prononça résolument en faveur d'I. Hadot[103]. D'autres savants, tels L. G. Westerink, avaient adopté une attitude prudente[104].

Nous ne prendrons pas ici la responsabilité de trancher cette controverse, mais simplement d'en recenser les différents arguments et contre-arguments :

– L'essentiel du débat se concentre sur la place occupée par le Démiurge dans le système de Hiéroclès. À première vue, cette place semble être la première, comme en témoignent les citations faites par Praechter : chose incongrue dans un cadre néoplatonicien, où le premier Dieu est presque toujours identifié à l'Un, réalité située au-delà de l'être et, *a fortiori*, bien au-delà du domaine de la création du monde[105]. De ce fait, le Démiurge de Hiéroclès semble tout à fait analogue au Dieu créateur, unique et suprême, des chrétiens. Hiéroclès le désigne d'ailleurs souvent avec l'article (*ho theos*)[106] et au moyen du pronom emphatique *ekeinos*.

---

p. 400-429 ; I. Hadot, « À propos de la place ontologique du Démiurge dans le système philosophique d'Hiéroclès le néoplatonicien. Dernière réponse à M. Aujoulat », *Rev. des Ét. Gr.* 106, 1993, p. 430-459.

103. H. S. Schibli, *Hierocles of Alexandria*, Oxford, 2002 (abrégé « Schibli »). Voir surtout les p. IX-X ; 49-50 ; 52-55.

104. L. G. Westerink, « Hierokles II (Neuplatoniker) », dans le *Reallexikon für Antike und Christentum*, t. XV, Stuttgart, 1989.

105. Ce domaine est bien assumé par le Démiurge du *Timée*, mais celui-ci se voit attribuer un rang passablement inférieur dans la hiérarchie des êtres : le rang « intellectif », qui renvoie à sa nature d'être pensant, inférieur aux réalités situées dans le domaine de l'Un, au-delà de toute intellection, mais aussi aux réalités seulement pensées, et dites « intelligibles ». À titre d'exemple, la doctrine du Démiurge n'intervient qu'au Livre V de la *Théologie platonicienne* de Proclus, qui suit un ordre hiérarchique descendant.

106. *Ho theos* est bien l'équivalent chrétien ancien de « Dieu » (avec la majuscule). C'est pour cette raison que, dans la traduction de Hiéroclès, nous écrirons le plus souvent « Dieu » pour rendre compte du fait que, du strict point de vue du vocabulaire, un chrétien ne s'exprimerait pas autrement. Ce choix ne constitue aucunement une prise de position sur le fond du débat portant sur le statut du Démiurge chez Hiéroclès.

I. Hadot s'est élevée contre cette identification du Démiurge au dieu suprême. « Hiéroclès ne nous dit nulle part, écrit-elle, quelle place exacte il réserve à son démiurge dans la hiérarchie des êtres ... Mais une chose est certaine : cette place ne peut être la première ». « Puisque, poursuit-elle, il est doué d'une multiplicité interne ... la logique inhérente à la philosophie platonicienne veut qu'il n'occupe qu'une place inférieure »[107].

En faisant cette assertion, I. Hadot se fonde surtout sur le *Commentaire*, XX, 11-21, qui identifie le Démiurge et la Tétrade pythagoricienne (*tétractys*) qui apparaît dans le lemme correspondant des *Vers d'or* : c'est la section la plus distinctive et spéculative de l'œuvre de Hiéroclès, et celle qui a fait couler le plus d'encre. En voici les thèses principales : toutes choses peuvent être exprimées par des nombres ; le Démiurge a affinité avec la structure mathématique des choses, au point de pouvoir être assimilé à un nombre de nature supérieure, un « nombre des nombres » qui contient à titre éminent les raisons de la création ; le nombre entier est résumé dans la décade[108] ; or la décade est elle-même résumée ou « unifiée » dans la tétrade[109].

De la sorte, la tétrade-Démiurge apparaît comme l'archétype de la réalité. Mais que doit-on entendre par là ? S'il s'agissait de la réalité au sens absolu, alors le Démiurge serait incontestablement le premier dieu. Mais il peut aussi s'agir de la réalité telle que reflétée (selon la perspective du *Timée*) dans la constitution de l'univers, à un niveau où la complexité et la multiplicité règnent, et qui n'est pas comparable à l'unification et à la simplicité extrêmes du monde intelligible. C'est en ce sens que semble conclure Hiéroclès : « La tétrade est en effet, comme nous l'avons dit, le démiurge, la cause de toutes choses, le dieu intelligible, la cause du dieu céleste et sensible » (XX, 20).

107. Hadot, p. 115.

108. C'est là une thèse pythagoricienne standard : seuls les dix premiers nombres sont considérés comme significatifs et étudiés dans leurs propriétés remarquables.

109. Parce que 1 + 2 + 3 + 4 = 10, entre autres arguments arithmologiques.

C'est alors un principe de type monadique – l'Un – qu'il faut supposer comme modèle du monde intelligible : la *tétractys*, elle, a alors rang médian, et de même pour le Démiurge, qui ne saurait être le dieu suprême.

– À propos de l'influence de concepts chrétiens, un passage en particulier a retenu l'attention des commentateurs : il s'agit de la doctrine de la création présentée dans le *Traité sur la Providence* (172 a) et apparemment très comparable à la création *ex nihilo* des chrétiens. Hiéroclès y affirme que le Démiurge crée par son seul vouloir et sans substrat matériel préexistant[110].

On peut toutefois trouver pour ce développement des sources néoplatoniciennes, en particulier chez Porphyre, comme l'a fait I. Hadot[111]. C'est chez lui en effet que commence à se dessiner, au sein même du paganisme, une tendance à minimiser le rôle de la matière dans le processus créateur : jusque-là, la philosophie concevait surtout celui-ci comme la traduction des Formes intelligibles dans la matière par l'action d'un dieu créateur, selon une représentation inspirée du *Timée*. De Porphyre – et non d'une source chrétienne – est également issue l'idée d'une action « par l'être même », sans recours à la matière (*Traité sur la Providence*, 463 b), et on la retrouve par la suite chez Proclus.

– L'argumentation positive relative au statut et rôle du Démiurge se double en outre d'une remarque négative : Hiéroclès ne mentionne jamais, semble-t-il, de degré supérieur au Démiurge, et en particulier, il n'évoque nulle part l'Un.

Même s'il n'est pas dénué de valeur, du fait que l'œuvre conservée de Hiéroclès est de taille assez notable, un tel argument est susceptible de se voir rejeté comme procédant *ex silentio*. Pour le *Traité sur la Providence*, très brièvement résumé par Photios, « comment savoir, dit I. Hadot, si ce silence est dû au fait que Hiéroclès n'a pas mentionné une hypostase supérieure au démiurge ou au fait que Photios n'a pas pris la

---

110. Sur la doctrine de la création chez Hiéroclès, voir plus haut, le chapitre « La relation entre Démiurge et Monde ».

111. Hadot, p. 77-92.

peine de retracer tous les détails du système théologique de Hiéroclès ? »[112]. Les *Vers d'or* d'autre part ne connaissant comme dieu le plus haut que Zeus, qui ne dépasse pas selon les auteurs néoplatoniciens le niveau de l'Intellect, « il ne faut pas s'étonner si Hiéroclès, dans son commentaire, n'est pas allé au-delà de ce niveau »[113].

Il n'est d'ailleurs pas impossible que Hiéroclès mentionne l'Un de manière cryptique dans son *Commentaire* (XXV, 2), quand il évoque un niveau de réalité supérieur au divin et qui permettrait de juger adéquatement de celui-ci, parce qu'il le surplombe. Par ailleurs, même si l'expression « l'Un » (*to hen*) n'apparaît pas, on trouve chez Hiéroclès le participe « unifié » (*hènômenon*, XX, 14) et le terme d'« union » ou « unification » (*henôsis*, XXI, 8 ; XXII, 1 ; XXVI, 27). On ajoutera que les réalités intelligibles, contenues selon les néoplatoniciens dans le Modèle (*paradeigma*) du *Timée* dont s'inspire le Démiurge, sont également évincées de l'œuvre de Hiéroclès : celui-ci ne pouvait cependant pas les ignorer, étant donnée l'abondance chez lui d'échos du *Timée.* Ceci tendrait à montrer que Hiéroclès a écarté sciemment certains points de doctrine de son exposé pour des raisons externes (pédagogiques notamment), plutôt qu'il ne les a purement et simplement ignorés ou contestés.

– D'un point de vue d'histoire de la philosophie, on a voulu tirer argument de la mention élogieuse faite par Hiéroclès d'auteurs assez obscurs, Ammonius Saccas et Origène le païen (*Traité sur la Providence*, 172 a ; 173 a ; 461 a). Ces personnages sont mentionnés dans d'autres sources néoplatoniciennes comme, respectivement, maître et condisciple de Plotin, mais ils sont le plus généralement passés sous silence et apparaissent donc comparativement surreprésentés dans le corpus de Hiéroclès. Il devient alors tentant de leur attribuer les particularités doctrinales que l'on prétend déceler chez Hiéroclès lui-même, d'autant plus que nous savons de source sûre qu'Origène le païen avait nié

112. Hadot, p. 116.
113. *Ibid.*

toute réalité à l'Un[114]. En outre, l'influence de ces auteurs serait à même d'expliquer la relative simplicité du système de Hiéroclès, qui tiendrait par là du médio-platonisme, soit la période philosophique allant de l'instauration de l'Empire romain à l'enseignement de Plotin à Rome, au milieu du IIIe siècle. Hiéroclès serait, doctrinalement parlant, un platonicien pré-plotinien.

Malheureusement, nous ne savons presque rien de ces deux auteurs, rien en tout cas qui constitue un parallèle indubitable et exclue d'autres influences d'auteurs tels que Plotin, Porphyre, Jamblique ou Plutarque d'Athènes. Ces derniers auteurs, qui incontestablement soutenaient la réalité de l'Un, sont d'ailleurs également mentionnés et tenus en estime par Hiéroclès. On trouvera dans les notes de la traduction de très nombreuses références à leurs œuvres.

– Le scholarque néoplatonicien Damascius (fin Ve – début VIe s.), un des très rares auteurs à se référer à Hiéroclès, le critique comme « peu précis » (*ouk akribès*) quant à ses connaissances[115], et ajoute que, même s'il ne le cédait à personne pour ce qui est du « bagage humain » (*anthrôpinè paraskeuè*), toutefois « les bienheureuses pensées [*makaria noèmata* : *scil.* les doctrines théologiques supérieures] lui ont souvent fait défaut »[116].

Ce témoignage dénonce chez Hiéroclès une théologie rudimentaire. Mais cette théologie était-elle celle de Hiéroclès lui-même, qui aurait ignoré toute formulation plus complexe de la doctrine, ou bien celle des écrits connus de Damascius, et qui peuvent avoir été volontairement simplifiés ? Le fait que Damascius ne mentionne de l'Alexandrin que les deux œuvres que nous avons nous-mêmes conservées[117] fait pencher pour la seconde branche de l'alternative, et laisse croire qu'il n'était

114. Cf. Proclus, *Théologie platonicienne*, II, p. 31, 2-28.

115. Cf. Damascius, *Vie d'Isidore*, Fr. 106 Zintzen, p. 83, 15 (Fr. 45B Athanassiadi).

116. *Ibid.*, n° 36 dans l'épitomé de Photios, éd. Zintzen (= Fr. 34D Athanassiadi). Damascius rapporte ici l'avis peu amène de son maître Isidore.

117. *Ibid.*, Fr. 106 Zintzen, p. 83, 12-14.

pas mieux armé que nous pour juger de la pensée de Hiéroclès. D'autre part, pour Damascius, auteur de la version la plus complexe du système néoplatonicien (le *Traité des Principes*) et critique féroce de ses prédécesseurs dans sa *Vie d'Isidore*, toute théologie paraissait volontiers déficiente : ce qui permet de penser que le jugement qu'il dispense est trop lapidaire.

– Mais pourquoi, objectera-t-on, Hiéroclès aurait-il dû simplifier certains aspects de sa pensée ? La réponse tient essentiellement à l'aspect pédagogique de sa seule œuvre intégralement conservée, le *Commentaire aux* Vers d'or. Les « auditeurs » de l'œuvre font l'objet de références multiples (Prologue, 4 ; X, 16), et il arrive fréquemment à Hiéroclès d'employer la deuxième personne.[118] Il prétend donner une « vue d'ensemble » de la doctrine pythagoricienne (*synopsis*, XXVII, 10) : les *Vers d'or* eux-mêmes justifieraient ce projet dans la mesure où ils constituent selon lui un *kharaktèr* de toute la philosophie (Prologue, 4 ; XXVII, 11). On peut donner diverses traductions de ce terme ambigu : « emblème », « empreinte », « sceau ». L'important est surtout de savoir ce qu'on veut faire entendre par là : selon N. Aujoulat[119], qui insiste sur l'idée de complétude, l'emploi d'un tel terme exige de comprendre que Hiéroclès a voulu dévoiler toute sa doctrine sans omission. Mais on peut aussi bien insister sur la notion d'image (fidèle à son modèle seulement dans les traits généraux) que le mot convoie : et alors il devient tout à fait envisageable que Hiéroclès ait volontairement omis les arcanes les plus élevés de sa pensée. Le terme de *synopsis* et l'adjectif *metria* qui lui est accolé peuvent faire l'objet de gloses similaires : mais il semble quand même plus naturel d'y voir l'évocation d'une exégèse « modérée », par opposition à un discours complet qui demanderait trop de temps.

---

118. Pour une analyse plus détaillée de l'aspect pédagogique du *Commentaire aux* Vers d'or, nous renvoyons le lecteur au chapitre « Exégèse des *Vers d'or* », ci-dessus.

119. N. Aujoulat, « Le Démiurge chez Hiéroclès d'Alexandrie », *art. cit.*, p. 401.

Si l'on admet que le *Commentaire* ne s'adresse qu'à des néophytes en philosophie, il devient facile de justifier l'éviction des doctrines les plus raffinées de l'École, et l'insistance parallèle sur le concept familier d'un dieu personnel créateur. Dans les mots d'I. Hadot : « il aurait été déplacé pédagogiquement de vouloir étaler tous les détails du système théologique néoplatonicien dans toute sa complexité »[120]. Il n'y a pas non plus de mention de l'Un dans un texte tel que l'*Exhortation à la philosophie* (*Protreptique*) de Jamblique, par exemple : ce qui n'a pas empêché son auteur d'écrire la très complexe *Réponse à Porphyre* (*De Mysteriis*). Quant à des œuvres comme les *Trois opuscules* de Proclus ou le commentaire au *Manuel* d'Épictète de Simplicius, même si elles mentionnent l'Un, elles montrent malgré tout qu'un auteur néoplatonicien peut tout à fait adapter son propos et négliger s'il le souhaite des développements trop théoriques. Nous ignorons malheureusement à peu près tout du public de ces différentes œuvres : mais il est tout à fait possible que Hiéroclès se soit simplement adressé à un public plus large et moins bien formé que dans l'Athènes de la fin du ve siècle, lorsque le néoplatonisme païen s'était identifié à une poignée d'individus triés sur le volet et attachés à leurs valeurs traditionnelles.

– Le dernier volet du débat porte sur la possibilité d'une influence (ou d'une pression) du contexte chrétien alexandrin sur Hiéroclès[121]. Il est tout à fait envisageable en effet qu'il se soit familiarisé avec les dogmes chrétiens dans une cité qui était à la fois une des métropoles les plus importantes de l'Empire, le siège d'un patriarcat influent et le centre de l'activité de Pères de l'Église de renom, tels Clément d'Alexandrie et Origène (sans même parler de Philon pour le judaïsme). D'autre part, le public attendu dans les écoles alexandrines devait nécessairement être plus composite que dans une cité plus modeste comme Athènes : de fait, nous connaissons nombre d'auteurs chrétiens

120. Hadot, p. 116.

121. Ce contexte a été évoqué plus haut, chap. II.

qui furent élèves de maîtres païens à Alexandrie, par exemple Énée de Gaza et Jean Philopon. Il paraît raisonnable de penser que Hiéroclès ait adapté son propos à ce public, voire qu'il ait franchi le pas et modifié ses vues en un sens chrétien : c'est d'ailleurs un raisonnement similaire qui a conduit à supposer une « école d'Alexandrie » distincte des autres courants du néoplatonisme, au prétexte que très peu nombreuses sont les références au polythéisme chez les auteurs qu'on rattache à ce courant (notamment Ammonius). Ce contexte chrétien aurait poussé ces auteurs à se consacrer surtout à l'étude d'Aristote, moins suspecte aux nouvelles autorités. Aurait-on alors en Hiéroclès une figure hybride, comparable à cet Alexandre de Lycopolis en Égypte, auteur du *Contre la doctrine de Mani*, composé probablement entre 277 et 297, manifestant pour la doctrine chrétienne une certaine sympathie bien que son enseignement fût fortement imprégné de néoplatonisme ? ou encore à Synésios de Cyrène (tournant des IVe et Ve siècles), disciple de la philosophe païenne Hypatie, qui demande avant d'être sacré évêque de Ptolémaïs qu'on rappelle au patriarche Théophile « que son interprétation personnelle, à lui philosophe, de certains dogmes (celui de la naissance de l'âme, de la fin du monde, de la résurrection) diffère de celle qui est communément reçue … (par les chrétiens). Toutefois, sous réserve de garder ses convictions intimes, il s'accordera pour professer en public la doctrine reçue … »[122] ?

Pourtant, et une fois écartée la problématique de la création, il s'avère que l'œuvre de Hiéroclès comporte très peu de parallèles évidents (c'est-à-dire qui ne peuvent s'expliquer par un simple « esprit du temps ») avec des sources chrétiennes : beaucoup en revanche avec d'autres païens. La « race sacrée » des philosophes qu'il célèbre (*Traité sur la Providence*, 173 a) ne compte aucun chrétien : il n'a pas suggéré de rapprochement entre le Platon du *Timée* et le Moïse de la *Genèse*, comme l'avaient fait Numénius, mais aussi – bien qu'à des fins partiellement

---

122. Chr. Lacombrade, dans *Synésios de Cyrène, Hymnes* (CUF), Paris, 1978, p. XXXVII (résumant la *Lettre* CV).

polémiques – l'empereur Julien[123]. L'argument du contexte est également difficile à manier : on risque de négliger la capacité des auteurs anciens à vivre en vase clos, en ignorant ou même en niant la réalité autour d'eux[124]. On trouverait très peu de mentions des chrétiens dans les quelques milliers de pages des œuvres de Proclus, Damascius et Simplicius. Vivre dans une métropole devenue chrétienne n'impliquait nullement que Hiéroclès ait eu une connaissance approfondie de la nouvelle religion.

Plusieurs passages rendent en outre peu crédible que Hiéroclès ait voulu adapter son propos à des exigences chrétiennes. Ses écrits contiennent de nombreux dogmes farouchement païens : la réincarnation, le polythéisme et la démonologie, le culte (il fait allusion aux « rites sacrés des cités », XXVI, 26). Il professe foi dans la télestique ou théurgie[125] et dans l'idéal de divinisation. Il est important ici de noter que ces divers thèmes n'étaient, pour l'essentiel, aucunement appelés par le texte commenté : Hiéroclès a décidé de les traiter en pleine conscience. Par ailleurs, l'absence de développements théologiques trop techniques ne saurait être un argument pour faire de Hiéroclès un auteur païen « tiède », car on le voit en pleine possession de ses moyens et il propose une synthèse qui, pour être simplifiée

123. Numénius, Fr. 8 ; Julien, *Contre les Galiléens*, p. 170, 12-174, 7 Neumann (Fr. 6 Masaracchia).

124. Un bel exemple est fourni ici par Damascius, qui présente dans sa *Vie d'Isidore* un tableau de l'Histoire inspiré d'Hésiode, où la domination chrétienne prend l'aspect de l'âge de fer. Voir Ph. Hoffmann, « Les âges de l'humanité et la critique du christianisme selon Damascius », à paraître dans la *Revue de l'Histoire des Religions* 234.4, 2017, p. 737-775. Saloustios, collaborateur de l'empereur Julien, dédie le chapitre XVIII de son catéchisme connu sous le titre *Des dieux et du monde* à expliquer que la prolifération de l'« athéisme » (par quoi il entend le christianisme) ne remet pas en cause la providence divine. On a là deux exemples d'une fermeture totale à la nouveauté représentée par le christianisme, de la part pourtant d'intellectuels très éduqués et ayant effectué de nombreux voyages.

125. À ce sujet, voir plus bas, le chapitre « La "télestique" ».

(ce que lui reproche Damascius), n'en est pas moins rigoureuse doctrinalement.

Enfin, il reste l'argument biographique : Hiéroclès a en effet été victime de violences de la part des autorités chrétiennes et exilé, même s'il a pu reprendre par la suite son enseignement. Penser qu'il aurait mis de l'eau dans son vin dans le cadre d'un accord pour pouvoir reprendre son enseignement relève de la pure supposition[126].

– Peut-on, plus largement, parler d'une « compatibilité » entre Hiéroclès et le christianisme ? En faveur de cette thèse parle l'existence d'un manuscrit du XIVe siècle « qui contient une paraphrase "christianisante", en prose, d'une adaptation perdue du *Commentaire* en trimètres iambiques. Ce manuscrit manifeste d'une façon significative la profonde influence de l'Alexandrin sur le monde chrétien du Moyen Âge »[127]. Un autre manuscrit du XVe siècle contient la même adaptation chrétienne du *Commentaire*. Au prix de quelques coupures, de quelques transpositions et adjonctions de textes, l'éditeur byzantin publie un Hiéroclès chrétien assez bien réussi[128]. Tous les efforts dépensés « pour adapter le *Commentaire* aux exigences de la doctrine chrétienne montrent combien, à l'époque byzantine, ce livre était lu et apprécié »[129]. Enfin, c'est au pape Nicolas V qu'en 1474 J. Aurispa, le premier traducteur du *Commentaire* de Hiéroclès en latin, dédia son œuvre : Hiéroclès y est qualifié de « *philosophus stoicus et sanctissimus* » et son livre d'« *opusculum praestantissimum et religioni christianae consentaneum* »[130].

---

126. Il est vrai qu'Ammonius passa plus tard un accord semblable avec l'évêque d'Alexandrie, selon Damascius (*Vie d'Isidore*, Fr. 316 Zintzen = 118B Athanassiadi).

127. F. W. Koehler, *Textgeschichte von Hierocles' Kommentar zum Carmen aureum der Pythagoreer*, Münster, 1965, p. V.

128. Jules Nicole, *Un traité de morale payenne christianisé*, Genève, 1892, p. 24.

129. J. Nicole, *ibid.*, p. 36-37.

130. Cf. F. W. Koehler, *op. cit.*, p. 178. Confusion avec un homonyme de Hiéroclès, philosophe stoïcien.

On a récemment argué, de façon très convaincante, que cette traduction – plus précisément le passage du chapitre XX sur la *tétractys* – avait servi à Pic de la Mirandole pour la rédaction de quelques-unes de ses *Conclusions* de théologie syncrétique[131].

On ne peut toutefois exagérer la portée de telles convergences, quelque mille ans après la rédaction de l'œuvre de Hiéroclès. D'une part, c'est tout le néoplatonisme, y compris dans ses avatars polythéistes les plus radicaux (Proclus notamment), qui a été absorbé et transmis par le Moyen Âge byzantin, au moyen de la relecture faite par le Pseudo-Denys l'Aréopagite et des relais successifs assurés par les auteurs du « premier humanisme byzantin » (Photios, Aréthas), puis par le cercle de Michel Psellos. D'autre part, aucune « convergence » repérée entre Hiéroclès et les valeurs chrétiennes ne peut contribuer à résoudre la question fondamentale : ces convergences témoignent-elles d'une sensibilité réelle de Hiéroclès au christianisme, ou simplement d'un effet de perspective dû à une volontaire (et d'ailleurs relative) simplification de dogmes néoplatoniciens maîtrisés dans leur intégralité ?

2. Genres supérieurs et place de l'âme

a. La triade des genres supérieurs

Revenons désormais à ces dogmes et à la vision hiérocléenne de la réalité. En dessous du Démiurge s'ouvre le domaine de ce que la terminologie néoplatonicienne après Jamblique[132] désigne comme des « genres supérieurs » (*kreittona genè*), c'est-à-dire l'ensemble des classes d'êtres rationnels (supérieurs aux

---

131. Voir S. Toussaint, « Pic, Hiéroclès et Pythagore : la conclusion cabbalistique 56 selon l'opinion personnelle de Pic de la Mirandole », *Accademia* 16, 2014, p. 111-120. Une longue section du *Commentaire* de Hiéroclès (XX, 11-19) a également été reprise dans les scholies à Denys le Thrace, éd. Hilgard, *Grammatici graeci*, vol. 3, Leipzig, 1901, p. 292, 32-293, 43.

132. La description de ces classes est donnée, avec force détails, par Jamblique dans la première partie de sa *Réponse à Porphyre* (voir en particulier p. 52, 20-68, 3).

animaux sans raison). Leur schéma complet, tiré des *Vers d'or* (en forçant considérablement ce texte), est tripartite : « dieux immortels » (chap. I), par quoi il faut semble-t-il entendre les dieux astraux, rejetons du Démiurge dans une représentation héritée des « jeunes dieux » du *Timée* (42 d 6) ; « héros glorifiés » (chap. III), c'est-à-dire les ordres d'entités intermédiaires comprenant, dans l'ordre descendant, anges, démons et héros (III, 7[133]) ; et « démons terrestres » (chap. IV), qui sont les âmes des hommes sages (IV, 2), ceux qui se sont distingués par leur vertu (III, 3 ; III, 9). Ces êtres possèdent les fonctions qui leur sont associées depuis le début de l'âge impérial au moins : transmetteurs ou « messagers » (étymologie du mot « ange ») ; surveillants et gardiens des hommes (X, 24). Les démons, supérieurs à nous, ne sont pas nos prédateurs comme nous le sommes vis-à-vis des animaux, mais se proposent au contraire de prendre soin de nous (XI, 28-31). Ils sont les agents et les exécutants des jugements du Destin (*Traité sur la Providence*, 462 a ; 466 a).

Les êtres supérieurs sont en outre distingués selon qu'ils sont « par nature » ou « par relation » (IV, 2 ; XX, 20 ; XXVII, 4). Viennent ensuite, dans l'ordre décroissant d'honneur (qui est aussi celui des *Vers d'or*), père et mère, puis parenté au sens large (chap. V) ; les amis (chap. VI-VII) ; et le reste des hommes. Quant à la Nature, elle ne fait l'objet que de brèves considérations dans le chap. XXIII.

Hiéroclès développe très longuement sur le schéma tripartite des êtres supérieurs, qui structure les premiers chapitres du *Commentaire* et fait retour dans le *Traité sur la Providence* (172 a ; 461 b-462 a), où il correspond à la succession êtres célestes – êtres éthérés – âmes humaines. Le nombre trois occupe une place très importante dans la pensée grecque, tant scientifique que philosophique, et Platon l'avait employé dans la section du *Timée* (41 d) dévolue à la psychogonie. Il ressortit également à un impératif de complétude, puisque la réalité doit

133. Voir également *V.O.* 2-3 et leur commentaire pour démons et héros, et *Commentaire*, XXIII, 4 pour les anges.

être pleine et entière, « de sorte que l'ensemble de la création raisonnable soit cohérent avec lui-même, en beauté » (I, 6). Entre deux extrêmes, il y a, en effet, forcément une moyenne, conviction bien grecque qui trouve son origine dans les spéculations mathématiques et musicales sur les médiétés. Enfin, la tripartition permet d'instaurer des relations de type hiérarchique : les êtres troisièmes se rapportent nécessairement aux seconds, et les seconds aux premiers (XXVII, 8-9 ; *Traité sur la Providence*, 462 a).

b. L'essence de l'âme : entre faiblesse et droite raison

Rejetée au troisième et dernier rang des êtres rationnels (XI, 30), l'âme humaine constitue forcément une réalité plutôt médiocre au sein de leur ensemble. Héritier ici encore de Jamblique[134], Hiéroclès partage le pessimisme anthropologique de ce dernier, surtout si on compare leurs positions à celle défendue par le fondateur de l'école néoplatonicienne, Plotin. Tandis que celui-ci croyait qu'une partie de l'âme pense toujours (c'est l'âme dite « non-descendue »), Jamblique et Hiéroclès au contraire voient l'âme humaine comme caractérisée essentiellement par l'intermittence : « tantôt elle pense le dieu (suprême) et reçoit en retour sa propre part de dignité, tantôt elle déchoit de ces privilèges » (I, 5 ; voir aussi XXIII, 3 et la n.). À l'inverse, même si les êtres de rang intermédiaire ont également une activité marquée par le plus et le moins, ils « ne sont jamais entièrement ignorants de Dieu » (I, 7 ; III, 5 ; XXIII, 4), c'est-à-dire qu'ils « pensent toujours Dieu » (XXVII, 6). Quant aux dieux, ils « ne sombrent jamais dans l'oubli » (I, 4) : ils ne peuvent jamais transgresser la Loi en violant le « serment » (II, 2). L'âme

134. Voir par ex. *Réponse à Porphyre*, p. 12, 3-17, 15. Les informations sur la psychologie pessimiste de Jamblique, à laquelle il est fait allusion dans la suite, sont contenues pour l'essentiel dans le commentaire sur le *De Anima* d'Aristote attribué – peut-être à tort – à Simplicius : C. Steel, *The Changing Self*, Bruxelles, 1978 en a donné une excellente synthèse.

est donc inférieure aux autres êtres supérieurs, mais aussi à l'intellect (XX, 2)[135].

Hiéroclès et Jamblique vont très loin dans leur critique des prétentions de l'âme, chose d'autant plus remarquable au sein de la tradition platonicienne, où l'origine divine de l'âme est souvent exaltée, dans la lignée notamment du *Phèdre*. L'immortalité à laquelle elle peut prétendre n'est pas de même nature que celle attachée aux dieux de par leur essence même (XXVII, 4-6) : elle est faible et faillible, au point qu'on peut dire légitimement qu'elle s'altère (*Traité sur la Providence*, 462 a) et qu'elle souffre et « meurt » (*Commentaire*, I, 5) sans le secours divin. L'âme peut également pécher : « elle est parfois portée au mal et à l'oubli » (III, 8) ; elle est « affectée par la descente vers le mal » (I, 4) ; Hiéroclès n'hésite pas en effet à parler de « mal » ou de « perversité » (*Traité sur la Providence*, 462 a). Cette condition médiocre est, selon Hiéroclès, une conséquence de l'existence de l'âme dans le devenir : « pour les êtres soumis à la génération et à la corruption, la possibilité de se comporter à l'encontre de la nature est un corollaire pour ainsi dire nécessaire » (XXIV, 6, dans un commentaire du *Théétète*). Les passages hiérocléens les plus « durs » sur les tendances de l'homme au mal se trouvent dans le *Commentaire*, qui évoque un mal de type essentiel (XXIV, 12 et 16).

Mais sans doute serait-il exagéré de présenter un tableau uniment noir de l'âme humaine. Il serait plus juste de dire que celle-ci est ambivalente : elle peut soit « fuir loin de Dieu », soit « se convertir vers Dieu » (I, 5). Son libre-arbitre ne peut jamais se fixer dans la vertu ou dans le vice (XII, 1). Cette intermittence de l'âme la place au milieu de la réalité, « à la limite des êtres qui ne peuvent pas tomber dans la perversité et de ceux qui n'ont pas

135. Hiéroclès prend ici une position tranchée sur une controverse récurrente en philosophie grecque : l'intellect est-il une faculté de l'âme parmi d'autres (la sensation par exemple), ou bien une instance supérieure à elle, comme le prouve l'infaillibilité et l'immatérialité de ses opérations ? Aristote déjà considérait l'intellect comme un élément divin introduit du dehors en l'âme (Aristote, *Gen. anim.* 736 b). Jamblique aussi avait insisté sur la transcendance de l'intellect (*apud* Stobée, *Anth.* I, 49, 32).

pour nature de s'élever à la vertu » (XXIV, 1), « le dernier des êtres d'en haut, mais le premier de ceux d'en bas » (XXIII, 2). « L'essence de l'homme, qui tient le milieu entre les êtres qui pensent toujours Dieu et ceux qui par nature ne le pensent jamais, s'élève vers les premiers, et s'abaisse vers les derniers ; par l'acquisition et la perte de l'intelligence, elle s'approprie tour à tour la ressemblance avec Dieu et avec les bêtes, grâce au caractère amphibie de sa nature » (XXIV, 9). Cette tension polaire est habituelle dans le néoplatonisme : on la trouve par exemple dans les *Sentences* de Porphyre. La même raison qui fait qu'elle ne peut prétendre à la perfection, fait que sa déchéance n'est jamais absolue non plus (*Traité sur la Providence*, 463 b).

De même qu'il existe une tendance au mal, il existe par ailleurs, et réciproquement, une tendance au bien fermement implantée en l'homme par l'intermédiaire des « notions communes » (XI, 3). Ces notions nous permettent de connaître la divinité (XXV, 12), et par là de découvrir la droite voie. À Dieu comme critère ultime extérieur à l'homme répond, à l'intérieur de lui, la « droite raison », à laquelle Hiéroclès fait fréquemment référence[136] : cette analogie (voir X, 4) s'étend à la vertu, « image de Dieu dans une âme raisonnable » (XXI, 5), et obéir à l'un est obéir à l'autre (XIV, 16). Dans une perspective typiquement grecque, la raison – éclairée, donc, par la divinité – fournit la règle de l'éthique : ainsi, la libéralité est définie comme « ce qui rattache tous les biens extérieurs à la droite raison » (XVII, 11). Parée d'accents religieux, la raison est conçue comme la « gardienne » de l'âme (XIII, 1-4), et aussi comme son « guide » (XIV, 15) : c'est d'ailleurs Dieu qui l'a préposée à notre gouvernement (XIX, 9). Elle s'identifie à la conscience morale (XIX, 8-10). C'est aussi bien sûr le réceptacle de la science, qui constitue son état purifié (XXVI, 6). Dans les développements de ce type, la déraison, à l'inverse, représente la corruption de notre essence (XXVI, 7) : d'où les très fréquents passages où Hiéroclès dénonce les insensés.

136. Voir *Commentaire*, n. 97, 120 et 184 ; Schibli, p. 88-89.

c. La grâce et la réceptivité

La relation de patronage entre raison humaine et divinité trouve son prolongement dans ce qu'on pourrait appeler (même si le terme n'y est pas littéralement) une notion de la grâce. Selon Hiéroclès et les néoplatoniciens tardifs (la position de Plotin et de Porphyre étant plus ambiguë), l'être humain nécessite, pour la réussite de ses actions et l'obtention du salut, le concours de la sollicitude divine. L'agir humain, contingent, intermittent et incomplet, tient nécessairement de Dieu (qui les possède par essence) les qualités contraires : il va jusqu'à tenir de lui son être même : « comme nous tenons aussi de Dieu la capacité même à nous auto-déterminer, nous avons, je suppose, absolument besoin de son assistance pour accomplir à la perfection ce que nous avons choisi d'exécuter » (XXI, 1). Cette logique suppose une asymétrie irrémédiable entre Dieu et l'homme, celle précisément que nous désignions plus haut par la formule « pessimisme anthropologique » : à la limite, il est juste d'identifier Dieu à l'absolu, et l'homme au néant[137]. La réflexion éthique s'en trouve affectée : alors que Dieu gratifie l'homme de ses dons, celui-ci ne peut adresser de contre-don : il n'a pas l'autonomie nécessaire pour agir bien, mais doit faire en sorte de se rendre digne de la faveur divine (I, 17). La notion d'autarcie sur laquelle reposait l'éthique grecque hellénistique est ainsi balayée : nous ne devons pas « avoir confiance en notre seule activité », mais « dépendre de l'aide venue de Dieu » (XXI, 3) ; la « sujétion volontaire » est opposée à l'« insensée désobéissance » (XXIV, 20).

En ce sens, la grâce repose sur la notion d'*epitèdeiotès* (« réceptivité »), que les néoplatoniciens transposent du champ

137. Jamblique lui-même n'avait pas hésité à parler du « néant » humain (*Réponse à Porphyre*, p. 36, 11). Cette orientation générale est partagée par les auteurs qui lui succèdent, même s'il faut souligner, en accord avec la fin du paragraphe précédent, que la relation entre âme (ou raison) humaine et divinité est plutôt de complémentarité que de pure et simple contrariété.

physique au champ métaphysique : faire le bien consiste moins à actualiser une perfection qui nous appartiendrait par nature, qu'à *accueillir* aussi fidèlement que possible (mais jamais totalement) la bonté absolue et infaillible issue de la divinité[138] : notre rôle est de chercher et de recevoir, celui de Dieu est de donner invariablement (cf. I, 16-17 ; XXI, 2-3 ; XXV, 4 ; XXV, 15). D'où une insistance caractéristique sur la purification de notre âme et de notre intellect, récupérant ainsi l'idéal grec traditionnel d'assimilation à Dieu dans la mesure du possible, par l'intermédiaire de la parcelle de divin en nous (I, 19-20). Nous devons nous efforcer d'être un miroir aussi immaculé que possible, afin de refléter sans trop la trahir la lumière divine. Cet idéal est pleinement compatible avec une attitude religieuse, comme on le voit dans le chapitre XXI du *Commentaire*, dévolu à la prière, laquelle complète l'action.

3. La double destination de l'âme

a. Pratique et contemplation

Les néoplatoniciens, philosophes-exégètes par excellence, étaient rompus aux distinctions et dichotomies les plus subtiles. On a vu à l'instant l'âme humaine tiraillée entre vertu et vice, bien et mal, monde divin et monde du devenir : il n'est pas étonnant que Hiéroclès ait défini en outre pour elle une double voie d'accomplissement.

Dès le début de son *Commentaire*, Hiéroclès annonce cette opposition qui structurera son œuvre : « La philosophie est la purification de la vie humaine et son achèvement ; sa purification, d'une part, de la déraison de la matière et du corps mortel, son achèvement, d'autre part, c'est-à-dire le

138. La théorie de Hiéroclès ne tient, en effet, que parce que les dieux sont considérés comme la source de tout bien, un dogme fondateur du néoplatonisme qui identifie l'Un, premier dieu, au Bien absolu. Ce Bien se donne par son essence même, sans démarche volontaire, et irradie ce qui se met en position d'y participer. C'est déjà le *bonum diffusivum sui* de Thomas d'Aquin.

recouvrement de la vie heureuse qui nous est propre et nous élève vers la ressemblance divine. Ces résultats, la vertu et la vérité sont, par nature, les plus aptes à les accomplir, l'une en bannissant l'excès des passions, l'autre en obtenant en outre la forme divine pour ceux qui ont pour elle un bon naturel » (Prologue, 1).

Selon ce texte, la philosophie est la synthèse de deux tendances ou de deux recherches qui, selon les principes exégétiques néoplatoniciens, décrivent une progression réglée[139] : l'une à visée éthique et œuvrant à la purification des passions par la « vertu » ; l'autre à visée contemplative et réalisant une divinisation par découverte de la « vérité »[140]. C'est en fait l'essentiel d'un millénaire de philosophie grecque ancienne qui se trouve ici résumé d'un trait : les intellectuels grecs en effet ont toujours cherché l'équilibre entre la démarche éthique, l'ascèse et le travail sur soi d'un côté, et d'autre part la réalisation d'un idéal humain – et même plus qu'humain, puisqu'il fait de l'homme un dieu –, qu'ils plaçaient dans la contemplation de l'être et de la vérité. Chez Platon, on pense respectivement à la trilogie du procès de Socrate (*Apologie*, *Criton* et surtout *Phédon*) et à l'*Alcibiade* d'un côté, et aux grandes visions métaphysiques qui peuplent le *Phèdre*, le *Banquet*, le *Timée* et la *République* (VI-VII) de l'autre. Hiéroclès lui-même, dans le *Traité sur la Providence* (464 b-465 a), convoque parallèlement la figure de l'« amoureux » (pratique), issue du *Phèdre* mais illustrée par des passages tirés de la *République*, et celle du « philosophe » (contemplatif) issue du *Théétète*. La distinction entre vie pratique et vie contemplative (le *bios theôrètikos*) est également centrale chez Aristote ; elle est prolongée dans les philosophies hellénistiques, où l'accent éthique est sans doute plus marqué, mais n'exclut aucunement la détermination de vérités dogmatiques dans les domaines de la physique et de

139. Cf. *supra*, p. 27-28.

140. Cette opposition est encore déclinée en XX, 8 selon la dualité de la vertu humaine et divine, et en XXVI, 7 selon celle de la contemplation des choses éternelles et de la pratique des choses contingentes.

la théologie. On la retrouve enfin, au crépuscule de la période antique, dans la figure de Philosophie chez Boèce, dont la robe est ornée d'un Π pour *praxis*, et d'un Θ pour *theôria*.

Aux termes de cette synthèse philosophico-religieuse entre aristotélisme, platonisme, pythagorisme et polythéisme païen à laquelle nous avons pris coutume de donner le nom de « néo-platonisme », la dimension proprement éthique constitue une propédeutique à la contemplation de la vérité. Telle est bien la position de Hiéroclès (Prologue, 3), qui s'appuie sur la hiérarchie des dialogues en vigueur depuis Jamblique, qui faisait de l'*Alcibiade* et du *Phédon*, notamment, des étapes préliminaires avant les dialogues platoniciens les plus dogmatiques[141]. Il n'est donc pas étonnant que Hiéroclès, qui prétend retrouver dans les *Vers d'or* eux-mêmes la dualité que nous avons décrite (cf. Prologue, 2), la considère dans cette même succession : la première partie du poème (v. 1-44, et surtout v. 4-44, correspondant au *Commentaire*, chap. V-XIX), selon lui, traite de philosophie pratique, la seconde (v. 47-71, correspondant au *Commentaire*, chap. XXI-XXVII), de philosophie contemplative : la transition, précisément, se produit aux vers 45-46 analysés dans le chap. XX (cf. Prologue, 3)[142].

Hiéroclès résume cette subordination dans une formule frappante : « tout d'abord donc, il faut devenir un homme, et seulement alors un dieu ». L'éthique consiste donc à devenir un homme, de bête qu'on était (XX, 4) et, une fois seulement cette étape franchie, la contemplation permet d'accéder à la félicité divine (XX, 1). En effet, « dans les vers eux-mêmes, nous trouvons aussi que la philosophie pratique est qualifiée de vertu humaine et que la philosophie contemplative est célébrée en tant que vertu divine » (Prologue, 3). De la sorte, le parcours dessiné dans les *Vers d'or* consiste en une progressive divinisation, une

141. Voir les *Prolégomènes* anonymes *à la philosophie de Platon*, chap. XXVI.

142. Le *Commentaire* (XX, 3) définit lui-même le chap. XX comme une « frontière ».

assimilation ou imitation de Dieu « autant qu'il est possible » (Prologue, 2 ; I, 16 ; XX, 4), dans la lignée du *Théétète*[143].

On voit apparaître ici toute la richesse du schéma d'opposition adopté, en apparence très simple. Il permet en effet de tracer fermement une séparation essentielle entre deux formes de bien (bien humain et bien divin, cf. XI, 22) et deux domaines de l'être : « la vertu civique d'une part pour les choses d'en bas, elle qui met de l'ordre dans l'irrationnel ; la vertu contemplative d'autre part pour les choses d'en haut, elle qui permet de fréquenter la société des êtres supérieurs » (XX, 3). L'homme s'efforce de résorber le gouffre entre ces deux domaines dans une démarche dynamique de conversion, « rappelé » qu'il est à une vie meilleure (I, 5 ; XXVI, 11) et porté par une tendance naturelle à la connaissance de soi[144]. Toutefois, cet effort n'aboutit jamais à l'accession définitive et totale à un rang supérieur d'être, conformément au fixisme de Hiéroclès évoqué plus haut.

b. La « télestique »

Aux deux grandes parties de la philosophie, pratique et contemplative, va s'ajouter encore la « télestique », c'est-à-dire la philosophie purificatrice, qui fait l'objet du chap. XXVI (après

143. Conformément à ce que nous avons dit plus haut du rôle des intermédiaires, cette démarche passe aussi par l'imitation de l'exemple des grands hommes (IV, 4). Sur le thème de l'assimilation à Dieu, cf. Schibli, p. 118-128, et surtout désormais A. Izdebska, « Man, God and the Apotheosis of Man in Greek and Arabic Commentaries to the Pythagorean *Golden Verses* », *The International Journal of the Platonic Tradition* 10, 2016, p. 40-64, qui analyse par ce prisme l'ensemble des commentaires conservés aux *Vers d'or*.

144. Connaître son essence est une tendance naturelle en l'homme, cf. *Commentaire*, XXV, 9. Bien comprise, cette connaissance de soi suppose la connaissance de Dieu, puisque se connaître soi-même convenablement, c'est se connaître comme œuvre d'un dieu rationnel et bon, et dont le devoir est d'agir conformément à cette dignité. Avatar du précepte millénaire « Connais-toi toi-même », qui est la meilleure définition de la philosophie grecque prise sur la longue durée.

avoir été annoncée à la fin du chapitre précédent). Cette discipline s'applique au corps lumineux de l'âme, le « souffle » (*pneuma*) ou « véhicule » (*okhèma*)[145] : il s'agit du corps immatériel de l'âme, qui joue le rôle d'interface entre elle et le domaine de la matière. Par exemple, il est censé être le vecteur par lequel l'âme insuffle la vie dans le corps inerte (XXVI, 5) : en effet, la vie étant quelque chose d'immanent au corps, il est difficile d'en rendre responsable directement l'âme, dont la nature – selon les théories platoniciennes – est radicalement différente de celle du corps. Hiéroclès en parle dans un vocabulaire imprégné du *Phèdre* de Platon (XXVI, 2 ; 10).

Or ce souffle a besoin d'être purifié rituellement pour se débarrasser des souillures charriées par le monde de la génération. La télestique est la discipline, complémentaire de la philosophie, qui purifie le corps lumineux (XXVI, 25). Le développement que Hiéroclès lui consacre n'est pas très clair : on a d'abord le sentiment que la télestique forme un domaine à part de la contemplation et de la pratique, puis elle apparaît comme une subdivision de cette dernière, sur le même plan que la « politique » (entendre : les règles de la vie sociale), laquelle nous purifie de l'irrationalité (XXVI, 26). De ce point de vue, elle a donc un rôle instrumental, tandis que la philosophie contemplative, qui a analogie avec l'œil, joue un rôle recteur : mais toutes trois, contemplation, politique et télestique, qui correspondent respectivement à vérité, vertu et pureté, forment malgré tout un ensemble cohérent et indissoluble, en accord avec l'orientation holiste de la pensée de Hiéroclès (XXVI, 27). De fait, vérité et vertu ont elles aussi une fonction purificatrice, correspondant à différentes parties de l'âme (XXVI, 6-7 ; 21).

Hiéroclès prend pour exemple de la télestique « les rites sacrés des cités » (XXVI, 26). Il semble donc qu'il y reconnaisse

---

145. Sorte de vêtement de l'âme humaine, œuvre du démiurge, qui relie cette âme à son corps mortel matériel. On l'appelle aussi corps pneumatique ou spirituel. Voir Schibli, p. 98-106 ; Hadot, p. 98-106 ; et M. Zambon, « Il significato filosofico della dottrina dell'OXHMA dell'anima », dans R. Chiaradonna (éd.), *Studi sull'anima in Plotino*, Naples, 2005, p. 305-335.

le culte païen traditionnel. Néanmoins, chez les auteurs néoplatoniciens postérieurs, la télestique est subordonnée, sinon assimilée à la « théurgie », une théologie et rituel extrêmement complexes développés dans la lignée des *Oracles chaldaïques* (mentionnés en XXVI, 4) et des autres écrits de leurs auteurs, Julien le Chaldéen et Julien le Théurge[146]. En employant le terme de « télestique », Hiéroclès y inclut-il implicitement les pratiques de la théurgie, de nature ésotérique comparativement au culte public ? Il est difficile de le dire : Hiéroclès n'emploie pas le terme de théurgie dans son œuvre, même s'il pourrait la désigner derrière les périphrases « pratiques saintes » (X, 26), « supplications sacrées » (XI, 23) et « arts sacrés » (XXVI, 8) : en effet les néoplatoniciens connaissent la théurgie sous le nom d'« art sacré » ou « art des prêtres » (*hieratikè tekhnè*). Ce qui ressort du chap. XXVI, au final, n'est pas une doctrine précise du rituel philosophico-religieux des païens, mais plutôt l'affirmation que l'être humain, réalité à multiples facettes, doit travailler à purifier, par différentes voies, les différentes composantes de son être (âme rationnelle ; corps lumineux ; corps matériel). En tout état de cause, on ne trouve pas chez Hiéroclès de primat de la théurgie sur la philosophie : elle est en effet réduite à ses vertus purificatrices, tandis que dans le système néoplatonicien standard des vertus, le degré théurgique est le degré suprême, dépassant même le contemplatif[147].

c. Préceptes éthiques

Selon une distinction que Hiéroclès fait avec d'autres auteurs néoplatoniciens, l'être humain doit déployer, dans sa

---

146. Sur ces auteurs, on se reportera par exemple au livre de C. Van Liefferinge, *La Théurgie, des* Oracles chaldaïques *à Proclus*, Liège, 1999 ; sur la théurgie en général, cf. encore I. Tanaseanu-Döbler, *Theurgy in Late Antiquity*, Göttingen, 2013 et Aujoulat, p. 207-211. Les termes de « théurgie » et « télestique » sont employés indifféremment par l'empereur Julien, *Contre Héracléios le Cynique*, 219 B et par Proclus, *In Crat.* LXXI, p. 32, 29-30 Pasquali.

147. Cf. par ex. Marinus, *Proclus ou Sur le bonheur*, sect. 26, p. 30, 19-23.

vie quotidienne, des vertus éthiques qui constituent le degré inférieur de son excellence propre, tandis que le second palier est celui des vertus purificatrices (II, 6), surplombé lui-même par l'acquisition de la connaissance scientifique, opposée à l'accoutumance de type « corporel » (VIII, 6). Un exemple des vertus pratiques est donné par cet Olympiodoros à qui le *Traité sur la Providence* est dédié. Elles ressortissent le plus souvent à la morale grecque traditionnelle, qui exalte la raison et rabaisse la passion : on doit dominer ses pulsions irrationnelles (chap. VIII) ; agir avec conscience (chap. IX) ; négliger les richesses, qui vont et viennent (X, 7). Une grande part du *Commentaire* est dévolue à l'illustration du bon usage des vertus éthiques, au moyen de nombreux exemples et cas de figure : accoutumances et exercices tels que ceux réglant l'usage des serments (II, 8-10) ; définition de nos rapports avec les dieux et les démons (chap. I-IV), les personnes de notre parenté (chap. V), nos amis (chap. VI-VII) ; importance du sentiment d'humanité (*philanthrôpia* : cf. VII ; XII, 5-8).

Dans ses développements moraux, Hiéroclès se fonde sur l'opposition passablement banale de l'âme et du corps, conçus respectivement comme le siège de l'individualité et de la vie morale, et comme un ensemble de tendances irrationnelles : « nous » sommes notre âme[148], et cette prise de conscience est un préalable de l'action (XIII, 7). Le corps, quant à lui, nous est extrinsèque : on ne doit s'en occuper que comme d'un instrument (XVI ; XXVI, 24)[149]. Les biens extérieurs (X, 7), quant à eux, sont doublement dévalués, puisqu'ils relèvent du corps, qui lui-même relève de l'âme (VII, 1 ; VII, 8 ; XIII, 6-8). En

148. Le « nous » (*hèmeis* : XIII, 5-6 et 13 ; XIV, 5 et 15) est un concept d'origine plotinienne, cf. Plotin, *Traité* 53, édité par G. Aubry, Paris, 2004. Il s'identifie à l'âme rationnelle (XIII, 6). Hiéroclès parle aussi de « l'homme véritable » (cf. XVIII, 2).

149. C'est dans le chap. XVI que Hiéroclès entre le plus dans le détail des prescriptions relatives au corps : il faut prendre en compte la constitution de chacun, son occupation (athlète, philosophe, paysan...), ainsi que l'environnement, dans une tradition hippocratique revendiquée.

définitive, seule l'âme compte : les biens et maux véritables sont ceux qui touchent l'âme et non le corps (IX ; XI, 1-2) ; d'ailleurs l'âme vertueuse est inébranlable (chap. XIII). De ce point de vue, et bien qu'elle n'ait pas prise sur les biens apparents, elle est donc souveraine pour réaliser son bien propre (*Traité sur la Providence*, 465 b), doctrine typiquement grecque et tout particulièrement socratique : celui qui agit bien s'assure son bonheur (chap. XV) ; le mal, quant à lui, vient de l'égarement de l'âme qui se perd dans la volupté et les passions, plaisirs éphémères qui sont en réalité des causes de souffrance (chap. XIV). Il s'agit là de lieux communs, qui empruntent aux philosophies grecques classiques comme hellénistiques (le stoïcisme par exemple, pour la notion de biens extérieurs). Ces passages n'ont d'ailleurs pas pour fonction d'être originaux, mais de créer une accoutumance chez les commençants, en accord avec les principes de la littérature protreptique.

Aussi banales toutefois que soient plusieurs sections des écrits de Hiéroclès, il faut y remarquer également une dimension religieuse bien plus marquée que dans ses sources d'inspiration. Ceci se laisse voir à plusieurs niveaux. Tout d'abord, le sens prononcé de la hiérarchie chez Hiéroclès (dont nous avons traité dans la section 1) fait que l'éthique est nécessairement fondée dans les vérités de la métaphysique et de la « théologie scientifique ». Nous devons juger de l'éthique en accord avec la place que nous possédons dans le monde, notre rang, lequel est fonction de notre essence : au final donc, nous sommes invités à « considérer notre essence comme une règle » (X, 18-23). Celui qui connaît son essence connaît aussi la dignité qui lui incombe et qu'il doit préserver par ses actions : Hiéroclès peut ainsi écrire : « Tu seras infaillible si, connaissant ta propre essence, quelle elle est et ce à quoi elle a similitude, tu as toujours soin de ta ressemblance avec lui » (XIII, 10). C'est ce principe, par exemple, qui sert à Hiéroclès pour définir nos devoirs envers les êtres supérieurs. Les « lois » éthiques sont par ailleurs perçues comme des universaux indépendants de notre volonté, des décrets divins auxquels il faut obéir en tant que tels (ceci est particulièrement sensible dans le chap. X).

Elles ne sont certainement pas des conventions reposant sur un arbitraire humain : le divin sert ici de mesure objective à l'éthique.

Enfin, les vertus éthiques elles-mêmes sont subordonnées à la piété, qui est la principale de celles-ci : Hiéroclès lui consacre le premier chapitre de son *Commentaire*. C'est une innovation par rapport à l'éthique classique et hellénistique, même si, dans une tradition surtout pythagoricienne, la piété est conçue avant tout comme purification de l'âme et de l'esprit (I, 17-21), ce qui permet de récupérer par là un élément proprement rationnel par la dénonciation de la folie et de l'ignorance. L'idéal classique d'accomplissement de l'individu par la pratique de vertus sociales et intellectuelles a été progressivement supplanté par le thème de la divinisation : « Est digne d'être appris cela seulement qui nous amène à la ressemblance divine » (XV, 3).

4. Providence et liberté humaine

Pour conclure ce chapitre sur le système philosophique de Hiéroclès, il nous faut enfin dire un mot de sa doctrine de la providence, puisque celle-ci est au centre des fragments du *Traité* préservés par Photios, et que ce concept occupe aussi une place importante dans le *Commentaire*[150].

Dans cette dernière œuvre (XI, 9-10), Hiéroclès écrit : « tout ce qui se produit n'arrive ni sous tous rapports selon le destin ou la providence, ni au hasard ni spontanément, et ce n'est pas non plus selon notre libre choix que notre vie entière est disposée. Mais toutes les fautes que nous commettons dans ce qui dépend de nous sont, pour leur part, imputables à notre libre choix ; tout ce qui vient à la suite des fautes commises au regard des lois de la justice est attribué au destin ; et les biens accordés, en dernière analyse, de la part de Dieu sont du ressort de la providence, mais aucun des êtres réels ne fait remonter sa cause à l'aventure et au hasard, ni non plus aucune des choses qui

150. Sur la Providence, on consultera : Hadot, p. 117-141 ; Aujoulat, p. 288-400 ; Schibli, p. 129-161.

devient, sauf à considérer que le hasard ne dérive des causes premières par le jeu des accidents et des implications de ce qui est réalisé par la providence, le destin et le choix ». Ce texte distingue donc quatre causes possibles de ce qui se produit (en précisant qu'aucune d'elles n'agit seule) : libre-arbitre, hasard, destin, providence.

a. Le hasard

On peut tout d'abord écarter le hasard, qui n'a pas, selon Hiéroclès (qui suit là le consensus néoplatonicien), la dignité d'une cause : plutôt, il constitue une forme de résidu de l'action des trois causes véritables, et leur est donc subordonné. Selon la suite du texte, il semble que Hiéroclès considère comme relevant du hasard l'ensemble des moyens, en soi insignifiants, par lesquels une fin vient à se réaliser. Le hasard ne peut en tout cas donner raison d'un « être réel » (par opposition à une pure circonstance accidentelle) : en effet, un tel être doit avoir une cause répondant à une certaine finalité. De toute évidence, Hiéroclès pose une équation entre réalité et rationalité, puisqu'il considère comme livrés individuellement au hasard les animaux dénués de raison (*aloga zôa*), qui selon Hiéroclès sont radicalement inférieurs aux hommes (III, 8) : ces animaux, livrés au hasard, sont soustraits à toute providence particulière, contrairement aux hommes (XI, 33), et ils sont sauvegardés uniquement au niveau spécifique (*Traité sur la Providence*, 462 b-463 a ; 466 a). À plus forte raison, il en va de même des plantes (XI, 28).

Ailleurs (X, 5), Hiéroclès paraît rapprocher hasard et nécessité : du fait de la « nature mortelle » et du « hasard qui la suit », le corps humain est appelé à se dissoudre, et il est vain de le déplorer. Quoi qu'il en soit, il est clair que selon Hiéroclès, hasard et nécessité ont en commun d'être dénués de raison : mais loin d'y voir un défaut dans sa théorie, il préfère considérer ce fait comme insignifiant, dans la mesure où il ne modifie en rien l'attitude éthique que nous devons adopter. Du reste, il se laisse la possibilité au moins théorique de rattacher le hasard aux chaînes des véritables causes, et alors celui-ci ne serait qu'*en apparence* irrationnel.

b. Destin et providence

La rationalité est en revanche la marque du destin et de la providence. Dans le texte cité plus haut, ces deux forces se partagent respectivement le châtiment des « fautes commises au regard des lois de la justice », et la dispensation des biens divins.

De fait, il semble bien que la distinction entre destin et providence relève surtout du point de vue ou de la fonction, plutôt que d'une véritable contrariété, comme c'est le cas dans divers systèmes philosophico-théologiques de l'ère impériale (Gnose, hermétisme, astrologie), où le destin est représenté comme une force absurde et démoniaque qui tyrannise le monde sublunaire, tandis que la providence est un ordre gouverné par une divinité bienveillante, et actif surtout dans les hauteurs augustes du Ciel. Dans une alliance de mots significative, Hiéroclès parle d'ailleurs de « destinée providentielle » (*pronoètikè heimarmenè* : *Traité sur la Providence*, 465 b). Certes, le destin a une fonction punitive, mais cette apparente négativité s'estompe lorsque l'on adopte l'optique platonicienne (*Phédon*, *Gorgias*) qui veut que les châtiments aient une visée strictement curative et visent à extirper le mal qui souille l'âme, infligeant ainsi un mal pour un bien. Hiéroclès prend soin également de réfuter la thèse faisant du destin une nécessité mécanique, comme celle des Stoïciens, d'Alexandre d'Aphrodise ou des astrologues (*Traité sur la Providence*, 172 b). Le destin, somme toute, est l'ordre judiciaire du monde (« l'ordre dans l'univers », *Commentaire*, XI, 27 ; « la justice qui accompagne la providence », *Traité sur la Providence*, 172 b) : il est pratiquement identifié à la Loi (XI, 20) et est lui-même gouverné par la providence. Tout au plus pourrait-on le différencier d'elle par la nature de ses agents : les démons pour le destin (*Traité sur la Providence*, 462 a), Dieu pour la providence. Il est également plus « matériel » que la providence, dans la mesure où il alloue les temps de la naissance et de la mort (*Traité sur la Providence*, 462 b), ainsi que de la maladie (466 a) : il comporte une part d'inexorabilité, dans la mesure où notre liberté n'a aucun moyen de l'influencer : d'où la définition la plus complète que Hiéroclès en donne, « le jugement de Dieu dans les choses qui ne dépendent pas de nous, pour la rétribution méritée de ce qui dépend de nous » (*Traité sur la Providence*, 465 b).

La providence, pour sa part, est tout entière dévolue à la diffusion de l'absolue bienveillance divine. Dire que le monde est gouverné par la providence revient à dire que l'être humain évolue dans un monde où son action, pour peu qu'elle s'inscrive dans l'ordre des choses, trouvera invariablement sa récompense, car Dieu n'est pas jaloux de sa félicité, lui qui a pour « nature de donner » (XXI, 3). Nous sommes ici dans un univers qui est, fondamentalement, celui du *Timée*, où tout est sinon absolument bon, du moins *pour le mieux* : en est garant le Démiurge, dont le seul motif créateur est son indéfectible bonté. La providence, finalement, colore de manière éthique ce que les concepts d'ordre et de Loi, abordés au début de ce chapitre, exprimaient de façon hiérarchique et métaphysique : dans tous les cas, l'idée prévalente est celle d'un système universel absolument immuable et rationnel (*Traité sur la Providence*, 465 b).

c. Collaboration de l'action humaine et du dessein divin

Hiéroclès insiste sur le fait que c'est un enjeu éthique – l'idée d'une juste rétribution pour nos actes – qui implique nécessairement l'existence de la providence, de l'ordre du monde (le destin) et du libre arbitre (XI, 26-28). La théorie des causes de Hiéroclès cherche donc à répondre au problème de la théodicée.

Le principe de la solution apportée à ce problème consiste dans la distinction de deux ordres : la providence, immuablement bonne, et le libre-arbitre, qui peut évoluer vers le bien ou vers le mal. Ces deux ordres coopèrent au sens où, si l'un n'existait pas, l'autre ne pourrait suffire seul à garantir la théodicée :

sans providence, les événements ne seraient pas tournés de façon à récompenser l'homme juste ; sans libre-arbitre, aucune action ne mériterait récompense, et nous serions alors comme des animaux. Ils coopèrent encore en ce sens qu'ils œuvrent tous deux à la réalisation du bien : le libre-arbitre n'est pas conçu comme ce qui serait apte à briser les chaînes causales du déterminisme, mais comme une puissance qui, tout en étant susceptible de variation, doit toutefois idéalement rechercher l'intégration maximale à l'ordre préexistant. Tel est (pour nous) le paradoxe : l'être humain est appelé à *librement* placer son action sous le signe *absolu et immuable* des décrets divins : il doit en quelque sorte se déterminer lui-même au bien. La raison humaine, éclairée comme on l'a dit[151] par la bienveillance de Dieu, se donne pour objectif de la seconder et de la respecter : le mal au contraire consiste à fuir l'ordre, entraînant ainsi pour soi-même isolement et malheur.

Reprenant une formulation des *Vers d'or* dans laquelle il voit un oxymore, Hiéroclès appelle « divine fortune » (XI, 7-13) ou « entrelacs » (*Traité sur la Providence*, 463 a-b) cette collaboration entre providence divine et liberté humaine. C'est une solution néoplatonicienne classique : il y a influence de lois supra-humaines mais non détermination, de sorte que les idées de mérite et de responsabilité sont préservées. Il est donc inévitable de voir Hiéroclès refuser aussi bien la thèse de la totale détermination que de la totale indétermination (*Traité sur la Providence*, 462 b). Outre la constatation banale que l'action humaine, tout en étant confrontée à des événements déterminés, se prononce elle-même librement (*Traité sur la Providence*, 462 b), on peut distinguer plusieurs aspects dans cette thèse générale. Premièrement, l'âme se détermine volontairement à suivre les règles d'action décrétées éternellement par la divinité, comme nous l'avons dit.

D'autre part, une fois le choix de l'âme effectué, les conséquences de celui-ci ne sont plus en son pouvoir, puisqu'elles deviennent intégrées à un ordre qui peut en différer – mais

151. Ci-dessus, p. 63-65.

non annuler – la récompense ou la punition. Ce dernier point est précisé un peu plus loin (*Traité sur la Providence*, 463 a-b) : l'âme humaine choisit librement, et les conséquences de ses actions, bonnes ou mauvaises, lui sont ensuite infailliblement allouées par l'ordre providentiel et divin, et elle ne peut alors y échapper. Hiéroclès fait référence à cette occasion au mythe de *République* X où, de façon semblablement ambiguë, l'âme choisit sa vie avant d'entrer dans le devenir et en subit les conséquences, qui s'imposent à elle même si elle ne les avait pas souhaitées[152]. Nous ne sommes pas maîtres de ce qui nous arrive, seulement de nous placer nous-mêmes dans une bonne disposition vis-à-vis de l'ordre du monde : on reconnaît ici une thèse stoïcienne, mais parée chez Hiéroclès d'une assise spéculative et théologique beaucoup plus poussée.

En un dernier sens, le problème de la théodicée implique détermination et indétermination en ce que la liberté attachée à l'action humaine traduit nécessairement en termes relatifs ce qui, du point de vue divin, est immuable. Cette idée est développée dans le *Traité sur la Providence* (464 a), où Hiéroclès distingue deux providences : la première absolue, mise sous la responsabilité des êtres parfaits ; l'autre changeante et comportant une part d'aléatoire, qui est rattachée aux êtres rationnels susceptibles de variation dans leur activité, à savoir les êtres humains. Il s'agit ici d'expliquer pourquoi, alors que par hypothèse la bonté et la providence de Dieu ne varient pas, les êtres humains connaissent pourtant des vicissitudes et semblent le jouet d'un destin capricieux. Ce sort, en fait, n'est que la conséquence de l'incapacité humaine à persévérer toujours dans le bien, qui elle-même a partie liée avec la médiocrité ontologique des êtres humains et la part d'indétermination associée à son environnement matériel (le monde sublunaire). Notre agir est, à un niveau fondamental,

152. Au cours des réincarnations suivantes, ce sont les démons qui fixent les circonstances de la naissance (*Traité sur la Providence*, 466 a). Ils agissent en cela en relais du destin.

ambivalent (XII, 1)[153]. Il est comparable au mouvement mixte du cylindre qui roule[154].

Ce défaut fait que nous pouvons ressentir la providence divine d'une manière passive et douloureuse, car celle-ci doit châtier nos errements, telle le médecin qui doit parfois faire souffrir son patient pour le soigner. La règle du médecin est le bien, la souffrance infligée est adventice et liée aux circonstances entourant l'individu : de même, les juges infernaux, pour faire universellement le bien, n'ont parfois pas d'autre choix que de châtier telle ou telle personne, mais ils ne la punissent jamais en tant qu'homme, mais en tant que méchant (XI, 8 ; 19). Dieu est responsable du seul bien : le mal est uniquement issu du libre-arbitre de l'homme (XXV, 13-15), et il se produit quand l'homme, exerçant mal sa liberté, se met à errer « à l'aventure et au hasard », ballotté qu'il est par des courants irrationnels (XIV, 16)[155]. La variation ou « réceptivité »[156] introduite par le libre-arbitre humain est ce qui explique l'écart entre un monde immuablement bon et le monde tel qu'il est, aussi bon que possible mais devant parfois laisser s'opérer un mal pour un bien. Les deux ordres ainsi distingués, de façon générale, ne s'opposent pas mais coopèrent et s'impliquent mutuellement : l'existence d'une providence ne rend pas pour autant inutiles

153. Sur ce point, Hiéroclès suit encore Jamblique qui, contre Plotin, avait insisté sur la réalité du libre choix humain (*prohairesis*) et par conséquent la possibilité d'un péché qui ne s'explique pas simplement par une défaillance passagère d'une volonté radicalement bonne : voir le Fr. 87 *In Timaeum* dans l'édition de Dillon (= Proclus, *In Tim.* III, 334, 3-28).

154. Cf. *Commentaire*, n. 320.

155. Ceci est en accord avec la conception du hasard comme ce qui est dénué de toute raison. Le libre choix est aussi rapproché du hasard à propos des noms divins : Hiéroclès distingue ceux qui relèvent de l'arbitraire d'une décision humaine, de ceux qui sont révélés par les dieux et en communauté avec leur essence (XXV, 1).

156. Sur la théorie de la « réceptivité » ou *epitèdeiotès*, voir *Commentaire*, n. 140.

les pratiques sociales et religieuses visant à faire naître le bien (*Commentaire*, chap. XXI ; *Traité sur la Providence*, 465 a).

* * *

Pour la transcription des mots grecs, nous avons cherché un compromis entre simplicité et élégance. Dans les passages de pure et simple translittération, les lettres grecques ont des répondants univoques : les consonnes doubles sont rendues par *th*, *ph*, *kh*, *ps* ; kappa est transcrit par *k* ; èta est transcrit par *è* ; oméga est transcrit par *ô*. Seul upsilon est transcrit par *u* ou *y*, selon qu'il est ou non précédé ou suivi d'une voyelle (ex. *Pythagorou*, *symphuès*). L'iota souscrit n'est pas habituellement transcrit, mais peut l'être pour écarter toute confusion possible (ex. *doxèi* correspondant à δόξῃ, subjonctif aoriste, *doxè* pouvant être – à la rigueur – confondu avec δόξη, forme ionienne du substantif δόξα). Les accents sont ignorés, sauf dans un cas exceptionnel où il a fallu différencier *philei*, φίλει (impératif) et *phileî*, φιλεῖ (indicatif).

Nous avons pris davantage de liberté dans la transcription de noms destinés à s'intégrer au cours de phrases françaises. Nous avons ainsi conservé aux noms d'auteurs connus l'orthographe qui s'en est imposée (ex. Proclus, Plutarque). Nous avons aussi francisé l'orthographe du mot *tétractys* lorsque nous l'employons dans le cours d'une phrase.

LES VERS D'OR PYTHAGORICIENS

« Honore d'abord les dieux immortels, selon l'ordre disposé par la Loi,
Et vénère le serment. Vénère ensuite les héros glorifiés
Et vénère les démons terrestres en accomplissant
les préceptes de la Loi[1].
Honore tes parents et ta parenté la plus proche[2].
Parmi les autres hommes, fais ton ami de celui qui excelle en vertu.
Cède aux douces paroles et aux actes bienfaisants,
Et ne déteste pas ton ami pour une faute légère,
Aussi longtemps que tu le peux, car le possible habite près du nécessaire[3].
Ainsi, sache ce qui vient d'être dit. Habitue-toi à dominer ce qui suit :
Le ventre avant tout, et le sommeil, et le désir charnel,
Et la colère. N'accomplis jamais une action infâme, ni avec un autre,
Ni en particulier. Et plus que tout rougis devant toi-même[4].
Ensuite pratique la justice en acte et en parole,
Et accoutume-toi à ne te comporter en rien déraisonnablement ;
Mais sache que le destin veut que tous les hommes meurent.
Quant aux richesses, il est habituel[5] *tantôt de les acquérir, tantôt de les perdre.*
Et toutes les souffrances que, par les divines fortunes, les mortels éprouvent,
La part que tu en détiens, supporte-la avec douceur et ne t'en indigne pas.
Il convient d'y remédier autant que tu le peux, mais observe ceci :
Ce n'est guère aux hommes de bien que la destinée envoie beaucoup de ces maux.

Beaucoup de discours vils et nobles parviennent aux hommes ;
N'en sois pas troublé et ne te laisse pas
Gêner par eux, mais si toutefois l'on profère quelque fausseté,
Cède avec douceur. Quant à ce que je vais te dire, fais-le en toute circonstance :
Que personne, en parole ni en acte, ne te persuade
De faire ou de dire ce qui n'est pas le meilleur pour toi.
Délibère avant d'agir afin que rien d'insensé ne survienne :
C'est le propre d'un homme méprisable de faire et de dire des choses déraisonnables.
Accomplis au contraire ce qui plus tard ne t'affligera pas.
Ne fais rien que tu ne connaisses, mais apprends
Tout ce qui est nécessaire, et ainsi tu passeras une vie très heureuse.
Il ne faut pas non plus négliger la santé du corps
Mais garder la mesure dans le boire, le manger et l'exercice :
Et j'appelle mesure ce qui ne te chagrinera pas.
Habitue-toi à mener un genre de vie propre, sans prétention,
Et garde-toi de faire tout ce qui traîne l'envie après soi[6].
Ne dépense pas à contretemps, comme celui qui ignore ce qui est beau,
Et ne sois pas non plus avare : la mesure est, en toutes choses, ce qu'il y a de meilleur.
Fais ce qui ne te nuira pas, et réfléchis avant d'agir.
Et n'accueille pas le sommeil sur tes yeux languissants
Avant de revenir trois fois sur chacun de tes actes accomplis durant le jour :
Où ai-je transgressé ? Qu'ai-je fait ? Quel devoir n'ai-je pas rempli ?
Et ayant commencé ton examen à partir du premier, poursuis-le jusqu'au bout et ensuite,
Si tu as exécuté des actions basses, blâme-toi, mais si elles sont bonnes, réjouis-toi[7].
Accomplis ces préceptes, médite-les, tu dois les aimer :
Ils te mettront sur les traces de la divine vertu :
Oui, par celui qui a transmis à notre âme la Tétractys[8],
Source de la nature qui ne tarit pas. Mais mets-toi au travail

Après avoir prié les dieux de le parfaire. Quand tu auras maîtrisé ces préceptes,
Tu connaîtras la liaison[9] *des dieux immortels et des hommes mortels,*
Comment elle pénètre toutes choses et comment chaque chose est commandée (par elle).
Tu connaîtras, dans la mesure où c'est justice, que la nature est en tout semblable à elle-même,
De sorte que tu n'espéreras pas l'inespérable et que rien ne te sera caché.
Tu sauras que les hommes ont les maux qu'ils ont choisis librement,
Les malheureux, eux qui ne voient ni n'entendent les biens
Qui sont près d'eux : peu d'entre eux conçoivent la délivrance de leurs maux.
Tel est le destin qui trouble les esprits des mortels : comme des pierres qui roulent
Ils sont entraînés ici et là[10]*, éprouvant des maux sans fin.*
La Discorde en effet, funeste compagne, les blesse en secret,
Elle qui est innée en eux : il ne faut pas la promouvoir, mais fuir en lui cédant.
Zeus notre père, certes tu délivrerais tous les hommes de leurs multiples maux
Si tu montrais à tous de quel démon[11] *ils usent.*
Mais toi, prends courage, puisque les mortels ont race divine,
Eux pour lesquels la nature sacrée déploie et fait voir toutes choses.
Et si tu as ta part de ces révélations, tu maîtriseras mes préceptes,
Et ayant guéri ton âme, tu la délivreras de ces maux.
Mais abstiens-toi des aliments dont nous avons parlé, et dans les purifications
Et dans la délibération de l'âme applique ton jugement et médite sur chaque chose,
En installant comme cocher[12] *la parfaite intelligence d'en haut.*
Et si, ayant abandonné ton corps, tu pénètres dans le libre éther[13]*,*
Tu seras un dieu immortel, impérissable et pour toujours délivré de la mort[14] ».

COMMENTAIRE SUR LES VERS D'OR DES PYTHAGORICIENS

Les chiffres seuls correspondent à la division traditionnelle en paragraphes de l'œuvre (les chiffres romains renvoyant, dans les références au *Commentaire* de Hiéroclès, au numéro de chapitre). En tête de chaque section, le numéro de chapitre précède ceux des *Vers d'or* qui y sont commentés. Les chiffres entre crochets et précédés de **p.** correspondent aux pages de l'édition Koehler, *Hieroclis in Aureum Pythagoreorum carmen commentarius*, Stuttgart, 1974. Dans la traduction, les citations sont signalées par des guillemets et, sauf pour celles des *Vers d'or* figurant dans le contexte immédiat, par des notes explicitant la référence.

Les sous-titres et alinéas sont de notre fait.

Le commentaire du philosophe Hiéroclès sur les Vers d'or

Prologue

La philosophie

[p. 5] 1. La philosophie est la purification de la vie humaine et son achèvement[1] ; sa purification, d'une part, de la déraison de la matière et du corps mortel, son achèvement, d'autre part, c'est-à-dire le recouvrement de la vie heureuse qui nous est propre et nous élève vers la ressemblance divine. Ces résultats, la vertu et la vérité sont, par nature, les plus aptes à les accomplir, l'une en bannissant l'excès des passions, l'autre en obtenant en outre la forme divine pour ceux qui ont pour elle un bon naturel. **2.** Il faut donc, en ce qui concerne cette science qui doit nous rendre purs et parfaits, disposer de certaines règles qui énoncent leurs définitions en peu de mots, telles des aphorismes techniques, afin que, avec ordre et suivant une bonne méthode, nous puissions parvenir à la perfection de la vie heureuse.

Nature et utilité des Vers d'or quant à la philosophie

Parmi les règles de ce genre, qui tendent vers la philosophie tout entière, nous aurions toute raison d'attribuer une place de premier plan aux vers pythagoriciens, ceux qui sont encore qualifiés de « dorés ». Ces vers embrassent en effet les doctrines universelles de toute la philosophie, tant pratique que contemplative, grâce auxquelles on pourrait acquérir la vérité et la vertu, recouvrer la pureté, **[p. 6]** réussir à atteindre la ressemblance à Dieu et, comme le dit Timée chez Platon, ce maître scrupuleux de la doctrine pythagoricienne, « devenir sain et entier », « parvenir à la forme de son premier état »[2].

3. C'est en premier lieu que sont présentés les préceptes de la vertu pratique. Il faut en effet d'abord faire rentrer dans l'ordre la déraison et la nonchalance qui sont en nous, et ensuite, en cet état, s'appliquer à la connaissance des choses plus divines. De fait, de même que pour un œil chassieux et non purifié[3] il n'est pas possible de voir les objets intensément lumineux, de même pour l'âme qui n'a pas acquis la vertu il n'y a pas moyen de voir, comme dans un miroir, la beauté de la vérité : pour un être impur en effet, se saisir d'un être pur ne saurait être permis[4]. Et c'est la philosophie pratique qui produit la vertu, tandis que la contemplative produit la vérité. Ainsi, dans les vers eux-mêmes, nous trouvons aussi que la philosophie pratique est qualifiée de vertu humaine et que la philosophie contemplative est célébrée en tant que vertu divine[5], dans le passage concluant le discours sur les préceptes de l'éducation politique, où il est dit :

« *Accomplis ces préceptes, médite-les, tu dois les aimer :*
Ils te mettront sur les traces de la divine vertu »[6].

4. Tout d'abord donc, il faut devenir un homme, et seulement alors un dieu[7]. Les vertus politiques rendent un homme bon, mais ce qui en fait un dieu, ce sont les sciences qui élèvent à la vertu divine. Les petites choses précèdent les grandes dans l'ordre, pour ceux qui s'élèvent. C'est pourquoi aussi, dans les règles de conduite pythagoriciennes, le texte offre d'abord dans ses vers les préceptes concernant les vertus, en nous apprenant à partir du meilleur usage de la vie pour nous élever à la ressemblance divine. Et voici le but et l'ordonnance des *Vers d'or* : imprimer une empreinte philosophique, avant les autres lectures[8], **[p. 7]** chez les auditeurs.

5. Ils ont acquis le surnom de « dorés » parce que, pour autant qu'ils sont en vers, ils sont excellents et divins. De même en effet, nous qualifions de « dorée » la meilleure des races humaines[9] en interprétant la diversité des mœurs à partir de l'analogie avec des éléments matériels. En outre, l'or n'est pas falsifié, il n'est pas souillé de terre comme ses semblables qui lui font suite, tels que l'argent, le cuivre et le fer. Vis-à-vis d'eux, l'or exerce par nature sa suprématie parce que, seul parmi les autres métaux, il ne produit pas de rouille, alors que chacun d'eux, dans la mesure où il participe à la terre, se transforme par là même en rouille. Donc puisque la rouille semblable à la terre est appréciée à la façon du mal qui réside en la matière, la race sainte et pure et le genre de vie entièrement purifié de la perversité ont été à bon droit appelés « dorés ».

De même, à coup sûr, ces vers aussi ont été intitulés *Vers d'or* et divins parce qu'ils sont de bout en bout parfaits. **6.** Car il n'est pas vrai que l'un soit beau et l'autre non, comme dans quelque autre poème, mais tous font apparaître pareillement la pureté des mœurs, élèvent jusqu'à la ressemblance divine, et laissent voir le but ultime de la philosophie pythagoricienne, comme cela deviendra clair dans le commentaire de chaque vers. Tout d'abord, comme de juste, commençons par les premiers.

I (1-2)

« Honore d'abord les dieux immortels,
selon l'ordre disposé par la Loi »

La piété est la connaissance des ordres divins selon leur rang assigné

1. Puisque la piété est maîtresse de toutes les vertus, **[p. 8]** elle qui détient la clé de notre élévation vers la cause divine, c'est à bon droit aussi que parmi les lois contenues dans les *Vers* (d'or), le précepte qui la concerne est en position maîtresse ; à savoir qu'il faut honorer les dieux encosmiques selon le rang, à eux inhérent, que la loi démiurgique introduisit en eux en même temps que leur essence, en rangeant les uns sur la première sphère, d'autres sur la deuxième, d'autres encore sur la troisième, et ainsi de suite jusqu'à ce que soient totalement remplis les cercles des cieux[10]. **2.** En effet, connaître et honorer les dieux selon le rang qui leur fut attribué par leur créateur et père[11] est le propre de ceux qui se conforment à la loi divine et qui leur rendent réellement honneur ; ne surestimer ni ne sous-estimer leur dignité dans la conception qu'on s'en fait, mais poser qu'ils sont ce qu'ils sont effectivement et qu'ils occupent le rang qui leur est échu, cela fait remonter notre crainte respectueuse jusqu'à leur dieu créateur, que l'on pourrait légitimement appeler « dieu des dieux »[12] et « le plus élevé et le meilleur des dieux »[13]. **3.** Quant à la réelle dignité du dieu créateur du monde et « artisan suprême »[14], nous ne saurions la découvrir qu'en le regardant et comme la cause des dieux et comme le créateur des essences immuables et raisonnables[15]. Ce sont ces dieux en effet que le texte (des *Vers d'or*) a nommés à présent « immortels », eux qui toujours et uniformément pensent le dieu démiurge, toujours tendent[16] vers le bien qui provient du dieu suprême et reçoivent de lui l'être et le bien être indivisiblement et immuablement, puisqu'ils sont des images impassibles et incorruptibles de la cause démiurgique. **4.** Il convient en effet au dieu (suprême) de faire exister de telles images de lui-même et qu'elles ne soient pas toutes changeantes et affectées par la descente vers le mal, comme le sont les âmes humaines, qui constituent la dernière espèce des natures raisonnables, de même que la plus élevée est, inversement, celle que l'on appelle ici la classe des **[p. 9]** « dieux immortels »[17].

Et peut-être est-ce par opposition avec les âmes humaines que ceux-ci ont été appelés « dieux immortels », puisqu'ils ne meurent pas à l'heureuse vie divine ni ne sombrent jamais dans l'oubli ni de leur essence propre ni de la bonté de leur père. **5.** L'âme humaine, à l'inverse, est soumise à ces maux, car tantôt elle pense le dieu (suprême) et reçoit en retour sa propre part de dignité, tantôt elle déchoit de ces privilèges. Voilà pourquoi aussi les âmes humaines pourraient être appelées à bon droit « dieux mortels ». En effet, tantôt elles meurent à l'heureuse vie divine par leur fuite loin de Dieu, et tantôt elles sont rappelées à nouveau à elle grâce à leur conversion vers Dieu. De cette manière elles vivent la vie divine, mais de l'autre elles meurent, autant qu'il est possible pour une essence immortelle d'obtenir une part de mortalité, non par dérive vers le non être, mais par chute hors du bien être. **6.** En effet, la mort de l'essence raisonnable, c'est l'athéisme et la déraison accompagnés aussi dans la vie du soulèvement immodéré des passions. Dans l'ignorance de ce qu'il y a de meilleur, on devient nécessairement l'esclave de ce qu'il y a de pire, dont on ne peut se délivrer autrement que par la conversion, grâce à la réminiscence, à l'intelligence et à Dieu.

Nécessité d'un degré intermédiaire

D'autre part, entre les dieux ainsi appelés immortels et les dieux mortels, dont on a parlé, il est nécessaire qu'il y ait une classe divine plus honorable que l'homme, mais inférieure à Dieu, classe qui, par sa propre position médiane, réunisse les extrêmes entre eux[18], de sorte que l'ensemble de la création raisonnable soit cohérent avec lui-même, en beauté. **7.** Cet état moyen, précisément, n'est jamais entièrement ignorant de Dieu ; il n'en possède pas non plus une connaissance totalement immuable et demeurant toujours la même ; toujours il le connaît, mais il s'y consacre tantôt d'une manière, tantôt d'une autre, parfois plus, parfois moins[19]. Grâce à sa connaissance incessante (de Dieu), il dépasse le genre humain, mais à cause de sa connaissance changeante et pas toujours identique il est inférieur à la divinité. C'est par nature qu'il occupe une position médiane : **[p. 10]** il ne s'est pas amélioré en progressant à partir de la nature humaine, ni n'a déchu par négligence du statut divin vers le rang intermédiaire. **8.** Le dieu démiurge en effet a établi la première, la deuxième et la troisième classes différentes par nature les unes des autres et non confondues entre elles, incapables d'échanger leur rang par vertu ou par vice[20]. Demeurant certes par essence éternellement ce qu'elles sont, elles ont été distinguées par classes en vertu du rang qui leur est associé, et ont été rangées en conséquence par les causes qui les ont créées.

De même en effet que « là-haut »[21] l'ordre de la sagesse parfaite recouvre des manifestations premières, moyennes et dernières (voici en effet ce qui constitue l'être même de la sagesse : manifester son œuvre dans l'ordre et dans la perfection, de telle sorte que sagesse, ordre et perfection s'unissent les uns aux autres), de même assurément, dans cet univers-ci, ce qui se produit en référence à la première pensée de Dieu sera au premier rang dans le cosmos ; ce qui s'applique à la pensée moyenne sera aussi au rang du milieu, et ce qui ressemble à la limite[22] des pensées (divines) viendra en dernier lieu chez les êtres raisonnables. **9.** En effet l'ordonnance entière des êtres raisonnables, avec le corps incorruptible qui lui est connaturel, est l'image[23] du dieu démiurge en son entier ; les premiers êtres dans le cosmos sont la pure image du sommet de là-haut ; les êtres médians d'ici-bas sont l'image médiane de la médiété de là-haut, et les troisièmes et derniers parmi les êtres raisonnables sont l'image dernière de la limite de la divinité de là-haut. Et la première de ces trois classes est désignée par le présent poème sous le nom de « dieux immortels », celle du milieu sous celui de « héros glorifiés » et la dernière sous celui de « démons terrestres »[24], comme nous le verrons un peu plus tard.

Qu'est-ce que la « Loi » ?

10. À présent, revenons à nouveau au commencement. Qu'est-ce que la « Loi »[25], et le rang selon la Loi, et l'honneur accordé au rang ?

La Loi, c'est l'intelligence démiurgique et la volonté divine qui produit éternellement toutes choses et qui les conserve pour toujours ; le rang conforme à la Loi est celui qui, issu **[p. 11]** du père et créateur de l'univers, accompagne les dieux immortels et établit parmi eux les uns premiers, les autres seconds. **11.** De fait, même si, relativement à toute l'ordonnance rationnelle, ils ont obtenu le sommet, cependant ils varient entre eux-mêmes, et les uns sont plus divins que les autres[26]. Le signe de leur supériorité et de leur infériorité essentielles, c'est l'ordre des sphères célestes qui leur attribue une position selon leur essence et leur puissance. Ainsi la Loi réside dans leur essence, et leur rang est de même nature que leur dignité. **12.** Car ce n'est pas au hasard qu'ils ont commencé par exister et que, plus tard, ils furent distingués en classes, mais c'est en ordre qu'ils sont venus à l'être, de même que dans ce vivant unitaire qu'est le ciel tout entier, ils constituent différentes parties et préservent leur arrangement mutuel dans leur séparation par genres, en même temps que dans leur union. Ainsi, on ne peut jamais envisager d'échanger leur situation, si ce n'est en ruinant l'univers[27], ruine qui ne peut survenir tant que leur première cause demeure totalement inchangeable et immuable, qu'elle possède une essence identique à son activité, qu'elle jouit d'une bonté non pas acquise mais existant par elle-même, et que, grâce à cette bonté, elle amène toutes choses vers le bien être. **13.** En effet aucune véritable cause raisonnable de la création de toutes choses ne se rattache à la divinité, si ce n'est sa bonté essentielle. « Il était bon en effet, dit (Platon), et en ce qui est bon nulle envie ne naît jamais à nul sujet »[28]. Et, exception faite de la bonté, ce que l'on appelle les causes de la création de cet univers-ci ressortit davantage aux circonstances humaines qu'à Dieu.

14. Ainsi, Dieu étant bon par essence a produit au premier rang ceux qui lui ressemblent le plus par nature, **[p. 12]** à la deuxième place ceux qui ont acquis une ressemblance moyenne avec lui, et à la troisième et dernière tous ceux chez qui la ressemblance divine s'est le plus relâchée. Et à l'essence des êtres du devenir correspond leur rang, de sorte que le meilleur par nature est placé devant l'inférieur, ceci aussi bien pour les classes (d'êtres) prises comme touts que chez ceux qui, dans chaque classe, ont reçu une position inférieure selon l'espèce. **15.** En effet ce n'est pas au hasard que toutes les composantes de l'univers ont obtenu leur rang, ni par des changements de choix, mais c'est par les lois démiurgiques qu'elles ont été produites différentes et qu'elles ont obtenu un rang en rapport avec la dignité de leurs natures. C'est pourquoi les mots « Honore-(les) selon l'ordre disposé par la Loi » doivent être entendus non seulement des « dieux immortels », mais aussi des « héros glorifiés » et des âmes humaines en général. De fait, il existe une grande quantité d'espèces dans chaque genre, et elles sont disposées selon leur supériorité et leur infériorité. Telle est la nature et l'ordonnance des essences raisonnables.

16. Mais qu'est-ce que la Loi et l'honneur qui s'ensuit ? Disons à nouveau que la Loi est l'activité invariable et créatrice de Dieu, qui engendre les genres divins et les dispose éternellement et immuablement.

Rendre honneur à Dieu par la piété

Quant à l'honneur qui s'accorde avec la Loi, c'est la connaissance de l'essence des êtres honorés et l'assimilation, le plus possible, à cette essence[29]. Ce que l'on admire en effet, on l'imite aussi autant qu'on le peut[30], et on rend honneur à celui à qui rien ne manque en accueillant les biens qu'il nous propose. **17.** De fait, tu n'honoreras pas Dieu en lui faisant quelque présent, mais en devenant digne de recevoir ce qui vient de lui. Comme disent les Pythagoriciens : « tu honoreras Dieu parfaitement si tu rends ta pensée semblable à Dieu » et **[p. 13]** « celui qui honore Dieu en en faisant un solliciteur ne voit pas qu'il pense être supérieur à Dieu »[31]. Et des présents d'un prix insensé ne constituent pas un honneur pour Dieu, à moins qu'ils ne soient offerts avec un esprit divinement inspiré. **18.** En effet les dons et les sacrifices des gens déraisonnables sont la nourriture du feu, et les offrandes religieuses fournissent leur subsistance aux pilleurs de temples ; c'est l'esprit inspiré par les dieux, suffisamment affermi, qui nous unit à Dieu[32]. De fait, il est nécessaire que le semblable aille vers le semblable, d'où il s'ensuit que « seul le sage est appelé prêtre, seul aimé des dieux, et seul considéré comme sachant prier »[33]. En effet, seul celui-là sait honorer qui ne confond pas la dignité de ceux qui sont honorés, qui avant tout se présente lui-même comme victime, qui édifie sa propre âme comme une statue divine et qui prépare sa propre intelligence comme un temple pour accueillir la lumière divine[34]. **19.** Car quelle sorte d'objet pourras-tu présenter, issu de la gamme des matières intermédiaires, dont tu feras une statue apparentée à Dieu ou un don capable de s'unir à lui ? Certainement, tout cela survient nécessairement dans l'âme raisonnable purifiée. Comme, en effet, les mêmes hommes l'affirment, Dieu ne possède pas sur terre un lieu plus approprié qu'une âme pure, et le Pythien[35] aussi s'accorde avec eux quand il dit :

> « Je me réjouis chez les pieux mortels autant que dans l'Olympe ».

20. Est pieux celui qui possède la science divine et qui présente sa propre perfection comme l'hommage le plus parfait à ceux qui sont les causes des biens ; il se tourne, dans son ardeur pour acquérir ces biens, vers ceux qui par nature les fournissent et honore, par le fait qu'il peut prendre possession de ces biens, ceux qui continuellement les accordent. Celui qui choisit d'honorer la divinité d'une autre manière, et non par lui-même, fait de son hommage un grand gaspillage de ses richesses extérieures en ne présentant pas sa propre vertu, mais en s'acquittant d'un devoir religieux par des offrandes qui lui[36] sont extérieures. **21.** Ces dernières, pas même un homme de bien ne tient pour agréable de les recevoir, excepté si **[p. 14]** elles sont données avec la meilleure disposition.

Du même genre est, d'autre part, un nouvel apophtegme du Pythien. À celui qui avait sacrifié des hécatombes sans esprit de piété et qui s'enquérait de la façon dont étaient reçus ses dons, il répondit :

> « Eh bien ! C'est l'épeautre du très illustre homme d'Hermioné[37] qui m'a plu »,

jugeant préférable l'offrande la moins coûteuse à une aussi grande prodigalité, parce que, assurément, elle était ornée d'un esprit religieux. Avec cet esprit en effet, toutes choses sont aimées des dieux, et sans lui rien ne saurait jamais être cher à Dieu.

Transition

22. Ce qui concerne la piété et la sainteté a été à présent suffisamment traité. Et puisque une garde immuable veille sur la Loi qui régit l'ordre universel, et que c'était la coutume chez les Anciens de nommer dans leur enseignement secret celui qui veille sur cette garde : « Le serment », c'est à bon droit qu'à la suite de ce qui vient d'être dit s'ajoute, comme un précepte qui en découle, le mot d'ordre au sujet du serment.

II (2)

« *Et vénère le serment* »

Le serment du point de vue universel

1. Nous avons précédemment montré que la Loi est l'activité de Dieu qui toujours s'exerce et de la même manière, qui éternellement et immuablement amène toutes choses vers le « bien être ». Et à présent nous pouvons dire que le « serment », conséquemment à la Loi, est la cause qui conserve toutes choses dans leur identité, qui les affermit de telle manière qu'elles soient maintenues par la garantie du serment et qu'elles sauvegardent l'ordre imposé par la Loi, de sorte que l'accomplissement de la Loi démiurgique, c'est la non-transgression du bon ordre régnant parmi les créatures. **2.** En effet, que toutes choses demeurent « comme elles se trouvent disposées par la Loi » **[p. 15]** semble bien être l'œuvre principale du serment divin. Ce serment, chez ceux qui toujours pensent Dieu, est avant tout et toujours sauvegardé ; mais chez ceux qui tantôt pensent Dieu, tantôt s'éloignent de la connaissance divine, le serment aussi, semblablement, est violé par ceux qui s'écartent (de cette connaissance), mais derechef conservé par ceux qui s'élèvent pour se tourner vers Dieu[38]. **3.** En effet, c'est la conservation des lois divines qui est à présent dénommée « serment », (serment) par lequel toutes choses sont liées au dieu démiurge et en dépendent, qui sont faites pour le connaître. Parmi elles, les unes, parce qu'elles dépendent toujours de lui, toujours vénèrent le serment ; les autres, parce qu'elles s'en écartent parfois, commettent alors une impiété envers le serment, car elles transgressent non seulement l'ordre de la Loi divine mais aussi la garantie du serment divin.

Le serment du point de vue humain

Tel est donc le serment existant par essence dans les classes raisonnables : dépendre de leur père et créateur et ne transgresser en aucune manière les lois qu'Il a déterminées. **4.** Quant au serment qui s'observe dans tous les revirements de la vie, c'est un vestige du précédent et il mène à la vérité ceux qui l'utilisent comme il convient. En effet, il impose au caractère ambivalent du choix des humains de se transformer en certitude et de demeurer identique à lui-même dans les paroles comme dans les actes, tantôt en faisant apparaître ce que les événements passés ont de manifeste, tantôt en réclamant la stabilité pour les événements futurs[39]. **5.** Voilà pourquoi aussi assurément il convient de vénérer au plus haut point le serment, aussi bien celui qui par essence préexiste de par son statut de gardien de l'éternité que le serment humain qui nous assiste dans les événements de la vie, en tant qu'image du serment précédent, et qui, à un degré inférieur, fait office pour nous de garant souverain de la stabilité et de la vérité, en comblant des dispositions de l'âme les plus belles ceux qui ont appris à le vénérer. Respecter, avec crainte, le serment ne saurait consister qu'en l'observation **[p. 16]** des choses jurées, aussi rigoureuse que cela nous est possible : elle qui, par une nécessité librement consentie, met en harmonie avec la stabilité et la véracité de l'état divin ceux qui respectent le serment. **6.** Et tandis que la première et ineffable fidélité au serment a pour nature d'être recouvrée grâce à la conversion vers Dieu, en guérissant, par les vertus purificatrices, de la déviation par rapport au serment divin, la fidélité au serment dans la vie journalière est maintenue grâce aux vertus politiques[40]. Seuls en effet ceux qui possèdent ces vertus peuvent aussi garder la fidélité au serment dans les événements de la vie, alors que la disposition au mal, la mère du parjure, foule aux pieds le serment par inconstance de caractère. **7.** Comment en effet l'homme cupide pourrait-il jamais garder la foi jurée, ou pour recevoir de l'argent ou pour en restituer, et comment l'intempérant ou le lâche pourraient-ils tenir leurs serments ? Et lorsque chacun d'eux pensera qu'il peut gagner plus là où il est en infériorité, à ce moment-là ne se dépouillera-t-il pas de son respect pour le serment, en acquérant des biens mortels et périssables en échange des biens divins ? Pour ceux au contraire chez qui la possession des vertus est parfaitement établie, le respect des serments a pour nature de se maintenir bien.

Opportunité des serments

8. Le meilleur exercice[41] pour sauvegarder le respect qui leur est dû, c'est de ne pas recourir au serment compulsivement et au petit bonheur, ni pour des circonstances occasionnelles, ni pour couronner un discours, ni pour accréditer un récit, mais autant que possible de réserver son usage dans les occasions nécessaires en même temps qu'honorables et lorsqu'aucun autre moyen de sauvegarde en de telles occasions n'apparaît, si ce n'est grâce à la seule vérité qui se dégage du serment. **9.** Ces (serments) seront dignes de foi pour ceux qui les entendent, si nous présentons une conduite qui s'accorde avec le serment et si nous ne laissons derrière nous aucun soupçon **[p. 17]** qu'une quelconque des choses humaines pourrait nous sembler plus importante que la vérité, que nous soyons ou non en train de jurer. Donc, « Vénère le serment » est non seulement une injonction à bien jurer, mais aussi à nous en abstenir : car nous ne saurions observer le serment avec constance que si nous n'en usons pas à tort et à travers. Et de fait, en s'adonnant à jurer continûment, on peut facilement tomber dans le parjure : l'observance, elle, est conséquence de la parcimonie. Ou bien en effet on ne jurera pas, ou bien, quand on jurera, on tiendra son serment : et alors la langue ne se précipitera pas comme à son habitude, et l'intelligence ne s'égarera pas non plus sous l'effet de l'emportement des passions : **10.** car cette dernière sera redressée par le genre de vie, s'il est honnête, et la langue par l'habitude de s'abstenir de jurer. D'autre part la fidélité au serment convient à l'honneur dû aux dieux, dont nous avons parlé plus haut, parce qu'elle est toujours connaturelle à la piété et l'accompagne : et de fait, le serment est le gardien de la Loi divine conformément à l'ordonnance de l'univers.

« Honore » donc « la Loi » en te conformant à ses dispositions, et « vénère le serment » en ne l'employant pas inconsidérément et à la légère, ceci afin de t'habituer à être fidèle au serment par l'habitude de ne pas jurer. **11.** C'est en effet une partie non négligeable de la piété que la fidélité au serment.

Transition

Au sujet de la première classe des êtres supérieurs, de la Loi divine qui régit l'ordre (de l'univers) et du serment qui accompagne cette loi, ces considérations suffisent. Mais puisqu'il faut aussi honorer en second lieu la classe qui vient après les dieux, que nous avons appelée « angélique », le poème ajoute :

III (2)

« *Vénère ensuite les héros glorifiés* »

Que sont les « héros glorifiés » ?

1. Ces derniers, a-t-on dit, constituent la classe médiane des essences raisonnables qui, **[p. 18]** occupant la position suivante après les « dieux immortels », précèdent la nature humaine et relient eux-mêmes les derniers êtres aux premiers. À ces êtres donc, en tant que seconds, il faut rendre l'honneur du second degré, en comprenant que le précepte : « Honore-les comme ils se trouvent disposés par la Loi » s'applique aussi à leur endroit. **2.** En effet, toute l'efficacité de l'honneur réside dans la connaissance de l'essence des êtres honorés, et c'est en se fondant sur cette connaissance qu'on peut correctement et justement découvrir ce qui doit être dit ou fait envers ce qu'on honore. Comment, en effet, pourrait-on s'entretenir avec des gens qu'on ne connaît pas ? Et comment présentera-t-on un don à ceux dont on ignore le mérite ? En conséquence, le premier et véritable honneur, dans le cas aussi des « héros glorifiés », c'est l'intelligence de leur essence et de leur rang, et la science de leur activité concomitante et de leur apport qui s'étend sur cet univers-ci. **3.** D'autre part, il faut en toutes choses rendre des honneurs proportionnés aux essences, et cette proportion provient de la connaissance scientifique de ces essences[42]. Car c'est quand nous discernerons ce qu'il en est de chaque chose en termes de nature et de rang que nous leur accorderons aussi l'honneur conformément à la Loi. Mais nous n'honorerons aucun être inférieur à l'essence humaine, mais seulement les êtres qui nous sont naturellement supérieurs – ceci à titre principal –, et en outre ceux qui nous égalent et qui, de plus, ont reçu l'ornement d'une vertu excellente.

4. Des êtres qui (nous) sont naturellement supérieurs, le tout premier et le meilleur est le dieu démiurge, incomparablement plus honoré que tout autre. Et parmi les êtres[43] qui sont dans le monde, les premiers sont ceux qui viennent de lui et juste après lui, qui invariablement le pensent et sans passion réfléchissent la participation aux biens qui descend de la cause démiurgique sur eux, que le présent poème appelle « dieux immortels », parce qu'ils ne meurent pas quant à leur ressemblance à Dieu ni ne la rejettent, mais toujours et uniformément persistent en elle. **5.** Ceux que l'on appelle à présent « héros glorifiés » **[p. 19]** sont intermédiaires en essence et en dignité ; ils pensent toujours le démiurge et sont illuminés par la vie bienheureuse qui vient de lui, mais non uniformément ni invariablement. En effet, comme ils sont unis à Dieu sous un mode intermédiaire et qu'ils assument en outre des changements – même si ceux-ci ne leur nuisent pas –, c'est selon des élans divers et irréguliers qu'ils évoluent en chœur autour de Dieu, et divisent, en même temps qu'ils unissent, la contemplation immuable et unifiée des premiers êtres par leur connaissance multipliée[44], en faisant des limites de la révélation de ces premiers êtres le début de leur propre initiation[45].

Étymologies

6. Ils sont donc à juste titre appelés « héros glorifiés » ; « glorifiés » d'une part parce qu'ils sont bons et lumineux toujours, et jamais ne deviennent mauvais ni oublieux, « héros » (*hèrôes*) d'autre part parce qu'ils sont des sortes de passionnés (*erôes*), pour ainsi dire amants de Dieu[46] épris du désir dialectique, qui nous soulèvent et allègent notre charge en vue de notre passage du séjour terrestre à la citoyenneté divine. Les mêmes sont habituellement appelés aussi « bons démons » (*daimones*) parce qu'ils sont savants (*daèmones*)[47] et versés dans les lois divines, et parfois aussi « messagers »[48] parce qu'ils exposent au grand jour et définissent pour nous les règles pour atteindre la vie heureuse.

Subdivisions de la classe médiane

7. Et souvent, utilisant ces trois approches, nous divisons l'étendue de la classe médiane en trois parties : celle qui est contiguë aux dieux du ciel, nous l'appelons « angélique », celle qui est limitrophe avec les habitants de la terre, nous l'appelons « héroïque », et celle qui est équidistante de ces deux extrêmes, nous l'appelons « démonique », comme le fait souvent Platon[49]. Certains appellent la classe médiane tout entière d'un seul nom parmi ces trois, en nommant tous ces êtres « anges », « démons » ou « héros », pour les raisons que nous avons exposées, de même qu'à présent aussi (notre poème) a nommé la classe médiane entière « héros glorifiés », ces derniers se comportant envers la première classe comme la lumière envers le feu et comme un enfant envers son père[50]. **8.** Il s'ensuit que les héros **[p. 20]** sont aussi chantés à bon droit comme des « enfants des dieux »[51], non pas parce qu'ils sont issus de l'union des mortels avec les dieux, mais parce qu'ils proviennent de leur cause unique en sa forme, comme une lumière conjointe à l'essence du corps lumineux, mais une lumière claire et pure, qui précède, dans notre conception, la lumière dans l'ombre qui est un peu mêlée d'obscurité[52].

Avec cette lumière, la troisième classe, la classe humaine, présente une analogie parce qu'elle est parfois portée au mal et à l'oubli. C'est pourquoi aussi l'homme s'abstient de penser toujours Dieu, étant en-deçà de ceux qui le pensent toujours du fait que parfois il ne le pense pas, mais aussi au-dessus des êtres privés de raison, parce qu'il le pense parfois et ressent l'appel à la science du divin, lorsqu'il se range lui aussi dans le chœur divin[53], fuyant la malveillance[54] de la matière et secouant son penchant pour la mortalité. **9.** Dans ces circonstances, donc, celui qui a été jugé digne de la faveur divine est digne aussi d'être honoré par nous, parce qu'il a embelli l'égalité naturelle (qu'il avait avec nous) par une participation d'ordre supérieur. Il convient en effet à l'amant de Dieu d'honorer les êtres qui lui ressemblent d'une quelconque manière, soit qu'ils aient acquis cette ressemblance de toute éternité, soit qu'ils l'aient acquise par l'exercice depuis un temps donné, tels les hommes qui se sont distingués par la vertu, au sujet desquels le présent poème édicte le précepte suivant :

IV (3)

« Et vénère les démons terrestres en accomplissant les préceptes de la Loi »

Que sont les « démons terrestres » ?

1. Les âmes humaines ornées de la vérité et de la vertu sont appelées « démons » (par le poème) parce qu'elles sont savantes (*daèmones*) et intelligentes. Ensuite, **[p. 21]** séparant ces âmes des démons par nature qui remplissent les classes médianes, le poème les a appelées « terrestres » parce qu'elles peuvent vivre comme citoyennes sur la terre, se glisser dans des corps terreux et résider sur terre[55]. Ainsi, en les appelant « démons » il les sépare des hommes vils et inintelligents, qui sont de certains êtres ignorants (*adaèmones*) et non des démons, et en ajoutant « terrestres », il les distingue des démons perpétuels et perpétuellement intelligents, qui ne résident pas naturellement sur terre comme citoyens[56] ni ne cohabitent comme des corps terrestres. **2.** En effet l'appellation de « démons terrestres » ne convient à nul autre qu'à celui qui est homme par nature, mais est devenu démon par manière d'être[57], savant (*daèmôn*) en Dieu et instruit, puisque la troisième classe est appelée spécifiquement « terrestre » comme étant la dernière chez les êtres raisonnables et tournée vers la vie terrestre[58] (de fait la première est céleste et la médiane est éthérée[59]).

Donc, tous les hommes étant, comme il vient d'être dit, « terrestres » en tant que membres de la troisième classe des êtres raisonnables, et tous n'étant pas des démons, ni des sages, c'est à bon droit que le (poème) a joint (les deux appellations) et a appelé « démons terrestres » les hommes sages. En effet, ni tous les hommes ne sont sages ni tous les sages ne sont hommes, mais aussi bien les « héros glorifiés » que les « dieux immortels », par nature supérieurs aux hommes, sont sages et bons. **3.** Le poème exhorte donc à vénérer les hommes rangés parmi les classes divines, eux qui sont égaux aux démons, égaux aux anges et semblables aux « héros glorifiés ». En effet, ne croyons pas qu'il soit indiqué qu'il faille honorer une classe de démons vils, comme on pourrait croire que le déclare cette expression si on est trompé par l'usage courant[60]. De fait, en un mot, il ne convient pas à celui qui est passionné de Dieu et qui est conscient de sa propre dignité d'honorer les êtres inférieurs à l'essence humaine. **4.** Mais nous n'honorerons pas non plus l'homme lui-même à la suite des êtres supérieurs, s'il ne ressemble pas à ces **[p. 22]** êtres supérieurs et s'il ne fréquente pas le chœur divin.

L'honneur dû aux « démons terrestres »

Quel est donc l'honneur qui est dû aussi à ces êtres ? « Accomplir les prescriptions de la Loi », dit le poème, ce qui veut dire obéir aux préceptes qu'ils nous ont laissés, s'en tenir à leurs paroles comme à des lois et poursuivre le même chemin de vie qu'ils ont suivi[61] et qu'ils n'ont pas refusé, par orgueil, de partager avec nous, mais qu'ils ont préservé, de longue lutte, pour leurs descendants comme un héritage immortel et ancestral, en consignant dans leurs écrits les principes des vertus et les règles de la vérité pour le bien commun. Obéir à ces principes et à ces règles et vivre en accord avec eux constitue pour ces êtres un honneur plus véritable que de leur offrir de somptueuses libations ou de coûteux sacrifices funèbres.

5. Tel est l'honneur dû aux êtres supérieurs, qui commence à partir du démiurge pour s'achever avec les hommes de bien en passant par les classes intermédiaires des êtres célestes et éthérés. Et puisqu'il faut faire le plus grand cas des rapports biologiques, par exemple de ceux que nous entretenons avec nos pères et nos parents qui sans doute ne sont pas totalement bons, mais qui ont acquis pleinement le droit à l'honneur, pour ce qui est de nous, eu égard à la dignité que leur confère cette relation, à cause de cela le poème a ajouté :

V (4)

« Honore tes parents et ta parenté la plus proche »

Comment faut-il se comporter envers ses parents ?

1. Le poème a posé ce principe de vénérer les hommes de bien en tant que démoniques et divins ; quant à nos parents et à ceux, quels qu'ils soient, qui leur sont proches de quelque manière par les liens naturels, **[p. 23]** le poème conseille de les honorer, à cause de la nécessité même de cette relation. En effet, ce que sont pour nous les êtres supérieurs relativement à la parenté éternelle – les êtres célestes occupant le rang de pères, les héros celui de parents dignes d'honneur –, nos pères et mères l'assurent pour ce qui est de la vie mortelle, et aussi notre parenté immédiate, composée des plus proches de nos parents, qui à cause de cela sont célébrés avec l'honneur qui suit celui dû à ces derniers.

2. Comment donc honorer ceux-là aussi ? Est-ce en dirigeant nos propres vies selon leur jugement, de sorte que nous pensions et que nous fassions tout ce qui peut leur être agréable ? Mais si nous agissions ainsi, la pratique des vertus pourrait se transformer en zèle pour le mal, si nos pères se trouvaient être méchants. Mais faudra-t-il que nous les privions d'honneur en tout à cause de la condamnation de leur vice ? Et comment alors obéirons-nous à la présente loi ? Comment, si nous n'honorons pas l'image semblable aux dieux de nos pères et mères, ou le reflet des héros que sont nos proches parents, ne commettrons-nous pas une impiété envers ceux auxquels nous affirmons qu'ils ressemblent ? Et ainsi, la vertu que nous pensions pratiquer en désobéissant à nos parents se transformera en un plus grand mal, l'impiété. **3.** Mais si nous obéissons en tout à nos parents, comment au contraire ne tomberions-nous pas des hauteurs de la piété et de toute autre forme de vertu, s'il se trouvait que par perversité de caractère ils ne nous avaient pas éduqués en vue du beau véritable ? Si, en effet, ce qui est venu à l'esprit de nos parents était absolument vrai et beau, l'honneur qui leur est dû serait en harmonie avec celui des êtres supérieurs. Mais si parfois la volonté personnelle de nos parents est sourde aux lois divines, que faut-il faire quand on est tombé dans un tel conflit de lois, sinon ce qu'il convient de sauvegarder aussi quand il s'agit des autres devoirs qui en arrivent à s'opposer à cause d'une fâcheuse circonstance ? **4.** En effet lorsque de belles actions, les unes plus grandes, les autres moins, nous sont proposées, ce sont les plus grandes, **[p. 24]** avant les inférieures, qu'il faut préférer, quand il n'est pas possible de sauvegarder les deux. Par exemple, il est beau d'obéir à Dieu, et il est beau d'obéir à ses parents. Si précisément l'obéissance due aux deux parties conduisait au même but, ce serait une aubaine acquise sans combat. Mais si la loi divine nous portait vers une fin et nos parents vers une autre, le choix deviendrait l'objet d'un litige, et il faudrait suivre le meilleur parti et ne désobéir à nos parents que sur les points où eux-mêmes désobéissent aux lois divines. **5.** En effet, celui qui veut observer les règles de la vertu ne peut être d'accord avec ceux qui les transgressent.

Mais dans tous les autres cas, honorons nos parents sans ménager nos efforts, en prêtant assistance à leurs personnes et en leur fournissant des ressources avec le plus d'empressement possible. Il est juste en effet qu'ils tirent profit de ceux qu'ils ont engendrés et élevés. Mais ce qui ne dépend pas de la succession de nos parents, la loi l'affranchit de leur autorité et elle recommande d'en rechercher le véritable père, de s'attacher à lui et de prendre le plus grand soin de s'appliquer à lui ressembler. **6.** De cette manière, les deux choses se produisent de concert : pouvoir garder les biens divins et les biens humains, et ni à cause d'une vague conception de la vertu nous ne négligerons les soins dus à nos parents, ni à cause d'une sotte docilité (envers eux) nous n'admettrons le plus grand de tous les maux, l'impiété. En effet, s'ils nous menacent de mort ou d'une aliénation de leur héritage, parce que nous désobéissons, il ne faut pas s'affliger de telles menaces, mais bien savoir quelle en sera la victime et que ces menaces s'adressent seulement à ce qu'ils ont engendré[62]. Mais quant à notre partie impassible, il convient de la conserver libre et docile à Dieu seul.

7. Donc « l'honneur dû aux parents », le véritable, est celui que procure le but visé par la vertu, quand nous n'épargnons ni nos corps ni nos richesses, mais que nous sommes soumis de bon cœur à nos pères et à nos mères **[p. 25]** en tout cela. Il ne convient, en effet, ni de leur refuser, quand ils nous en prient instamment, les soins procurés par notre travail personnel, mais de faire bonne figure en les accordant, d'autant plus qu'ils sont plus pénibles et asservissants ; ni d'être parcimonieux en dépensant nos biens, mais de fournir avec empressement toutes choses pour leurs besoins, en nous réjouissant et en nous estimant heureux des fatigues et des dépenses prodiguées à leur égard. En effet, accomplir cela avec gratitude sauvegarde la loi de la vertu et acquitte le tribut dû à la nature. Tel est l'honneur dû aux pères et aux mères. **8.** Celui dû aux proches parents, qui vient après le précédent, mesurera les soins que nous leur devons en considération de leur proximité de nature, en distribuant à chacun des membres de la parenté autant d'honneur, après nos pères et mères, que la proximité qu'ils entretiennent avec eux se laisse entrevoir. Et il est évident que dans ces cas aussi la vertu reste sans maître[63].

VI (5)

« Parmi les autres hommes, fais ton ami de celui qui excelle en vertu »

L'honneur dû aux amis

1. Après le premier honneur dû à notre parenté d'en haut[64] et après celui qui le suit, concernant les pères et mères et les parents, la suite des idées veut que soit transmise la loi qui régit la manière de se faire des amis, en nous exhortant à choisir en vue de l'amitié le meilleur de ceux qui sont en dehors de notre famille et de nous lier à lui pour mettre en commun nos vertus, afin d'avoir pour ami l'homme de bien pour un bon motif et de ne pas l'accaparer pour d'autres usages[65]. Ainsi ce précepte ressemble au conseil énoncé au sujet des hommes vertueux qui ont quitté la vie[66]. **2.** De même en effet que, à cette occasion, le poème nous disait que seuls les hommes intelligents **[p. 26]** doivent être honorés, de même ici il exhorte à se concilier l'amitié des seuls hommes de bien, en laissant le choix pour le reste des hommes, mais en se contentant de la nature pour les pères et mères et pour les parents. Pour le dire d'un mot en effet, la personne du père et du frère implique d'emblée l'honneur (qui leur est dû) ; mais quant aux autres hommes, c'est la vertu qui leur confère l'honorabilité, comme aussi à ceux qui ont quitté la vie. Les êtres placés avant nos amis – en haut les dieux et les héros, ici-bas les pères et les proches parents qui, dans une nature mortelle, nous offrent des images de la parenté immortelle[67] – sont honorés du fait de leur nature même.

Transition

3. Ainsi doivent se faire d'abord la recherche, puis la conservation de l'ami. Quant à la manière de le conserver qui contribue à la mise en commun de nos bienfaits, et de s'en séparer, s'il se tourne visiblement vers le mal et n'obéit pas aux conseils qui le poussent vers le bien, le poème dit à la suite quelles elles sont.

VII (6-8)

« *Cède aux douces paroles et aux actes bienfaisants*
Et ne déteste pas ton ami pour une faute légère,
Aussi longtemps que tu le peux, car le possible habite près du nécessaire »

Comment se comporter envers ses amis ?

1. On explique ici comment il faut se comporter envers les amis, et tout d'abord que, lorsqu'ils nous conseillent le bien et qu'ils font quoi que ce soit pour nous être utiles, il faut leur obéir volontiers. C'est en effet pour ce bien commun que la loi de l'amitié nous lie, afin que nous soyons aidés par eux pour progresser dans la vertu, et eux par nous. Dans la pensée que nous suivons un chemin commun pour la vie la meilleure, ce que **[p. 27]** l'un prévoit mieux que l'autre, il doit le lui rapporter en vue de l'intérêt commun. « Nous céderons avec douceur » à nos amis qui nous montrent le bon chemin, en leur proposant « avec douceur » la communauté du bien, et en n'étant jamais en désaccord avec eux au sujet des richesses, de la gloire ou de quelque autre terme faisant partie de la colonne des choses mortelles[68]. Ce serait de fait « pour une faute légère » que nous nous mettrions à haïr ceux qui sont nos amis en ce qui concerne les plus grands biens.

2. Nous supporterons donc en tout nos amis, vu que nous y sommes contraints par la souveraine nécessité qu'implique l'état d'amitié, sauf sur un point. En effet nous ne leur céderons certes pas s'ils se laissent emporter vers le mal ni, s'ils s'écartent de la poursuite de la philosophie, nous ne les accompagnerons vers un autre projet de vie, emportés nous-mêmes par ceux qui déchoient du but visé par la vertu, mais nous tenterons absolument, par tous les moyens, de redresser notre ami. **3.** Si nous ne le persuadons pas, nous garderons notre calme, et nous n'en ferons pas un ennemi, en mémoire de notre amitié antérieure, ni encore un ami, à cause de son changement vers le mal. Ainsi, pour cette raison, il se trouvera que nous écarterons notre ami parce qu'il ne pourra plus être notre associé pour la vertu, cette vertu pour laquelle nous l'avions pris au début comme ami[69]. Mais que cette mise à l'écart se garde de dégénérer en haine. **4.** Il faut en effet que, même s'il s'est détourné de l'amitié, nous du moins nous prenions le plus grand soin à ce qu'il soit rappelé à son devoir, sans nous satisfaire de sa chute ni mépriser son manque de jugement, **[p. 28]** mais en gémissant plutôt et en pleurant sous l'effet de l'extrême affliction qu'il éprouve, et il faut prier sans relâche pour lui et nous efforcer de mettre tout en œuvre pour le ramener au salut grâce au repentir. **5.** Ce qui veut dire ne pas être en désaccord avec lui pour des questions d'argent ou de gloire, ne pas le priver par orgueil de notre société et ne pas faire de son malheur un stimulant pour notre propre ambition.

Patience et abnégation

Et puisque ce qui contribue au plus haut point à bien conserver nos amis, à nous séparer d'eux quand la raison le dicte et à les rappeler (à nous) grâce à leur repentir, c'est notre longanimité, notre renonciation à les chicaner et à les sonder en détail, et notre patience aussi grande que possible, à cause de cela le poème a ajouté : « Aussi longtemps que tu le peux ».

6. Ensuite, afin qu'on n'évalue pas ses possibilités à l'aune de ses intentions mais de cela même que sa nature peut supporter, et dont l'étendue est révélée par l'approche de la nécessité, le texte ajoute : « car le possible habite près du nécessaire »[70]. Chacun en effet est convaincu par la nécessité de pouvoir plus qu'il ne pensait pouvoir. **7.** Il faut donc nous appliquer à supporter nos amis autant que la nécessité nous montre que nous le pouvons et à rendre supportable, de par la nécessité de l'amitié, une situation qui sur le moment nous paraissait insupportable. En effet, ne croyons en aucune façon qu'il convienne de supporter vaillamment seulement ce qui est imposé par la force, mais il faut même tenir pour digne d'une plus grande patience ce qui tend à la conservation de nos amis et à leur rappel, vu que ce sont les ordres de la nécessité divine[71]. Chez les gens sensés, la nécessité qui provient de l'intelligence est plus puissante que la contrainte extérieure[72]. **8.** Soit donc que tu regardes vers la nécessité qui résulte des circonstances, soit vers la nécessité volontaire qui consiste en définitions scientifiques et qui nous vient des lois divines, **[p. 29]** tu trouveras la mesure des possibilités qui existe en toi[73]. C'est cette mesure qu'à présent le poème nous fait obligation d'appliquer à nos amis, en ordonnant de ne pas d'emblée les prendre en haine « pour une faute légère », en tenant pour léger tout ce qui est extérieur à l'âme et en défendant que, pour nous épargner ces broutilles, nous fassions d'un ami un ennemi ; mais il nous prescrit plutôt, en manifestant de l'indifférence au sujet de tels biens extérieurs, de rappeler notre ami déchu et de pouvoir en toute occasion porter témoignage que, autant qu'il a été en notre pouvoir, nous avons gardé nos véritables amis et nous avons recouvré ceux qui étaient emportés vers le mal ; que nous ne les avons pas pris en quelque haine dès le début, ni n'avons rendu la pareille à celui qui spontanément est devenu notre ennemi.

L'amitié (amour de l'humanité)

9. La loi divine de l'amitié ordonne[74] tout cela en effet, car l'amitié est une très grande vertu et se donne à voir comme l'achèvement des autres vertus. De fait, la conclusion des vertus est l'amitié, leur début la piété ; le principe de la piété est pour nous la semence de tous les biens, et l'habitude de l'amitié le fruit le plus parfait des vertus. **10.** De même donc qu'il faut tenir compte de la justice non seulement envers ceux qui se comportent justement à notre égard, mais aussi envers ceux qui entreprennent d'être injustes, afin que par réciprocité d'injustice nous n'en venions pas à une mauvaise disposition semblable à la leur, de même il faut nous attacher à l'amitié, entendons par là la bienveillance envers tous ceux qui partagent la même espèce humaine que nous. **11.** Dans l'ordre qui convient, nous prendrons les mesures de notre amitié, d'une part en chérissant de toute façon les gens de bien, parce qu'ils sauvegardent la perfection de l'homme grâce à leur nature et grâce à leur disposition d'esprit, d'autre part en aimant les méchants, du seul fait de notre communauté de nature, puisqu'ils ne sauraient nullement nous offrir le choix de leur amitié à cause de leur état d'esprit. **[p. 30]** C'est pourquoi on dit justement qu'aucun ennemi n'existe pour l'homme vertueux et que seul l'homme de bien est son ami. Si tant est, en effet, que ce dernier aime l'homme (en général), il ne tient pas même le méchant comme un ennemi ; en revanche, s'il recherche l'homme paré de vertu comme associé, c'est l'homme de bien qu'il choisit entre tous, en imitant jusque dans ses évaluations de l'amitié Dieu, lui qui ne hait aucun homme, mais qui chérit surtout l'homme de bien.

12. De fait, (Dieu), en étendant les bienfaits de son amour pour les hommes à la communauté du genre humain, gratifie chacun de la part qui lui revient, en élevant les gens de bien vers lui et en orientant vers leur devoir, par les lois de la justice, les déserteurs de la vertu[75]. Ce traitement est en effet approprié et utile aux uns et aux autres. Et de la même manière, il convient que nous aussi nous pratiquions l'amitié envers tous les hommes, tout en la répartissant selon leur dignité. **13.** Et de fait, nous aurons prudence et justice envers tous les hommes et non envers les seuls justes et les seuls sages, et nous ne serons pas bons pour les (seuls) bons ni méchants pour les méchants[76]. De fait, si nous changeons ainsi facilement d'avis avec les circonstances, nous n'aurons aucun bien qui nous soit propre et que nous puissions conserver toujours et pour tous ; mais si nous possédons la vertu comme une habitude, il n'est pas au pouvoir du premier venu de nous en détourner, et nous ne changerons pas nos dispositions au hasard de nos rencontres, puisque nous aurons heureusement atteint la stabilité dans la vertu. **14.** Ce qu'il faudra garder concernant les autres vertus, il faudra aussi le garder en ce qui concerne l'amitié, puisque l'amitié, comme nous l'avons dit, est la plus grande des vertus et que l'amour pour l'humanité est observé en général envers tous les hommes, et spécifiquement envers les bons (et c'est à ce dernier cas que le nom d'« amitié » **[p. 31]** convient davantage).

En voilà assez sur ce sujet. Passons au suivant.

VIII (9-11)

« *Ainsi, sache ce qui vient d'être dit.*
Habitue-toi à dominer ce qui suit :
Le ventre avant tout, et le sommeil, et le désir charnel,
Et la colère »

Dominer ses passions

1. Il faut réduire toutes ces imperfections et les mettre à leur rang afin qu'elles ne troublent pas notre capacité à raisonner. Eh bien donc ! bridons par une éducation droite et bien ordonnée l'irrationalité tout entière, puisqu'aussi bien ses composantes s'impliquent mutuellement pour produire[77] le mal. Par exemple, un ventre trop rempli provoque un sommeil profond ; ces deux choses entraînent une abondance de semence qui pousse immodérément aux plaisirs de l'amour et excite la faculté de désir de l'âme à l'intempérance[78] ; et la partie irascible (de l'âme), mue de concert par la partie concupiscible, passe à travers toutes sortes de combats, tantôt en exigeant boisson et nourriture, tantôt en se battant pour une courtisane et en cherchant querelle pour la possession de tantôt l'un, tantôt l'autre plaisir. **2.** « Habitue-toi à dominer tout cela », en commençant d'abord par le ventre, afin que les parties irrationnelles de l'âme se mettent à l'écoute de la raison et que tu puisses conserver par devers toi, sans en être détourné, la piété, les marques d'honneur envers tes parents et tout ce qu'un peu plus haut l'ouvrage a conseillé. En effet, la capacité d'observer les premiers préceptes est contenue dans ceux-là qui les suivent, puisque tous ces préceptes seraient violés si les capacités affectives n'étaient pas soumises à la raison. **3.** De fait, ou bien la colère vous excite contre vos parents, ou bien le désir vous arme pour leur désobéir. Et encore, ou bien la colère vous pousse à la calomnie, ou bien le désir **[p. 32]** des richesses au faux serment. En un mot, les mauvaises actions sont commises à cause de ces facultés, lorsque l'âme raisonnable ne les dirige pas vers le devoir. **4.** De là toutes sortes d'impiétés et de conflits entre parents et de trahisons entre amis et toutes les formes d'illégalité, de sorte qu'on est même acculé à s'écrier :

> « Je sais quels maux je vais accomplir,
> Mais ma colère est plus forte que mes résolutions[79] »,

et que d'autres ou les mêmes sont contraints de crier en d'autres temps : « Je sais quels maux je vais accomplir, mais le désir est plus fort que mes résolutions », et « Tu me parais bien parler, mais je ressens ce que beaucoup ressentent : je ne t'obéis absolument pas[80] ». Ce qui relève de la rationalité, en effet, naturellement bien disposé qu'il est pour percevoir le beau, a une bonne mémoire et est facile à éveiller à l'enseignement de la droite raison, quand il n'est pas tiré vers le mal par des penchants passionnels comme par des masses de plomb[81]. **5.** Il faut donc que nous-mêmes aussi nous connaissions nos devoirs et que nous accoutumions nos facultés irrationnelles, autant qu'il est possible, à se soumettre elles aussi à la raison qui est en nous. Les passions ainsi mises en ordre, c'est alors que le raisonnement sera suffisamment capable d'observer sans discontinuer les premiers préceptes au sujet desquels il est dit en outre : « Sache que ce qui vient d'être dit est ainsi ».

L'accoutumance à la vertu

6. Et au sujet de ceux qui viennent à la suite : « Habitue-toi à les dominer », a dit le poème, montrant ainsi que la partie raisonnable (de l'âme) est mise en ordre par l'enseignement et par la science, et la partie irrationnelle par des accoutumances et par des façonnements pour ainsi dire corporels[82]. De façon similaire, chez les vivants aussi, ceux qui sont privés de raison sont menés par la seule accoutumance que leur imposent les hommes. Donc, un ventre habitué à chercher la mesure rend les autres désirs du corps plus paisibles et la colère plus modérée, afin que nous délibérions en paix de nos devoirs **[p. 33]** sans être fortement troublés par les passions qui cohabitent (en nous) ;

d'où vient que nous apprenons à nous connaître nous-mêmes, tels que nous sommes en vérité, et à rougir devant ceux dont nous avons acquis connaissance[83]. De cette connaissance et du sentiment de honte qui l'accompagne naît l'aversion pour les actions infâmes. En effet, les actes mauvais sont dits infâmes en tant que malséants et indignes d'être accomplis par l'essence rationnelle. C'est d'eux que traitent les vers suivants.

IX (11-12)

« *N'accomplis jamais une action infâme, ni avec un autre*
Ni en particulier. Et plus que tout rougis devant toi-même »

La conscience

1. Ou bien, en effet, c'est quand nous accomplissons une action honteuse en particulier que nous pensons qu'elle est indifférente, alors que nous ne l'aurions jamais faite avec un autre par honte de l'accomplir en commun ; ou bien, inversement, nous accomplissons en compagnie ce que nous n'aurions jamais exécuté en particulier, provoqués par la communauté de nos partenaires à la liberté d'action. De ce fait, (le poème) a commencé par détruire préalablement l'une et l'autre voie de la déviation vers la honte et le mal[84]. **2.** En effet, si c'est en vérité que la honte est à fuir, elle ne saurait jamais devenir objet de choix à cause des circonstances. C'est pourquoi (le poème) a ajouté à la suite : « Ni avec un autre ni en particulier » afin que ni la solitude ne te pousse à l'inconvenance, ni la compagnie ne te rende la faute facile à excuser.

Ensuite, il a ajouté la seule cause qui détourne des maux : « Et plus que tout rougis devant toi-même ». **3.** De fait, si tu t'habitues à rougir devant toi-même, tu auras en tout lieu, comme un gardien très intime et inévitable, celui devant qui éprouver de la honte[85]. De fait, bien des gens séparés **[p. 34]** de leurs amis ou de leurs familiers ont commis des actes qu'ils auraient rougi auparavant d'accomplir à cause de ces derniers. N'avaient-ils donc personne avec eux ? Je ne parle pas de Dieu : il est bien au-delà, en effet, de la conscience des maux[86], mais n'avaient-ils pas eux-mêmes et le jugement de leur conscience ? Ils les avaient assurément, mais ils ignoraient qu'ils les avaient parce qu'ils étaient torturés par leurs passions. De telles gens ont coutume de considérer que la partie raisonnable qui est en eux est méprisable et plus vile qu'un esclave. **4.** Tiens-toi donc toi-même pour ton plus intime gardien, et en te tournant vers lui commence à te détourner du mal. En effet le sentiment de honte que l'on éprouve devant soi-même devient nécessairement pour chacun le moyen de fuir loin des actes infamants et indignes de l'essence raisonnable.

Mais comment celui qui juge ainsi indigne le mal s'accoutume-t-il à la vertu ? Le poème ajoute :

X (13-16)

« Ensuite pratique la justice en acte et en parole
Et accoutume-toi à ne te comporter en rien déraisonnablement ;
Mais sache que le destin veut que tous les hommes meurent.
Quant aux richesses, il est habituel tantôt de les acquérir, tantôt de les perdre »

Des différentes vertus

1. Celui qui rougit devant lui-même devient son propre garde afin de ne tomber nulle part dans le mal. Mais les formes du mal sont nombreuses : vis-à-vis du raisonnement, c'est la déraison ; de l'irascible, la lâcheté ; du désir, la recherche du plaisir et l'amour de l'argent ; vis-à-vis de toutes les facultés à la fois, l'injustice. Nous avons donc besoin d'une tétrade de vertus pour nous détourner de tels maux : de la sagesse à l'égard de la partie qui raisonne, du courage envers la partie irascible, de la tempérance envers le concupiscible, de la justice vis-à-vis de toutes les facultés à la fois, car elle est la plus achevée des vertus et s'étend à toutes[87], **[p. 35]** embrassant les autres comme des parties d'elle-même[88]. **2.** C'est pourquoi aussi le poème a mentionné cette vertu la première, puis la sagesse et à la suite les meilleures disciplines qui tirent leur origine de la sagesse et contribuent à l'intégralité de la justice. En effet, celui qui use du raisonnement droit obtient dans les dangers le courage comme allié, dans les plaisirs la tempérance, et dans toutes les circonstances à la fois, la justice.

La sagesse

Et ainsi on trouve comme commencement des vertus la sagesse, comme fin la justice et dans l'intervalle le courage et la tempérance. **3.** En effet la faculté qui examine toutes choses et toujours cherche dans les actions de quiconque ce qui en fait l'unité, afin que dans chaque cas tout soit disposé rationnellement[89], c'est l'habitus de la sagesse, qui est la meilleure disposition de notre essence rationnelle et la source d'où vient le bon ordre pour le reste des facultés, de sorte que la colère devienne bravoure, la convoitise tempérance, que la justice s'abstienne de la déraison[90] et que notre humanité mortelle soit ainsi parée de la profusion de vertu qui réside dans notre immortelle humanité[91]. **4.** Car c'est avant tout à partir de l'intellect que les vertus lancent leur lumière dans l'âme raisonnable[92] et elles en sont la forme particulière, la perfection et la vie heureuse[93] ; en outre, une certaine participation aux vertus parvient jusqu'à l'irrationnel et au corps mortel, afin que même ce qui est joint par nature à l'essence rationnelle[94] soit comblé de dignité et de modération.

Ce qui précisément a la prééminence parmi les biens divins, cette sagesse admirablement établie dans l'âme rationnelle, permet de bien délibérer sur toutes choses et de supporter courageusement la mort et la perte des richesses avec calme et mesure. **5.** En effet, tous les changements dus à la nature mortelle et au hasard qui la suit, la sagesse peut les supporter avec modération **[p. 36]** et sans crainte. Elle tient compte en effet de la nature des choses et elle sait qu'il est nécessaire que ce qui est façonné de terre et d'eau se dissolve à nouveau en ces mêmes éléments, et elle ne s'emporte pas contre la nécessité et ne regarde pas comme privées de providence les affaires qui nous concernent si notre élément mortel vient à mourir. **6.** Elle sait en effet que « Le destin veut que tous les hommes meurent » et qu'il existe pour nos corps mortels un temps déterminé pour leur durée ; quand (l'accomplissement de ce temps) est imminent, il ne faut pas s'irriter, mais de bon gré s'y soumettre comme à une loi divine. C'est bien cela que montre le présent terme de « destin » : notre vie mortelle est bornée par de certaines limites nécessaires, et c'est le propre de la sagesse de se conformer aux décrets des êtres supérieurs[95], non pas en cherchant à ne pas mourir, mais à bien mourir. **7.** Semblablement, (cette sagesse) n'ignore pas non plus la nature des richesses, que tantôt elles viennent, tantôt elles vont, selon certaines causes déterminées, auxquelles il est stupide de s'opposer. En effet nous ne sommes pas les maîtres de posséder ce qui ne dépend pas de nous[96], et ne sont en notre pouvoir ni le corps ni les richesses ni, en un mot, tout ce qui est situé en dehors de notre essence rationnelle : il n'est absolument pas en notre pouvoir, d'abord, de les acquérir, puis de les conserver autant que nous le voulons. **8.** Mais accueillir et écarter vertueusement les biens qui s'ajoutent et qui disparaissent, cela est en notre pouvoir, et c'est le propre de l'essence rationnelle si elle s'est accoutumée à ne pas se comporter irrationnellement au sujet de ce qui arrive, mais se conforme au contraire aux mesures divines en vertu desquelles tout ce qui nous concerne est défini. Dans cette circonstance donc, ce qui dépend de nous possède un pouvoir immense, en ce qu'il juge convenablement de ce qui ne dépend pas de nous et ne laisse pas perdre, par penchant pour cela, la vertu de l'indépendance.

Transition : piété et justice

9. Que nous dit donc le jugement inspiré par la sagesse ? D'utiliser convenablement et pour le service de la vertu le corps et les richesses présents, mais, s'ils viennent à disparaître, de connaître son devoir, **[p. 37]** et en plus des autres vertus, de gagner d'être libéré du chagrin. Car c'est ainsi que la piété envers les dieux sera également conservée, ainsi que les mesures de la justice, si la raison apprend à user bel et bien des circonstances et à opposer les bornes de la sagesse à ce qui paraît arriver au hasard et en désordre. **10.** En effet, la vertu ne saurait être préservée autrement que par la présence, dans l'essence rationnelle, de quelque opinion droite[97]. Si on s'est accoutumé à se comporter irrationnellement, alors il est impossible d'obéir aux êtres supérieurs en raison de leur supériorité, mais on sera dans le même état que celui qui est malmené par des tyrans[98] ; on ne fera pas non plus cas de ceux qui vivent avec soi, et on ne découvrira pas la meilleure façon de gérer son corps ou ses richesses. **11.** Considère en effet que ceux qui fuient la mort en toute occasion, ou qui désirent garder leurs richesses, se livreront nécessairement à de nombreuses injustices et à de nombreux blasphèmes, en proférant contre les dieux des imprécations impies et en affirmant qu'il n'y a pas de providence, après être tombés dans ce qu'ils ont fui inconsidérément. Au prix d'injustices impitoyables envers les autres, ils s'efforcent d'accaparer les biens de tous pour leur profit personnel, à ce qu'ils pensent[99], et le dommage causé par leur opinion fausse devient si visible en eux qu'il fait éclore les plus grands des maux : l'injustice envers leurs semblables, l'impiété envers les êtres supérieurs. **12.** De ces maux se trouvera purifié celui qui se laisse persuader par les vers qui sont devant nous, lui qui grâce à son jugement raisonnable supporte noblement la mort et qui estime que la perte des richesses n'est pas intolérable. Dans ces circonstances, il reçoit même des incitations à la justice, à savoir qu'il faut en fait s'abstenir des biens d'autrui, ne nuire à personne et ne pas tirer son propre avantage du malheur des autres. En revanche, celui qui pense que sa propre âme est mortelle ne pourra observer aucune de ces mesures, lui « qui s'est accoutumé à se comporter déraisonnablement », sans aucunement savoir[100] quelle est la partie de nous qui meurt **[p. 38]** et qui a besoin des richesses, et quelle est celle qui exerce la vertu et qui en retire un avantage.

13. Seule en effet la distinction entre ces ordres pourrait procurer le désir de pratiquer la vertu, et seul l'élan inspiré par les dieux, qui naît des maximes « Connais-toi toi-même » et « Rougis devant toi-même », pourrait inciter à acquérir de nobles biens. C'est en effet à l'aune de notre dignité qu'il faut aussi mesurer nos devoirs envers les autres « dans les actes et dans les paroles » : et l'observance indéfectible des devoirs, telle sera la justice : c'est pourquoi aussi elle est placée devant les autres vertus, pour devenir la mesure du devoir. **14.** En effet, dit le poème, « Pratique la justice en acte et en parole ». Donc, tu ne prononceras aucun blasphème lorsque tu perdras tes biens ou que tu souffriras de maladies, afin de ne pas être injuste en parole, mais tu ne raviras pas non plus les biens de ton prochain et tu ne trameras pas de malheurs pour d'autres hommes, afin de ne pas être injuste en acte. C'est, en effet, si la justice veille sur notre âme que nous pourrons accomplir nos devoirs et envers les dieux, et envers les hommes, et envers nous-mêmes. Or, la meilleure mesure de la justice est la sagesse ; c'est pourquoi, à « pratiquer la justice » l'auteur a ajouté : « Et accoutume-toi à ne te comporter en rien déraisonnablement », vu que la justice ne peut subsister sans la sagesse. **15.** Ce qui est, en effet, réellement juste, c'est ce que définit la parfaite sagesse, entendons par là, celle qui ne « se comporte en rien déraisonnablement », mais qui examine d'une part avec soin le corps mortel, qui examine d'autre part ce qui contribue aux besoins de ce corps ; qui considère en outre toutes choses comme moins honorables que la vertu et comme utile au plus haut point la meilleure disposition de l'âme raisonnable, grâce à laquelle tout le reste est mis en bon ordre autant qu'il est possible.

16. Tel est le but[101] des vers qui sont devant nous : faire connaître la tétrade **[p. 39]** des vertus pratiques et la transmettre[102] aux auditeurs, accompagnée de l'attention en éveil et de la vigilance qui convient dans les paroles et dans les actes. De fait, l'un (de ces vers) transmet la sagesse, l'autre le courage, l'autre la tempérance, et le vers qui les couronne conseille de pratiquer la justice que l'on voit à l'œuvre communément dans toutes les autres vertus. **17.** Le vers : « Quant aux richesses, il est habituel tantôt de les acquérir, tantôt de les perdre » montre que la générosité suit aussi de près la modération dans nos dispositions, étant une vertu concernant l'afflux et la dépense des richesses[103]. En effet, le fait de les acquérir et de s'en séparer seulement quand la raison le permet anéantit par avance les incitations à l'avarice et à la prodigalité.

La morale suppose la conscience de notre immortalité

18. Toutes ces règles sont mises en avant comme découlant d'une source et d'un principe premier, « Rougir devant soi-même », et ce précepte englobe le « Connais-toi toi-même », qui doit servir de fondement à tous les actes vertueux comme à toutes les connaissances théorétiques. Car de quelle autre source nous viendra de savoir qu'il nous convient de modérer nos passions et de connaître le réel ? On doute en effet à ce sujet, d'abord si cela est au pouvoir des hommes, ensuite si cela est utile pour ceux qui le peuvent. **19.** L'homme intègre apparaît en fait, tout au contraire, inférieur dans les affaires de la vie, vu qu'il ne prend rien injustement – là d'où il ne faut pas –, et qu'il dépense à bon droit – là où il faut ; et à l'égard du corps, plus que tout autre, il est vulnérable, car ni il ne cherche lui-même à commander, ni il ne sert bassement ceux qui commandent.

Ainsi, s'il n'y avait quelque autre essence en nous qui tire parti de la vertu, nous aurions peine à rejeter la richesse et le pouvoir à cause de cette dernière[104]. **20.** C'est pourquoi aussi ceux qui pensent que l'âme est mortelle **[p. 40]** se payent de mots en prétendant se passer de vertu, ou plutôt, ils disent vrai[105]. Si en effet rien ne subsistait de nous après la mort qui fût naturellement orné par la vérité et par la vertu[106], comme nous l'affirmons de l'âme raisonnable, nous n'éprouverions pas un pur désir du beau : supposer que nous nous corrompons (totalement) détruit d'emblée l'empressement pour le beau et pousse aux jouissances corporelles, quelles qu'elles soient, et quel que soit le moyen qui puisse les procurer. **21.** Comment en effet, selon ces gens-là, pourrait-on estimer[107] qu'il n'est pas du devoir d'un homme sensé ou disposé à la modération de complaire en tout au corps, puisqu'aussi bien c'est grâce à lui (*sc.* dans cette hypothèse) que la substance de l'âme aussi est conservée, car elle n'existe pas par elle-même mais s'ajoute à une conformation déterminée du corps[108] ? Comment, d'autre part, pourrons-nous abandonner le corps à cause de la vertu, si par là nous devons détruire l'âme elle-même avec le corps, causant ainsi la disparition de cette vertu dont le désir nous avait fait supporter la mort ? Mais sur ces sujets il a été suffisamment démontré par des hommes divins[109] que l'âme est immortelle et qu'elle est naturellement ornée par la seule vertu.

Il nous est possible d'agir bien

22. Ayant scellé la présente doctrine de l'immortalité[110], passons[111] maintenant à ce qui suit, en ajoutant seulement à ce qui a été dit que, de même que par l'ignorance concernant notre essence toutes sortes de maux entrent à flots, de même, grâce à la connaissance de soi-même et au refus de ce qui ne convient pas à une nature raisonnable, on trouve partout l'infaillible moyen d'observer les devoirs qui nous incombent. Voilà ce qui constitue la mesure des différentes vertus. **23.** En effet, si nous considérons notre essence comme une règle, nous identifions notre devoir en toutes situations, en passant notre vie selon la droite raison, en accord avec notre propre essence. De fait, tout ce qui rend l'âme meilleure et l'amène à la vie heureuse qui par nature lui convient, tout cela est en réalité la vertu et **[p. 41]** le partage de la philosophie, tandis que ce qui tend seulement à la respectabilité humaine est sophisme servile et apparence trompeuse du beau, apparence qui recherche la louange de la foule et qui donne tous ses soins à paraître seulement, non pas à être bon. En voilà assez sur ce sujet.

Théodicée

24. Des raisonnements droits il s'ensuit nécessairement aussi, au sujet des événements qui paraissent survenir en désordre durant la vie, qu'on ne se comportera pas déraisonnablement mais qu'on rendra compte noblement et magnanimement de leurs causes, et qu'on les supportera sans accuser nos surveillants[112] qui, au moment d'attribuer à chacun selon son mérite ce qui lui revient, n'ont pas jugé dignes des mêmes traitements ceux qui n'ont pas préalablement vécu de la même façon[113]. **25.** Comment, en effet, si la providence existe et que notre âme, tout en étant incorruptible par essence, se précipite vers la vertu ou le vice par un choix indépendant, comment serait-il possible que les gardiens de la Loi qui est basée sur le mérite attribuent un lot égal à des bénéficiaires inégaux, plutôt que d'accorder à chacun le sort qui lui convient, que l'homme, dit-on, se voit attribuer au moment même d'entrer dans le devenir[114] ? Si donc l'existence d'une providence qui attribue à chacun ce qui lui convient et l'immortalité de notre âme ne sont pas des fables, il est clair qu'il faut transférer la cause de nos souffrances depuis celui qui nous gouverne[115] jusqu'à nous-mêmes, et sur cette base, le poème nous donnera le pouvoir de « remédier »[116] à nos difficultés. **26.** En effet, quand nous avons découvert en nous-mêmes les causes d'une importante irrégularité, tout d'abord nous allégeons par la rectitude de notre jugement la rigueur de ce qui nous arrive ; ensuite, grâce aux pratiques saintes[117] et aux admonestations justes, nous ferons cingler notre âme vers un havre meilleur[118] et nous nous libérerons nous-mêmes totalement de nos souffrances. Souffrir sans en percevoir **[p. 42]** les causes et sans pouvoir prédire ce qui a toute chance d'arriver est le propre d'un homme habitué à « se comporter en tout irrationnellement », ce que le poème vient de nous défendre[119]. **27.** Il est fatal en effet que celui qui n'examine pas la cause véritable (de ses maux) rejette ses accusations sur l'essence supérieure, ou bien en alléguant qu'elle n'existe absolument pas, ou bien en prétendant qu'elle ne s'occupe pas de nous correctement. Or de telles opinions non seulement accroissent les maux qui proviennent d'une vie antérieure, mais encore incitent l'âme à toutes sortes de dépravations et la privent des soins qui dépendent de son vouloir en créant de surcroît l'oubli des causes de nos souffrances actuelles. Comment faut-il philosopher sur ce point ? Prête l'oreille aux vers eux-mêmes.

XI (17-20)

« *Et toutes les souffrances que,*
par les divines fortunes, les mortels éprouvent,
La part que tu en détiens, supporte-la avec douceur
et ne t'en indigne pas.
Il convient d'y remédier autant que tu le peux,
mais observe ceci :
Ce n'est guère aux hommes de bien
que la destinée envoie beaucoup de ces maux »

Maux apparents et maux véritables

1. Avant de passer au reste de l'exégèse, il faut déclarer que le poème appelle à présent « souffrances » les épreuves qui rendent le chemin de la vie plus rude pour nous, comme la maladie, la pauvreté, la perte des êtres les plus chers, le discrédit dans la cité. Tout cela est en effet difficile à supporter et difficile à gérer tout au long de la vie. Ce ne sont certes pas de véritables maux et ils ne sont pas nuisibles pour l'âme elle-même si elle ne consent pas, à cause d'eux, **[p. 43]** à s'incliner vers le mal, comme cela pourrait arriver par rapport à ce qui paraît être des biens, si elle refusait de s'y rapporter convenablement : ainsi pour la santé, la richesse et le pouvoir. Il est en effet possible et d'être corrompu dans ces circonstances, et d'acquérir la vertu dans les circonstances contraires.

2. Les véritables maux, eux, sont des fautes commises en conséquence d'un choix délibéré, et par nature il n'est pas possible qu'ils aillent de conserve avec la vertu. Ce sont l'injustice, l'intempérance et tout ce qui n'admet pas l'union avec le beau. Car il n'est pas possible d'accoler le mot « beau » à de tels défauts, (de dire) par exemple : « il est beau d'être injuste, il est beau d'être intempérant », comme nous pouvons le dire à propos des maux extérieurs : « il est beau d'être malade, il est beau d'être pauvre », lorsque l'homme supporte de tels maux noblement et selon la droite raison. **3.** Mais aux perversités de l'âme on n'ajoute pas le mot « beau », parce que ce sont des déviations et des échecs de la droite raison qui, bien que par nature contenue et gravée dans l'âme[120], est négligée par l'âme humaine aveuglée par la passion. La preuve que la droite raison existe chez les hommes, c'est que même l'injuste, dans les affaires où son intérêt n'est en rien engagé, émet des jugements justes, et l'intempérant des jugements modérés, et en un mot que le méchant adopte des conceptions droites là où la passion ne le régit pas. C'est pourquoi aussi le pervers peut passer du côté de la vertu en condamnant sa dépravation antérieure.

Pas de principe des maux

4. Pourtant il n'est pas pour autant nécessaire qu'existe aussi dans l'homme la raison non droite, qui fasse office de principe des vices comme celle-là est le principe des vertus. En effet la droite raison, comme la loi dans la cité, suffit à distinguer par sa seule présence les actions que nous accomplissons en accord avec elle et celles que nous accomplissons contrairement à elle, à approuver les unes et à réprimer les autres. Et il n'est nullement besoin d'un principe des maux[121], que celui-ci réside en nous ou qu'il procure de l'extérieur **[p. 44]** un motif pour mal agir, mais ce dont il est besoin par-dessus tout, c'est d'un principe des biens unique, qui soit ou bien séparé des essences raisonnables – comme l'est Dieu – ou bien existant en elles et les dirigeant par un contact essentiel, comme l'est la droite raison[122].

5. Telle est la distinction entre les maux : le poème affirme que ceux d'entre eux qui sont volontaires ne sont pas attribués aux hommes par la « divine fortune », mais seulement ceux qui sont relatifs aux circonstances ; ces derniers, dans le temps présent ne dépendent pas de nous, mais autrefois[123] ils étaient la conséquence de fautes volontaires ; ils sont douloureux comme nous l'avons dit, mais sont susceptibles de recevoir une parure de la vertu. **6.** Et en effet un genre de vie modéré sert de parure à la pauvreté, la sagesse sert de correctif à l'humilité de la naissance et le genre de vie juste supporte calmement la perte des enfants, lui qui peut dire : « Mon petit enfant est mort ? Eh bien, il a été restitué », et « Je savais que je l'avais engendré mortel »[124]. Semblablement aussi toutes les autres circonstances, une fois parées de la beauté de la vertu, deviennent plus nobles.

La « divine fortune » est la collaboration du choix volontaire et du plan divin

7. Ensuite, le poème cherche ce que sont les « divines fortunes » (*theiai tukhai*) par lesquelles les mortels subissent les difficultés extérieures. Si en effet, primitivement, c'est le jugement divin qui attribue à l'un la richesse, à l'autre la pauvreté, il faudrait appeler ce jugement « choix divin » et non « fortune ». D'autre part, si rien ne préside aux répartitions[125] de tels lots, mais que c'est au hasard et spontanément que l'un est fortuné (*eutykhès*), comme on dit, et l'autre infortuné (*dystykhès*), il faudrait parler seulement de « fortune » (*tykhè*) et non de « divine fortune ». **8.** Mais si le dieu qui nous gouverne distribue à chacun ce qui lui convient selon sa dignité et s'il n'est pas responsable[126] du fait que nous sommes tels ou tels, mais seulement maître d'accorder les rétributions selon les lois de la justice, c'est à bon droit que le poème, ayant associé (les deux termes), a appelé « divines fortunes » **[p. 45]** les manifestations de son jugement : puisque, d'une part, ce qui juge est divin et intelligent, le poème qualifie de « divines » et de bien informées ces manifestations, et puisque d'autre part ce qui est jugé est corrompu par un choix personnel et devient à cause de cela digne de subir ces difficultés, le poème ajoute le mot « fortune », parce que ce que se propose en premier lieu Dieu n'est pas de châtier ou d'honorer celui-ci quel qu'il soit, mais toujours celui qui est devenu tel ou tel[127] : et de cela, la cause réside en nous. **9.** Donc le poème montre que l'entrelacement de notre choix volontaire et de Son jugement engendre la fortune, de façon à faire de ce tout une « divine fortune », la divine sentence portée contre nos fautes, et ainsi cet ingénieux choix de mots introduit à la fois la supervision divine et l'indépendance ainsi que l'immortalité de l'âme.

Causes de ce qui se produit

(Le poème montre aussi que) tout ce qui se produit[128] n'arrive ni sous tous rapports selon le destin ou la providence, ni au hasard ni spontanément[129], et que ce n'est pas non plus selon notre libre choix que notre vie entière est disposée. **10.** Mais toutes les fautes que nous commettons dans ce qui dépend de nous sont, pour leur part, imputables à notre libre choix ; tout ce qui vient à la suite des fautes commises au regard des lois de la justice est attribué au destin ; et les biens accordés, en dernière analyse, de la part de Dieu sont du ressort de la providence[130], mais aucun des êtres réels ne fait remonter sa cause à l'aventure et au hasard, ni non plus aucune des choses qui devient[131], sauf à considérer que le hasard ne dérive des causes premières par le jeu des accidents et des implications de ce qui est réalisé par la providence, le destin et le choix[132].

11. Eh bien ! Par exemple, celui que le juge veut châtier, c'est le meurtrier et non cet homme-ci, et il châtie aussi tel autre qu'il ne voulait pas (punir) lorsque cet homme s'est lui-même adapté **[p. 46]** au rang du meurtrier. Ce qui lui arrive est avant tout une sentence contre un meurtrier, et accidentellement seulement une sentence contre tel homme, qui a revêtu volontairement la tenue du meurtrier. **12.** Et derechef, le méchant désirait commettre un meurtre mais ne voulait pas en payer le prix, de sorte que, sous ce rapport aussi, c'est la disposition au meurtre qui est préalablement établie en tant que dépendant de la volonté libre de l'âme, et c'est par accident que s'ensuivent à cause de cette disposition la torture et les tourments. **13.** La cause de tout cela, c'est la Loi, elle qui implante dans le juge la volonté de punir les méchants et qui suscite contre le meurtrier la fortune vengeresse.

La Loi prévoit le châtiment des fautes, qui sont volontaires

Adopte donc aussi la même ligne de raisonnement à propos de l'autorité divine. Lorsque le libre choix humain désire faire le mal et que le libre choix des juges gardiens de la Loi s'efforce d'amender le mal par tous les moyens, le concours (de ces deux volontés) accomplit « la divine fortune », selon laquelle celui qui a accompli tels actes devient digne de telles pénalités. Le libre choix du mal fait remonter sa cause au libre arbitre de celui qui est jugé, tandis que la pénalité qui est en accord avec ce que ce dernier mérite fait remonter la sienne à la science des juges, conservatrice des lois. C'est la Loi qui rassemble ces deux causes, c'est elle qui prend toutes dispositions pour que toutes choses soient bonnes autant qu'il est possible et qu'il n'existe aucune malignité. **14.** Cette Loi en effet, qui préexiste dans la bonté de Dieu[133], ne permet pas que les méchants ne rendent pas de comptes, ceci afin que la persistance du mal ne pousse pas à l'insensibilité totale envers les biens, dont le nécessaire souvenir est assuré par la justice des gardiens de la Loi. La Loi rassemble donc, comme il a été dit, ceux qui ont pour nature de juger et ceux qui ont pour nature d'être pervertis, et par l'entremise de ces deux classes d'hommes elle accomplit le bien **[p. 47]** qui leur est propre. **15.** Si en effet être puni est plus utile que de ne l'être pas[134], et si la justice vise à l'amendement de la démesure des méchants, il est clair que la Loi associe ces deux catégories d'hommes pour qu'ils dispensent de l'aide et en reçoivent. Elle a placé la catégorie judiciaire avant l'autre en tant que gardienne de la Loi et elle a confié à la meilleure catégorie, pour la traiter selon son mérite, celle qui est par nature fautive et susceptible d'être jugée pour ses écarts à la Loi, afin qu'elle se remette un jour en mémoire et en pensée la Loi, grâce à ses souffrances[135]. **16.** En effet, cette Loi qu'ils ont reniée quand ils agissaient mal, les hommes la désirent quand ils souffrent. Par exemple, celui qui commet l'injustice écarte l'existence de Dieu, pour ne pas avoir en perspective (suspendu au-dessus de sa tête) le châtiment à payer comme un rocher de Tantale[136], mais celui qui subit l'injustice la revendique, afin d'obtenir du secours dans ses souffrances. C'est pourquoi il faut que ceux qui commettent l'injustice soient mis en état de la subir à leur tour afin que ce qu'ils ne voyaient pas en agissant, enivrés qu'ils étaient par la passion de la cupidité, ils le désapprennent en souffrant, instruits par l'affliction causée par leur humiliation, si du moins ils subissent correctement leur punition. **17.** Et si à cause de la précipitation de leur jugement ils se conduisent encore mal, alors peut-être en tirent-ils eux-mêmes un moindre profit ; en tout cas, ils deviennent certainement un exemple instructif pour ceux qui pensent sagement et qui peuvent percevoir les causes de telles souffrances.

Souffrances et guérison

Voici les principes les plus importants admis par nous relativement au jugement : la bonté de Dieu, la Loi qui en découle, la droite raison qui est en nous maltraitée, qui est comme un dieu habitant en nous-mêmes, et que nous offensons. **18.** Le résultat du jugement, ce sont ces « souffrances », comme dit le poème, qui rendent pour nous la vie plus rude par les dommages infligés à notre corps et à notre condition extérieure. Ce sont précisément ces souffrances que le présent texte nous conseille de « supporter avec douceur », en réfléchissant sur leurs causes et autant qu'il est possible en les retranchant et en transformant **[p. 48]** ce qui nous paraît funeste en avantage ; il nous conseille surtout de nous montrer dignes des bienfaits divins grâce à la plus haute vertu. Mais si l'on ne désire pas encore cela, qu'on obtienne du moins les biens civiques grâce à la vertu moyenne[137]. Voilà en effet ce qui nous est prescrit pour subir nos souffrances avec noblesse et en guérir. **19.** Et la guérison, qu'est-elle donc, si ce n'est tout ce qui a été dit auparavant, et qui nous suggère l'avantage, conforme à la raison, qui dérive de nos maux[138] et la méthode pour en guérir ?

Le point capital de ce qui a été dit, c'est que Dieu, étant législateur et en même temps juge, met en place les biens et fait disparaître les maux : c'est pourquoi aussi il n'est absolument pas responsable des maux : ceux qui ont été tournés au mal par leur libre impulsion et qui ont oublié la droite raison qui est en eux, il les châtie comme méchants en vertu de la Loi qui interdit le mal, et comme hommes par l'entrelacement qui se produit entre la Loi et le libre choix, entrelacement que nous appelons « fortune »[139]. Ce n'est pas en effet en tant qu'homme que la Loi punit l'homme, mais en tant que méchant ; **20.** et c'est le libre choix qui endosse la première responsabilité dans le fait qu'il devienne méchant. Donc, après que l'homme est devenu méchant – ce qui dépend de nous, mais non de Dieu – il est alors puni, ce qui dépend de la Loi divine, mais non de nous. Le seul but de la Loi qui convienne à Dieu et qui nous soit utile ne peut être que d'extirper le mal, de purifier l'âme par les multiples amendements de la justice et de la faire se tourner, quand elle est tombée au pouvoir de la perversité, vers le souvenir de la droite raison. Et la Loi étant ainsi fixée et proclamant toujours les mêmes préceptes, chacun, ayant œuvré tantôt à son propre mérite, tantôt à son propre démérite, n'obtient pas toujours le même sort. Ce ne serait, en effet, ni juste ni utile pour nous. **[p. 49] 21.** Et c'est le changement de celui qui est jugé qui entraîne le changement du jugement[140]. En effet, celui qui ne demeure pas semblable (à lui-même), comment est-il possible de le juger digne des mêmes choses ?

Donc il faut supporter noblement les « divines fortunes » et « ne pas s'indigner » d'être puni et, autant qu'il dépend du jugement divin, d'être purifié par ce qui paraît être des obstacles au plaisir de la vie d'ici-bas. Un tel raisonnement se fait le remède des fautes passées et la conversion vers la droite raison qui est en nous. Comment en effet celui qui regarde les douleurs comme les fruits du vice ne fuira-t-il pas la cause qui le ramène vers elles et comment, si tant est qu'il faille s'irriter dans les peines, ne pensera-t-il pas que c'est contre lui-même qu'il lui faut s'irriter, plutôt que contre Dieu qui réprime la perversité par les instruments de Sa justice, grâce auxquels il est possible de comprendre et de se rappeler quel bien c'est évidemment de ne pas s'éloigner des lois divines et de ne pas se pervertir de son plein gré ? **22.** Ce n'est pas, en effet, au hasard que les souffrances sont distribuées aux hommes, s'il est vrai que Dieu et les règles de la justice sont placés à notre tête et apportent à chacun le destin qu'il a mérité : c'est pourquoi aussi dire « Ce n'est guère aux hommes de bien » qu'arrivent les souffrances est raisonnable. Tout d'abord, en effet, ces hommes les supporteront « avec douceur » en se satisfaisant des jugements divins et en accroissant leur vertu, grâce à laquelle les épreuves deviennent plus douces, et par quoi même il y a bon espoir qu'à l'avenir notre vie ne sera nullement troublée par de telles épreuves si tant est que, quand nous serons devenus bons, les biens divins nous seront réservés pour ce qui est de la vertu la plus haute, et les biens humains, pour ce qui est de l'état moyen[141]. **23.** Ensuite, les gens de bien « remédieront » aussi autant qu'ils le pourront à de telles épreuves en apprenant, par le fait même de les supporter « avec douceur », les méthodes par lesquelles on peut les traiter. Comment en effet est-il possible d'user des supplications sacrées[142] **[p. 50]** d'une manière digne des dieux si l'on ne pose pas en principe que la providence et la justice veillent sur les affaires humaines et que notre âme, étant immortelle, obtient en toutes occasions les conditions extérieures dont elle s'est montrée digne par ses mouvements délibérément choisis ? **24.** Celui en effet qui ne fait pas remonter à ces choix son présent destin, d'où obtiendra-t-il les incitations à le « supporter avec douceur » et d'où obtiendra-t-il l'art d'y remédier ? On ne peut le dire.

Il n'est, de fait, pas possible de se complaire spontanément dans de telles conditions en tant qu'indifférentes ou même meilleures que leurs contraires, puisque par elles-mêmes elles paraissent à éviter, étant douloureuses et pénibles, et que notre nature n'accepte pas de telles choses comme désirables en elles-mêmes, à moins qu'en effet il n'y ait un bien à en attendre comme résultat de sa patience. **25.** Il est donc fatal que nous soyons indignés, pleins de dépit et que nous accroissions encore nos souffrances à cause de la méconnaissance de notre essence, que notre châtiment ne diminue en rien ou, plutôt, que nous nous attirions le plus grand malheur, si nous estimons que l'univers est privé de la providence[143] ou négligé. Cela équivaut à ne pas croire à l'existence de Dieu ou, s'il existe, qu'il n'est pas provident, ou s'il l'est, à nier sa bonté et sa justice, ce qui assurément constitue l'expression la plus condensée des mille visages de l'impiété, qui pousse vers toutes sortes de vices celui qui se laisse prendre par de telles opinions. **26.** De même en effet que la piété nous est apparue comme la mère des vertus[144], de même la ruine de la piété est l'instigatrice de tout mal. Seul donc trouvera le remède à ces maux celui qui aura appris à les « supporter avec douceur ». Cela advient grâce à la seule philosophie, elle qui est exactement instruite de l'essence de tous les êtres et des activités qui les accompagnent[145], dont l'enchaînement et la combinaison constituent le gouvernement de toutes choses. C'est en référence à ce gouvernement **[p. 51]** qu'il faut attribuer aussi les « divines fortunes » et qu'existe la rémunération assignée à chacun appelée maintenant « part », qui dépend de la providence de Dieu, du bon ordre du monde et du choix volontaire de l'homme. **27.** Si en effet la providence de Dieu n'existait pas, il n'y aurait pas d'ordre dans l'univers, cet ordre qu'on pourrait appeler aussi destin. Et s'il n'y avait rien de cela, ni la justice ni le jugement des mauvaises actions n'existeraient, ni non plus l'estime et l'approbation pour les bonnes. Mais si la providence existe ainsi que l'ordre, il faudrait que tous les hommes d'aujourd'hui obtiennent des biens semblables, s'ils n'ont rien accompli d'eux-mêmes qui concoure à leur inégalité. Mais il est clair qu'ils n'obtiennent pas les mêmes biens. **28.** Il est donc évident que c'est l'inégalité de leur libre choix, soumise au jugement de la providence, qui ne permet pas qu'une « part » égale leur soit attribuée, si du moins on est nécessairement rétribué selon son mérite.

La providence s'applique aux hommes et non aux animaux : la « loi de la jungle »

Ne soyons point troublés par le fait que la même disparité que chez les hommes apparaisse concernant les animaux privés de raison, les plantes et même les choses dépourvues d'âme. Il ne faut pas en conclure, en effet, que ce qui nous concerne est dépourvu de providence, même si, pour les animaux et pour les plantes, ce qui les concerne arrive au hasard ; ou bien que pour eux aussi la justice, le jugement ainsi que les évaluations de la vertu et du vice ont cours, sous prétexte que ce qui nous concerne fait l'objet d'un tel examen approfondi. **29.** En effet, les êtres dépourvus d'âme, tout d'abord, constituent comme une matière commune pour les plantes, les animaux et les hommes. Ensuite, les plantes sont offertes aux animaux et aux hommes comme nourriture commune, et quelques animaux le sont aux animaux et aux hommes. C'est pourquoi le traitement mutuel qu'ils s'infligent ne se fait pas dans l'idée d'examiner le mérite de ceux qui souffrent, mais de remédier à leur propre faim ou à leur maladie et, en un mot, de combler leurs propres manques par les moyens qui leur permettent de le faire. Ainsi, l'origine de leur mauvaise fortune est pour les animaux notre besoin qui se rassasie de ce qui est à sa portée, **[p. 52]** et la cause de leur bonne fortune apparente, c'est notre affection pour eux. **30.** Maintenant, si notre raisonnement se prolongeait et introduisait aussi certains autres êtres supérieurs à nous, qui nous utiliseraient pour satisfaire à leurs propres besoins de la même manière que nous le faisons manifestement avec les êtres privés de raison, il faudrait reconnaître que ce seraient des êtres mortels et que les corps humains seraient évidemment détruits pour subvenir à leurs besoins. Mais si rien de ce qui est placé avant l'homme n'est mortel – puisque l'homme lui-même, tout en étant le dernier parmi les classes douées de raison[146] et à cause de cela immortel, vient dans un corps mortel par un jeu de circonstances, s'appropriant un instrument à peu près apparenté aux êtres privés de raison[147], et réside ainsi comme citoyen sur la terre – il ne saurait y avoir aucun être prêt à se servir de nos malheurs pour son propre dîner, et donc, par suite, aucun pour se servir de nous contre tout ordre établi pour satisfaire son besoin de se repaître.

31. Donc la justice et l'ordre déterminent pour les immortels placés avant nous les règles du gouvernement qu'ils exercent sur nous : concevoir pour nous ce qui diminue notre méchanceté ici-bas et peut nous tourner vers eux. Ils prennent soin de nous, en effet, comme de parents déchus[148] ; c'est pourquoi on dit avec raison que la honte, la rétribution et la vergogne qui nous détournent du mal en font se détourner les hommes seuls. De fait, seul l'animal raisonnable a naturellement conscience de la justice. **32.** Comme nous différons donc des êtres dépourvus de raison par d'immenses limites, il convient de recourir aussi (dans les deux cas) d'un gouvernement tout à fait différent. En effet, l'arrêt de la providence est proportionné aux essences de l'univers, et de même que toutes les choses existent par le dieu créateur, au même titre aussi elles sont jugées dignes de sa providence. Le Créateur, en ce qui concerne les âmes humaines, a manifestement fait venir lui-même à l'existence chacune d'elles, et ce sont seulement les genres des êtres sans raison qu'il a confiés à la nature qui les **[p. 53]** modèle, à ce que pensent Platon et Timée le pythagoricien, qui posent en principe qu'aucune production d'êtres mortels n'est directement assumée par Dieu, mais que les âmes humaines sont nées du même cratère que les dieux encosmiques, les démons et les « héros glorifiés »[149]. **33.** C'est pourquoi la providence s'étend sur chacun des hommes en particulier : (elle juge) comment il s'écarte des choses d'en haut, comment il s'incline vers celles d'ici-bas, comment il vit comme citoyen en ce bas monde, comment il pourrait revenir d'ici-bas vers là-haut, toutes choses dont il est futile de s'enquérir à propos de la vie dépourvue de raison. Cette dernière n'est pas venue (ici-bas), en effet, parce qu'elle n'est pas capable de se mettre à la suite de Dieu ; ni ne peut exercer de droits citoyens sur la terre en qualité de plante céleste[150] ; ni n'est rappelée par nature vers quelque astre qui lui est apparenté[151].

On ne doit pas critiquer la providence

34. Et voilà ce qu'il nous faut répondre à présent contre les gens irascibles et qui tentent d'établir, de toutes sortes de façons, l'absence de providence. Contre eux il est juste aussi de dire que, en « supportant avec douceur » l'adversité, le comportement humain apparaît raisonnable, et pour le présent en allégeant ses difficultés, et pour l'avenir en y « remédiant ». **35.** Quant à vous, « en vous indignant », que gagnerez-vous, si ce n'est seulement d'ajouter à vos souffrances le plus grand des maux, l'impiété, et de rendre ces difficultés mêmes plus rudes pour vous-mêmes en vous figurant que vous les éprouvez sans les mériter ? En effet, celui qui est malade, s'il s'indigne du fait de sa maladie, à cause de cela même sera davantage malade. C'est pourquoi il ne faut pas même s'irriter lorsqu'arrive la rétribution méritée, afin de ne pas nous mettre dans l'état de gens pires (que nous) à cause de notre impatience impie devant ce qui se présente. **36.** Mais examinons ce point aussi de cette manière : si quelqu'un ayant revêtu la pauvreté « la supporte avec douceur », en plus de l'absence de chagrin due à cette douceur, il trouvera aussi quelque consolation pour sa vie : d'une part son raisonnement lui fera découvrir le moyen d'acquérir raisonnablement sa subsistance, **[p. 54]** puisqu'il ne sera pas bouleversé de chagrin, d'autre part ses voisins l'admireront pour sa sage force d'âme et lui fourniront autant qu'ils le peuvent le nécessaire pour la vie. Mais celui qui s'indigne et qui s'aigrit comme une femme, d'abord augmente délibérément ses peines ; ensuite, attaché à déplorer sa pauvreté, il devient totalement dépourvu de ressources, n'ayant pas lui-même le loisir de contribuer à s'en procurer et n'étant pas non plus aidé par ses voisins, à moins que par pitié quelqu'un ne lui jette quelque aumône qui, à nouveau, à cause de l'état d'esprit du donateur, ravive son chagrin de s'être mis dans un tel état de gêne.

37. Donc, d'après tout ce qu'on a dit, il faut « supporter avec douceur » les événements et « y remédier autant qu'on le peut », en réfléchissant sur leurs causes dans une droite disposition d'esprit et en voyant bien que, si la providence existe, l'homme qui à présent est bon n'est pas négligé, même s'il traîne les stigmates d'antiques ressentiments (des dieux)[152]. En effet, par le fait même d'acquérir la vertu, il échappe à leur fardeau et il découvre leur remède, d'une part en tirant de lui-même le secours qu'il doit à l'absence de chagrin, et d'autre part en accueillant de la providence la délivrance de ses difficultés. **38.** De fait, ce sont notre méchanceté et le jugement divin qui punit la perversité qui ont provoqué nos désagréments, et il est logique que ces derniers soient à leur tour dissipés par notre vertu et par la loi de la providence qui affranchit de leurs maux ceux qui se sont donnés d'eux-mêmes au bien.

Corollaire : l'éternité de l'âme

Voilà tous les préceptes que nous pouvons tirer de ces vers pour contribuer à un exposé élémentaire de la vertu. En effet, ces vers contiennent à l'évidence les opinions les plus véridiques au sujet de la providence, du destin et de ce qui est en notre pouvoir, grâce auxquelles la raison rectifie notre désagrément face aux irrégularités qui nous apparaissent, et démontre point par point que Dieu n'est pas responsable des maux. Mais si **[p. 55]** on relie ce qu'on vient de dire à ce qui a été dit auparavant, il suffira d'un argument tiré de cet ensemble pour confirmer à l'évidence l'éternité de l'âme. **39.** En effet, pratiquer la justice, mourir noblement et se comporter libéralement à l'égard des richesses, c'est cela surtout qui exige, pour être établi, que l'âme ne meure pas avec le corps, comme on l'a déjà dit, et quant à « supporter avec douceur les divines fortunes » et pouvoir « y remédier », comme on vient de le voir, cela requiert clairement que l'âme ne soit pas engendrée avec le corps. Par ces deux approches, on démontre que l'âme est supérieure à la génération et à la corruption et qu'elle est une essence autre par rapport au corps mortel, parce qu'elle est en elle-même éternelle. Il n'est en effet pas possible que ce qui depuis un certain point du temps est parvenu à la naissance demeure pour toujours, pas plus que ce qui existe de toute éternité ne peut jamais admettre la corruption. **40.** Si donc après la corruption du corps l'âme humaine persiste, subit la justice et le jugement et reçoit les rétributions qu'elle mérite pour ses occupations durant la vie, et s'il n'est pas possible que ce qui est né depuis un temps demeure pour toujours, il est évident qu'elle était aussi antérieurement, de tout temps. Et ainsi, parmi les œuvres éternelles du dieu créateur on découvre aussi l'âme humaine, et c'est pourquoi elle aussi a part à la ressemblance divine. Et puisque ce point aussi a fait l'objet d'une mention suffisante, il semble être temps d'examiner également la suite.

XII (21-24)

« *Beaucoup de discours vils et nobles parviennent aux hommes ;*
[p. 56] *N'en sois pas troublé et ne te laisse pas*
Gêner par eux, mais si toutefois l'on profère quelque fausseté,
Cède avec douceur »[153]

Ambivalence des raisonnements

1. Le libre choix humain, qui ne réside pas toujours dans la vertu ni dans le vice[154], a engendré aussi les raisonnements ambivalents proférés par la parole, car ils conviennent aux dispositions opposées du libre choix. C'est pourquoi, parmi les raisonnements, les uns sont véridiques ou encore bons, les autres mauvais ou encore faux. Cette diversité elle-même requiert un discernement averti pour que nous choisissions les meilleurs raisonnements et rejetions les pires, que nous ne souffrions pas de « misologie »[155] totale du fait de condamner les mauvais ni ne les recevions tous indistinctement, sous prétexte que nous acceptons les meilleurs. **2.** Il s'ensuit en effet de la « misologie » que l'on se prive soi-même aussi des bons raisonnements, et que par le goût irréfléchi des raisonnements on est lésé à son insu par ceux qui sont falsifiés. Pratiquons donc l'amour des raisonnements avec le discernement le meilleur, de sorte que cet amour en fasse venir à lui toute la gamme, tandis que le discernement repousse celui qui est mauvais. Et c'est ainsi que nous observerons le principe pythagoricien : nous ne serons pas « troublés » par les mauvais raisonnements, si nous ne les accueillons pas sans discernement du fait même qu'ils sont des raisonnements, et nous ne serons pas « gênés » par les bons au prétexte qu'ils sont des raisonnements, comme le sont les mauvais. **3.** Puissent-ils, tout d'abord, être recherchés non en tant que raisonnements mais en tant que véridiques, et les autres être condamnés non comme raisonnements, mais comme faux.

Ensuite, on pourrait pousser l'audace jusqu'à affirmer ceci : seuls les raisonnements véridiques sont des raisonnements[156]. De fait, ils sont seuls à sauvegarder la dignité de l'essence raisonnable et à être des produits d'une âme tendue vers la perfection **[p. 57]** et ayant acquis le bon ordre qui lui est propre. Quant aux raisonnements faux, ce ne sont en réalité pas même des raisonnements, car ils nous entraînent vers le mal et les opinions fausses ; ils ont renié la noblesse des raisonnements et ils constituent le langage d'une âme qui a perdu la raison et qui est bouleversée par ses passions. **4.** Ne les accepte donc pas tous, dit le poème, afin de ne pas accepter aussi les faux, et ne les rejette pas tous, afin de ne pas rejeter aussi les vrais. L'une et l'autre attitude, en effet, sont absurdes, à savoir haïr les bons raisonnements à égalité avec les pires, et accepter les faux à cause des meilleurs.

Il faut donc louer les bons et, après les avoir accueillis, les pratiquer, chercher comment et dans quelle mesure ils s'attachent à la vérité ; et acquérir contre les faux la capacité à lutter. **5.** Et cette capacité a toute chance d'être celle que procure la science du raisonnement pour discerner la vérité du mensonge.

Douceur et patience

Mais une fois capables de renverser les mensonges, il faut le faire sans véhémence et sans morgue, mais poursuivre la vérité avec douceur, renverser le mensonge avec des arguments courtois en « cédant avec douceur », comme le dit le poème lui-même : « Si l'on profère quelque mensonge », il ne faut pas admettre qu'il en est ainsi qu'on le dit, mais écouter sans s'emporter. **6.** En effet, « Cède avec douceur » ne veut pas dire qu'il faut donner son assentiment au mensonge, mais écouter avec attention et patience et ne pas être « troublé » si, en hommes qu'ils sont, certains sont tombés hors de la vérité, sans profit[157]. En effet, la nature humaine est fertile en opinions contournées de toutes sortes, quand elle ne se conforme pas correctement aux notions communes[158]. Il n'y a donc rien d'étonnant, affirme notre texte, si un homme qui n'a rien appris ni découvert de la vérité en est venu à émettre autant de conjectures[159] et à soutenir **[p. 58]** des opinions contraires à la vérité. **7.** En fait, ce qui serait étrange au contraire, ce serait que quelqu'un qui ne veut ni apprendre ni chercher tombât par hasard, spontanément, sur la vérité comme sur un dieu de tragédie qui apparaît à l'improviste. Il faut donc écouter avec indulgence les menteurs et apprendre par cette expérience de quels maux nous avons été purifiés, nous qui, tout en étant soumis par la communauté de parenté aux mêmes épreuves, sommes devenus d'un état opposé au leur par la capacité propre de la science à préserver des maux. **8.** D'autre part, la confiance en la science contribue grandement à la douceur. En effet l'âme suffisamment préparée à combattre les déviations par rapport à la vérité supportera sans trouble les opinions fausses, car, du fait même d'acquérir une entière compréhension du vrai, elle aura réfléchi d'avance à tout ce qui est contraire à la vérité. **9.** Qu'est-ce qui pourrait donc perturber cet homme, en se donnant pour irréfutable ? Qu'est-ce qui lui rendra une illusion de fermeté, à lui qui a déjà vaincu tout mensonge ?

C'est donc non seulement par la vertu morale que l'homme de science atteindra l'absence de trouble, mais aussi par la confiance qu'il affiche en de telles luttes. Voilà ce qu'on peut dire au sujet du discernement averti des raisonnements. Au sujet de l'habitude qui nous rend insensibles à la tromperie, que l'homme expérimenté doit acquérir, le poème aussitôt ajoute :

XIII (24-26)

« Quant à ce que je vais te dire, fais-le en toute circonstance :
Que personne, en parole ni en acte, ne te persuade
De faire ou de dire ce qui n'est pas le meilleur pour toi »

La conscience de notre dignité nous rend inébranlables

1. Ce précepte s'étend à tout, puisqu'il est équivalent à **[p. 59]** celui énoncé un peu plus haut :

> « *N'accomplis jamais une action infâme ni avec un autre*
> *Ni en particulier. Et plus que tout rougis devant toi-même* »[160].

En effet, celui qui a appris à « rougir devant lui-même » et qui, ni dans la solitude, ni en compagnie, ne supporte les pratiques « infâmes », mais qui refuse même d'imaginer de tels actes grâce au gardien qui est en lui – la raison –, celui-là est l'homme qui peut à présent entendre :

> « *Que personne, ni en parole, ni en acte, ne te persuade* ».

2. Seul, en effet, n'est aucunement trompé ni abusé par de faux raisonnements, par personne et en aucune façon, l'homme qui connaît son propre prix, qui n'est pas enjôlé par les flatteries ni rabaissé par qui cherche à le terrifier[161], même si ses ennemis ou ses amis mettent en avant l'un ou l'autre de ces procédés. Dans le mot « personne », en effet, se trouve compris tout individu : le père, le tyran, l'ami et l'ennemi. **3.** Quant aux moyens qu'on a de nous détourner (du droit chemin), c'est ou bien par des paroles, ou bien par des actes : des paroles qui flattent ou qui menacent, des actes mettant en avant dons ou châtiments. Ainsi donc, contre tous ces procédés, il faut avoir une âme fortifiée par la droite raison, pour qu'elle demeure implacable et insoumise à la pression des événements extérieurs qui nous arrivent, de quelque manière que ce soit, événements agréables ou fâcheux. **4.** En effet, la droite raison qui est en nous a posté la tempérance et le courage de part et d'autre de notre âme, ces gardiens durs comme l'acier ; elle nous conservera à l'abri des tromperies naissant de la flatterie de ceux qui nous sont favorables et de l'hébétude causée par ceux qui nous effraient ; à ces vertus s'ajoute la stricte justice, que le poème a prescrit un peu plus haut de « pratiquer en acte et en parole »[162].

Ainsi donc, personne, en aucune façon, ne nous persuadera ou de prononcer une parole ou d'accomplir quelque acte qui ne soit pas en harmonie avec la droite **[p. 60]** raison. **5.** Si en effet « plus que tout nous rougissions devant nous-mêmes », il est évident que personne ne nous paraîtrait plus respectable que nous-mêmes ni plus à craindre pour nous exciter à parler ou à agir contrairement à notre devoir (ce qui, l'un comme l'autre, est nuisible pour l'âme)[163]. De plus, ce qui est pernicieux pour elle est aussi désavantageux pour nous, puisque notre âme, c'est nous. **6.** Il faut donc entendre correctement le passage : « Ce qui n'est pas le meilleur pour toi », en rapportant le pronom « toi » à celui que tu es au sens propre[164]. Si donc, comme il a été dit : « Que personne, soit en acte, soit en parole, ne t'amène à faire ou à dire ce qui n'est pas » utile « pour toi », et si tu es ton âme raisonnable, tu ne supporteras pas, si tu es sensé, qu'on te lèse, toi qui es essence raisonnable. Tu es, en effet, l'âme raisonnable ; le corps est à toi ; et les choses extérieures sont à ton corps[165]. **7.** Grâce à cette distinction, en effet, tu préserveras la non-confusion des natures[166] et tu découvriras l'essence humaine telle qu'elle est, sans jamais poser en principe que ton corps ou les choses extérieures sont toi-même, ni te préoccuper d'eux à l'excès comme de toi-même, afin de ne pas être entraîné vers l'amour de ton corps et celui des richesses. Si, en effet, nous ignorons totalement ce que nous sommes, nous ignorerons en même temps de quoi nous prenons soin ; nous prendrons soin de tout plutôt que de nous-mêmes, dont il faut avant tout avoir soin. **8.** Si ce qui emploie le corps est l'âme, que le corps tient pour elle le rang d'un instrument, et que les autres choses ont été découvertes en vue de cet instrument, pour secourir sa nature fluctuante, il est évident que c'est de l'élément qui dirige et qui est le premier qu'il faut d'abord et en priorité **[p. 61]** prendre soin, et du second qu'il faut s'occuper en second lieu. D'où il s'ensuit que le sage ne négligera pas non plus sa santé, non pas qu'il estime que le corps est prééminent, mais parce qu'il l'instruit pour l'usage de l'âme, afin qu'il se soumette à ses activités sans causer d'empêchement[167] ; et en troisième lieu, il prendra soin des choses du troisième ordre et administrera les éléments extérieurs pour la sauvegarde de l'instrument (*sc.* le corps). **9.** Il prendra donc soin de l'âme en premier lieu, et peut-être même de l'âme seule, si toutefois les soins prodigués aux choses qui viennent après elle (ne) tendent (qu')à la faire progresser.

La règle : sauvegarder « ce qui est le meilleur »

Assurément, ce qui va à l'encontre de la vertu, c'est ce qui a été désigné par « C'est cela même qui n'est pas le meilleur pour toi ». En effet, celui à qui la vertu est utile est lésé par ce qui va à son encontre. Le texte conseille donc de nous entourer d'un cercle protecteur de vertus, quand il dit qu'il ne faut nullement obéir à celui qui tente de nous écarter de la vertu, quels que soient « les actes ou les paroles » par lesquels il tente ainsi de nous tourner par la persuasion vers le mal[168] ; par exemple, qu'un tyran par ses promesses ou leur concrétisation, par le trouble causé par ses menaces ou par la violence de ses mauvais traitements, ou encore une personne amie utilisant sa proximité (avec toi) pour dissimuler sa tromperie ne t'éloignent pas de ce qui est utile pour l'âme. **10.** La vérité et la vertu sont les seules dispositions qui rendent service à l'âme. Tu seras infaillible si, connaissant ta propre essence, quelle elle est et ce à quoi elle a similitude, tu as toujours soin de ta ressemblance avec lui[169] et si tu tiens pour le plus grand des dommages tout ce qui détourne de cette ressemblance. En effet c'est « ce qui n'est pas le meilleur pour toi » qui détourne de la ressemblance divine, puisque le meilleur pour nous est ce qui nous porte à une telle ressemblance.

11. Que nous présentera-t-on alors qui suffise à nous écarter de la ressemblance avec Dieu et de la philosophie ?[170] Des gratifications ou des pertes de richesses ? **[p. 62]** Mais nous avons appris avec la droite raison comment les accueillir et les écarter, et l'instabilité de leur possession n'est pas un secret pour nous. Eh quoi ! Si nous sommes incapables de supporter noblement la perte de ces biens quand untel nous les enlève, un voleur ne nous les prendra-t-il pas ? Un naufrage ne les détruira-t-il pas ? Combien d'autres voies amènent à la ruine des richesses ? **12.** Pour ces raisons[171] aussi nous compterons sur le raisonnement pour défendre la vertu, en recevant en échange une pauvreté volontaire pleine de noblesse, en nous dépouillant de nos richesses avec un motif sensé et en achetant la vertu au prix du dommage que nous inflige celui qui s'efforce de nous en écarter. **13.** Mais ce dernier mettra en avant les tortures et la mort. Il est alors facile de répondre que ce n'est pas nous qui souffrirons ces maux, si du moins nous considérons avec attention ce « nous », mais que ce sera notre corps qui sera maltraité, notre corps qui, en mourant, ne subira rien qui soit contre sa propre nature[172]. Par nature en effet il est mortel, sécable et soumis à des aléas innombrables que, mieux qu'un tyran, la première maladie venue lui inflige. **14.** À quoi bon donc fuir ce qu'il n'est pas en notre pouvoir de fuir, et pourquoi ne pas plutôt sauvegarder ce qu'il est en notre pouvoir de sauvegarder ? Ce qui est mortel par nature, condamné à mort, il n'est certes pas possible, quoi qu'on tente, de le sauver de ce sort ; mais ce qui de nous est immortel, c'est-à-dire l'âme et « nous », il est possible de l'orner par la vertu si l'on ne s'est pas amolli face à la menace de la mort. Et si nous supportons celle-ci pour une cause raisonnable, nous ornerons par la rectitude de notre choix la nécessité de la nature.

15. Voici donc les grandes souffrances et les grands châtiments qu'on pourrait faire valoir à tel ou tel. Mais ce qui est à l'intérieur de l'âme n'est asservi **[p. 63]** à personne d'autre et jouit de la liberté, si nous le voulons, si par un penchant immodéré pour le corps ou pour ce qui nous est extérieur nous ne réduisons pas de notre plein gré notre liberté en esclavage, en échangeant contre une vie éphémère et des richesses ce qui est bon pour l'âme. **16.** Voilà ce que le présent précepte nous exhorte à accomplir en toute chose : cela scelle la stabilité et l'invariabilité de la vertu. Mais passons aux vers suivants qui ont un rapport avec la même doctrine.

XIV (27-29)

« Délibère avant d'agir afin que rien d'insensé ne survienne :
C'est le propre d'un homme méprisable de faire
et de dire des choses déraisonnables.
Accomplis au contraire ce qui plus tard ne t'affligera pas »

La bonne délibération

1. La sage délibération enfante les vertus, les perfectionne et les maintient, étant à la fois leur mère, leur nourrice et leur gardienne. Lorsque nous délibérons, en effet, calmement sur la manière dont il faut vivre, elle préfère la beauté des vertus. Et comme elle a choisi de livrer[173] noblement tous les combats pour la vertu, et s'est accoutumée déjà à la possession des belles choses, elle conserve même dans les circonstances troublées son jugement intact, nullement bouleversée par les désordres extérieurs au point d'estimer en changeant d'avis qu'une vie heureuse existe, autre que celle qu'elle a d'elle-même considérée comme la plus belle.

2. C'est pourquoi l'œuvre de la sage délibération est triple : premièrement le choix de la vie la meilleure, deuxièmement la mise en pratique de la vie choisie, troisièmement l'observation constante de ce qu'on a pratiqué avec rectitude. La première de ces trois est le **[p. 64]** raisonnement « avant d'agir », qui pose les principes des actes ; la médiane est le raisonnement durant l'acte qui adapte chacune des actions aux principes directeurs ; la troisième est le raisonnement après l'acte qui met en perspective les actions accomplies et qui juge si elles ont été effectuées comme il convient[174]. **3.** Au milieu de tout cela fleurit la beauté de la sage délibération, tantôt grosse des vertus, tantôt les nourrissant, et en troisième lieu les sauvegardant, de telle sorte que le début, le milieu et la fin des biens[175] résident pour nous dans la sage délibération, et que la séparation d'avec le mal ainsi que l'accomplissement des vertus surviennent pour nous grâce à elle seule. **4.** En effet, étant donné que notre nature est raisonnable et à cause de cela apte à délibérer, et qu'elle est conduite par son choix personnel vers la bonne ou la mauvaise délibération, c'est la vie selon la nature qui préserve son essence, tandis que le choix qui va à l'encontre de ce qui convient la corrompt autant qu'il le peut[176]. La corruption de ce qui est immortel est un mal dont l'absence de délibération est la mère, elle que le poème conseille de fuir, « afin que rien d'insensé ne survienne » : ce qui est insensé, ce sont le malheur et le mal.

Action mauvaise, faux repentir et tendances auto-destructrices

5. En effet, « C'est le propre d'un homme méprisable de faire et de dire des choses déraisonnables », c'est-à-dire le propre d'un homme possédé d'un mauvais démon[177]. Si vraiment « tu délibères avant d'agir », tu ne diras ni n'accompliras rien d'inconsidéré là où, nécessairement, ceux qui sont soumis à l'absence de délibération en seront « affligés ». De fait, le caractère dépravé de leur choix est trahi par le repentir, caractère dont l'expérience fait connaître la nocivité, et à l'inverse la noblesse de la sage délibération conduit à la stabilité du choix, en manifestant ainsi son utilité par rapport aux actes eux-mêmes, utilité qui n'est pas celle du corps ni celle des choses extérieures, mais celle de nous-mêmes à qui l'on prescrit de « délibérer avant d'agir » et d'accomplir « ce qui ne nous afflige pas » ; et il est évident que ce « nous », c'est notre âme. **6.** Quel avantage en effet résulte des parjures, **[p. 65]** des meurtres ou des autres méfaits pour piller les richesses et pour s'enrichir des biens extérieurs en appauvrissant l'âme des biens qui lui appartiennent ? Et en outre, que gagne-t-on à être insensible et ainsi augmenter sa méchanceté, ou bien, entraîné par sa conscience vers la perception de ses actes, à torturer son âme, être dans la terreur des châtiments de l'Hadès et trouver comme seule guérison la fuite dans le non-être[178] ? On ne fait par là que soigner le mal par le mal, en apaisant sa perversité par la destruction de son âme.

(Que gagne-t-on) encore à se condamner soi-même au néant après la mort pour fuir les rigueurs du jugement ? **7.** De fait, le méchant ne veut pas que son âme soit immortelle : il ne veut pas prolonger son existence, si c'est pour être châtié, et il devance le juge de là-bas[179] en se condamnant à une mort totale, comme s'il était mieux pour une âme perverse de ne pas même exister. **8.** Mais ce méchant, entraîné qu'il est vers le mal par « l'absence de délibération », vote contre lui-même une condamnation probablement démesurée : les juges de l'Hadès, pour leur part, parce qu'ils rendent leurs jugements selon la règle de la vérité, ne décrètent pas qu'il faut que l'âme ne soit pas, mais qu'elle ne soit pas mauvaise. Afin qu'elle modère le mal qui est en elle, ils se donnent de la peine pour sauver sa nature en lui infligeant un châtiment ; à la façon d'un médecin, ils soignent par des incisions et des cautérisations les plaies les plus mauvaises, et ils exigent le paiement de ses fautes en s'efforçant d'effacer par le repentir de l'âme sa perversité, non pas en écartant de l'être son essence elle-même, mais plutôt en la faisant monter vers l'être par la purification des passions qui la souillent[180]. **9.** L'âme humaine, en effet, risque d'être précipitée dans le non-être quand elle se tourne vers ce qui est contre nature, mais grâce au rappel vers ce qui est selon la nature, elle remonte vers son essence et recouvre l'être à l'état pur qui, par son union avec les passions, **[p. 66]** était détruit.

Le vrai repentir

10. C'est pourquoi il faut nous efforcer le plus possible de ne pas commettre de fautes, et si nous en commettons, de nous hâter vers le châtiment apte, pour ainsi dire, à nous guérir de notre méchanceté, et de corriger notre absence de délibération par un secours plus puissant. En effet, après que nous avons cessé d'être bons, attachons-nous du moins à le redevenir par un noble repentir, en accueillant la correction divine. Ce repentir constitue le début de la philosophie, la fuite des « actes et des paroles insensés » et la première préparation à la vie dont on ne se repent pas. **11.** De fait, celui qui délibère convenablement avant d'agir ne se heurte pas à des peines non souhaitées et n'avance pas à son insu les principes et les bases dont il n'approuve pas les conclusions et les résultats[181], mais toujours il analyse le présent en tenant compte de l'éventualité que les événements adviennent diversement. C'est pourquoi ni il ne saurait négliger, dans l'attente des soi-disant biens, le bien véritable, ni ne choisira la pratique du mal par crainte de leurs contraires, et c'est avec sa pensée fixée sur les règles divines qu'il dirige sa propre vie.

Le comportement irrationnel

12. Et afin que tu saches que « C'est le propre d'un homme méprisable de faire et de dire des choses déraisonnables », considère Médée qui dans la tragédie se lamente sur son propre sort, elle qui inconsidérément a trahi ses parents les plus proches à cause d'un amour immodéré et s'est livrée à un étranger ; ensuite, négligée par ce dernier, elle pense souffrir des maux intolérables. Tu peux entendre les cris qui lui naissent de cette pensée !

> « Qu'à travers ma tête une flamme céleste
> Passe »[182].

[p. 67] Puis elle poursuit ses actes criminels, tout d'abord en s'efforçant sottement de détourner par des prières l'accomplissement de ce qui est accompli ; ensuite, en tentant follement de guérir ses maux par des maux, elle pense effacer son manque de délibération initial par une conclusion pire, en niant par le meurtre irréfléchi de ses enfants leur procréation inconsidérée. **13.** Si tu le veux, considère l'Agamemnon d'Homère qui, châtié de sa colère démesurée, se lamente en pleurant :

> « Mais je suis dans l'angoisse, et mon cœur me quitte »[183].

Et le feu de ses yeux, qui s'était allumé autrefois sous l'effet de son humeur coléreuse, il l'éteignit sous la pluie de ses larmes, quand tout s'effondra pour lui. **14.** Telle est, en effet, toute vie irréfléchie, ballottée çà et là par des passions contraires, odieuse dans les plaisirs, pitoyable dans l'affliction, emportée dans l'audace et lâche dans la crainte. En un mot, dépourvue de la noble assurance conférée par la sage délibération, elle change de jugement avec le hasard.

La droite raison

15. Donc, afin de ne pas être souillés par de tels drames en accomplissant ou en disant des insanités, usons du raisonnement droit comme guide en toutes choses en satisfaisant au dit de Socrate : « Je ne me laisse persuader par rien qui soit à moi, sauf par la raison qui, lorsque je réfléchis, me paraît droite »[184]. Est « à nous », mais non pas « nous »[185], tout ce qui est donné à notre essence raisonnable pour la servir, comme l'ardeur du cœur, le désir, la sensation, le corps lui-même reçu pour servir d'instrument à ces facultés ; il ne faut se laisser persuader par rien de cela sauf, comme dit Socrate, par la droite raison, c'est-à-dire par ce qui est en état de raisonner selon la nature : **16.** c'est cet élément en effet qui peut voir clairement **[p. 68]** ce qu'il faut dire et faire. Mais obéir à la droite raison et à Dieu, c'est la même chose[186]. En effet le genre raisonnable, qui jouit de l'heureuse possession de l'illumination qui lui est propre[187], veut ce qui est déterminé par la loi divine ; l'âme bien disposée envers Dieu dépose le même suffrage[188], et c'est avec le regard fixé sur le divin et la lumière qu'elle accomplit ce qu'elle accomplit. Mais l'âme qui est dans des dispositions contraires est emportée[189] vers l'athéisme et les ténèbres à l'aventure et au hasard, parce que lui fait défaut le seul étalon du beau, l'intellect et Dieu.

17. Tels sont en quantité et en qualité les avantages de la sage délibération et les maux de la disposition contraire. « Délibérer avant d'agir », entre autres biens, coupe court aux élans de la présomption, incite à l'acquisition de la science et nous procure la vie la plus agréable, puisqu'aussi bien, elle est aussi la meilleure. Cela est montré clairement à la suite.

XV (30-31)

« Ne fais rien que tu ne connaisses, mais apprends
Tout ce qui est nécessaire, et ainsi
tu passeras une vie très heureuse »

L'apprentissage et la pratique des préceptes mène à la vie heureuse

1. Le précepte de « ne pas entreprendre ce que nous ne connaissons pas » se contente de nous garder irréprochables, mais le fait d'« apprendre » ce qui contribue à la vie la meilleure, en plus de nous délivrer de toute culpabilité, nous procure en outre le succès dans nos actions. En effet, la conscience de notre ignorance coupe court à l'emportement qui naît de la présomption, tandis que l'acquisition de la science délivre nos actes de leurs entraves. **2.** Il est beau à la fois de savoir **[p. 69]** que nous ne savons pas et d'apprendre à connaître ce que nous ne savons pas : il en résulte la vie la meilleure et en même temps la plus agréable. Cette vie est celle qui est purifiée de la présomption et qui est comblée de science, qui ne s'enorgueillit en rien de ce qu'elle ignore, mais qui désire apprendre tout ce qui est digne d'être appris. **3.** Est digne d'être appris cela seulement qui nous amène à la ressemblance divine ; ce qui fait « délibérer avant d'agir afin que rien d'insensé ne survienne » ; ce qui empêche que quelqu'un nous séduise « soit en parole, soit en acte » ; ce qui nous rend capables de discerner la différence entre « les discours qui parviennent aux hommes » ; ce qui persuade de « supporter avec douceur les divines fortunes » et d'y « remédier », et qui enseigne à ne craindre ni la mort ni la pauvreté et à pratiquer la justice et la maîtrise du ventre et de ce qui le concerne ; ce qui instruit des lois de l'amitié et de l'« honneur » dû à nos parents ; ce qui enseigne le respect dû aux classes des êtres supérieurs.

4. Ce sont ces choses-là, et d'autres pareilles, dont le présent texte exige l'apprentissage, et qui sont suivies d'« une vie très heureuse ». En effet, celui qui se distingue par sa vertu récolte aussi des plaisirs dont on n'éprouve aucun remords et qui imitent la stabilité de la vertu. De fait, tout plaisir est naturellement la conséquence directe d'une activité, quelle qu'elle soit. En effet, il n'a pas l'existence par lui-même, mais il nous suit de près quand nous commettons tel ou tel acte. **5.** Voilà pourquoi les mauvais plaisirs découlent des activités viles, et pourquoi le sérieux va de pair avec les meilleurs plaisirs. Ainsi, non seulement l'homme sérieux l'emporte par la beauté (de ses actes) sur l'homme vil, mais il le surpasse par le plaisir lui-même qu'il éprouve, lequel paraît être la seule cause qui pousse le pervers vers le mal. Et un plaisir a d'autant plus de titre à être privilégié à un autre, que la disposition (qui le produit) est supérieure à une autre. **6.** Et donc, puisque la vie selon la vertu, parce qu'elle est attachée à la ressemblance divine, est vraiment divine et que la vie qui consiste dans le mal est bestiale et sans dieu, il est clair que le **[p. 70]** plaisir de l'homme sérieux imite la joie divine, puisqu'il accompagne l'intellect et la divinité, et que ce que l'on appelle le plaisir de l'homme vil – donnons à ces deux plaisirs le même nom[190] – s'assimile à l'agitation sauvage et stupide. **7.** En effet, les plaisirs et les peines sont soumis au changement ; celui qui y puise où il faut, quand il faut et autant qu'il faut, celui-là est heureux, mais celui qui a ignoré leur juste mesure est malheureux.

Non seulement se garder de la faute, mais accomplir ce qu'il faut

Ainsi, la vie qui est purifiée de la présomption est sans faute seulement ; celle qui est remplie de science est réussie et parfaite, et cette même vie est tout à la fois la plus agréable et la meilleure. Dans ces conditions, nous nous garderons toujours de ce que nous ne savons pas, mais ce que nous savons, nous le ferons quand il le faudra. **8.** L'ignorance, en effet, introduit le mal, alors que la connaissance recherche le moment favorable.

De fait, beaucoup de choses dignes de l'homme sérieux perdent leur valeur à cause d'un changement d'opportunité. Référons-nous donc dans l'ordre à ce précepte qui nous incite à rester sans faute par la suspension[191] de nos actes et qui, d'autre part, nous conduit aux activités les meilleures par l'encouragement à apprendre non pas tout, mais ce qu'il faut. **9.** En effet, ce n'est pas dans l'absence de faute que réside le succès, mais dans la connaissance de ce qu'il faut faire, et une chose est la purification de la présomption, une autre la présence de la science.

Agir bien, c'est agir pour son bien

Vois ce qu'il t'arrivera dans l'absence de faute et dans le succès : « Ainsi tu passeras une vie très heureuse ». **10.** Quelle est donc cette vie, si ce n'est la vie seule qui acquiert le plaisir à partir de la vertu, et dans laquelle le bien et le plaisir vont de conserve ? Si donc nous désirons avec ardeur le beau, si nous désirons aussi le plaisir, que pourrait être le résultat de leur rencontre ? Ce que le texte appelle « une vie très heureuse ». En effet celui qui a choisi le plaisir avec la honte, même s'il a été attiré pour quelque temps par l'appât du plaisir, en vient du moins à cause de la honte à un douloureux repentir. Mais celui qui a préféré le beau avec ses souffrances, bien qu'il soit sur le moment accablé par son inaccoutumance (à la souffrance), néanmoins **[p. 71]** voit l'union avec le beau alléger sa peine et à la fin, en plus de la vertu, il récolte aussi un plaisir pur. **11.** Si en effet il commet quelque acte honteux accompagné de plaisir, le plaisir passe, et la honte reste ; mais s'il accomplit un bel acte accompagné de peine, la peine passe, mais le bien demeure. Il s'ensuit nécessairement que la vie la plus mauvaise est aussi la plus affligeante, et que la meilleure est la plus agréable.

En voilà assez sur ce sujet. Et puisque l'éducation du corps est elle aussi en rapport avec la perfection de l'âme, vois à la suite ce que le poème ajoute.

XVI (32-34)

« *Il ne faut pas non plus négliger la santé du corps*
Mais garder la mesure dans le boire,
le manger et l'exercice :
Et j'appelle mesure ce qui ne te chagrinera pas »

Le soin du corps

1. Le corps mortel nous ayant été donné comme instrument pour le cours de notre vie sur terre, il ne convient ni de l'engraisser par des exercices du corps immodérés ni de l'épuiser par des excès de privation[192]. L'un et l'autre excès, en effet, sont également un obstacle à l'utilité du corps, et même la détruisent. C'est pourquoi le texte conseille d'en prendre soin avec mesure et de ne pas le voir avec indifférence déborder d'embonpoint ou bien être troublé par les maladies, ceci afin que, conservé dans son état naturel, il consacre sans entraves ses activités à l'âme qui le guide, et puisse être mené là où elle le mènera. **2.** Ce qui l'utilise, en effet, c'est l'âme ; ce dont elle se sert, c'est le corps, dont elle doit prendre soin en bon artisan. De fait, il ne faut pas seulement vouloir se servir de lui, **[p. 72]** mais aussi, afin qu'il nous serve en bon état, prendre d'avance des soins appropriés. Et puisque sa nature consiste en une génération et une corruption ininterrompues et que le rassasiement et l'évacuation l'entretiennent, tantôt la nourriture compensant ce qui s'écoule de lui, tantôt les exercices du corps supprimant le superflu, il faut imposer la mesure au rassasiement produit par les matières ingérées et à l'évacuation de matières expulsées. **3.** Et cette mesure, c'est la raison qui adapte l'état du corps aux activités intellectuelles de l'âme et qui par là se charge de la santé qui convient au philosophe.

Donc, la raison choisit les exercices et la nourriture qui n'engraissent pas le corps à l'excès et ne le rendent pas trop massif pour les opérations intellectuelles. **4.** Elle ne se préoccupe pas du corps en tant que tel, mais du corps au service de la pensée. D'où il s'ensuit qu'elle refusera le genre de vie athlétique pour autant qu'il prend soin du corps à l'exclusion de l'âme, et qu'elle fuira ce qu'on appelle les exercices gymniques pour autant qu'ils se dressent contre la lumière intellectuelle de l'âme. Mais dans la mesure où ces exercices peuvent se mettre au service de la contemplation des sciences et de la pratique personnelle des belles actions, à travers la bonne santé du corps, celui qui a choisi la vie de la pensée se les appropriera. **5.** C'est pour cet homme en effet qu'il est dit : « Et j'appelle mesure ce qui ne te chagrinera pas ». Toi, dit le texte, qui es en réalité une âme raisonnable, que la mesure dans les soins dus à ton corps ne te nuise pas ; toi, le gardien des préceptes antérieurs, il faut que tu choisisses des aliments, des boissons et des exercices tels qu'ils rendront le corps docile pour l'usage des vertus, et qu'ils ne portent pas l'irrationnel à refuser le mors de la raison souveraine. **6.** Et c'est avec la plus grande attention qu'il faut que tu règles **[p. 73]** la mesure des soins que tu dois à ton corps, puisque tu porteras aussi la responsabilité de ses mouvements contraires à la raison. Le cheval du mal, en effet, renâcle, non pas en tant que tel, mais par la faute de celui des cochers qui l'a mal dressé[193].

Nourriture et boisson

7. À propos de la mesure à appliquer au corps, le texte a placé la boisson avant les aliments parce qu'il est plus difficile de s'en garder, que le gosier l'absorbe plus facilement et qu'elle bouleverse davantage le bon état du corps. En effet il est facile d'absorber à son insu beaucoup plus que la normale en buvant plutôt qu'en mangeant. Les exercices sont placés au troisième rang, parce qu'ils corrigent le rassasiement causé par la nourriture et qu'ils nous préparent à nouveau à se nourrir de façon saine. Comme en un cycle, en effet, ces éléments réciproquement se répondent : la nourriture et les exercices, les exercices et la nourriture. En effet, bien se nourrir fournit le moyen de pouvoir s'adonner aux exercices (du corps), et les exercices modérés celui de se nourrir de manière à préserver le bon état du corps. **8.** La modération en cela est d'ordre personnel et varie, puisque les soins dispensés au corps concernent le genre de vie propre à chacun. Tout homme, en effet, s'applique à faire de son corps l'instrument de son propre choix : le lutteur en fait l'instrument des mouvements propres à la lutte, l'agriculteur celui des labeurs agricoles, et chacun tire et adapte dans un sens toujours différent l'aide que lui fournit le corps.

9. Que dire alors du philosophe ? Quel but considérera-t-il, quand il voudra entraîner son corps et de quoi s'efforcera-t-il d'en faire l'instrument, sinon évidemment de la philosophie et de ses œuvres ? Comme donc il est possible au corps de devenir un instrument pour la pensée, ainsi le philosophe le nourrira et éduquera en toute occasion en s'occupant principalement de l'âme, mais à cause d'elle aussi du corps. **10.** En effet, il ne le fera pas passer avant l'âme qui l'utilise, ni ne se désintéressera entièrement **[p. 74]** de lui à cause d'elle, mais, selon l'ordre qui convient, il en prendra soin comme d'un instrument, et rapportera la bonne santé du corps à la vertu de ce qui l'utilise. C'est pourquoi (le philosophe) ne nourrira pas son corps d'aliments de toutes provenances, mais seulement de ceux qui sont nécessaires. **11.** Il en est en effet qu'il ne faut pas porter à sa bouche parce qu'ils alourdissent le corps[194] et tirent l'esprit connaturel de l'âme[195] vers des passions plus matérielles, au sujet desquelles le poème dit aussi plus loin :

> « *Mais abstiens-toi des aliments dont nous avons parlé, et dans les purifications*
> *Et dans la libération de l'âme applique ton jugement* »[196].

Le philosophe rejettera donc complètement une telle nourriture et, des aliments qu'il est permis d'absorber, il évaluera la quantité et l'opportunité, et comme dit Hippocrate, il tiendra le plus grand compte de la saison, du pays, de l'âge et de tous les facteurs de ce genre, sans se laisser aller sans examen à se remplir des mets qu'il est permis de prendre, et il ne permettra pas indistinctement le même régime au jeune homme et au vieillard, au bien portant et au malade, ou encore au débutant en philosophie et à celui qui est parvenu à son sommet. La mesure pythagoricienne résume toute la question en ajoutant : « Ce qui ne te chagrinera pas »[197]. **12.** En effet, tout ce qui tend à la vie heureuse philosophique du point de vue des soins dus au corps, elle l'a confié à cette courte sentence, et elle a ajouté à ce qui a été dit auparavant[198] de la santé de l'âme : « Il ne faut pas non plus négliger la santé du corps »[199], de sorte que dans le passage précédent **[p. 75]** soit transmise[200] la vertu de l'usager du corps, et dans celui-ci la préservation de l'instrument (de l'âme).

La modération

13. Relie donc ces préceptes aux précédents et tu découvriras, qui que tu sois, toi leur destinataire, qu'il faut mettre à effet la mesure qui concerne l'ordonnance du corps de telle façon qu'« elle ne te chagrine pas », qu'elle ne fasse pas obstacle au projet philosophique, mais qu'elle favorise de son assistance l'âme en marche vers la vertu. **14.** Le poème a dit d'user avec modération de la boisson et des aliments en proscrivant les excès et les insuffisances, mais en faisant bon accueil au juste milieu et à l'exacte proportion : de ceci, la maîtrise du ventre et du sommeil ainsi que de la luxure et de la colère découle aisément. En effet, la mesure dont on parle à présent réprime le manque de mesure dans ces tendances et supprime ce qui afflige et entraîne vers le bas l'âme qui se hâte vers Dieu. **15.** Il faut en effet que l'âme qui monte vers l'intelligence[201] jouisse du calme, préservée de l'agitation des passions, et que les choses d'en bas soient bien ordonnées pour elle en vue de lui ménager la tranquillité nécessaire à la contemplation des choses d'en haut. Telle est la mesure « qui ne te chagrinera pas », tel est ce qui permet de dominer le ventre et en même temps de sauvegarder l'instrument[202], ce qui pointe vers la vertu de l'âme sans pour autant détruire l'état habituel du corps. C'est en effet une partie de la vertu aussi que de savoir sauvegarder l'instrument et l'adapter à l'usage de la philosophie. **16.** Et puisque les soins apportés au corps ne consistent pas seulement dans la nourriture et dans les exercices, mais requièrent de nombreux autres éléments comme des habits, des chaussures, des équipements de toutes sortes et des habitations pour contenir tout cela, et puisqu'il faut aussi en ces besoins de la mesure pour chasser la mollesse et l'impureté de tout notre genre de vie, avec raison le poème ajoute :

XVII (35-38) **[p. 76]**

« Habitue-toi à mener un genre de vie propre,
sans prétention,
Et garde-toi de faire tout ce qui traîne l'envie après soi.
Ne dépense pas à contretemps,
comme celui qui ignore ce qui est beau,
Et ne sois pas non plus avare : la mesure est,
en toutes choses, ce qu'il y a de meilleur »

La mesure dans la vie quotidienne : se garder de l'affectation et de la sordidité

1. La mesure, dit le poème, est non seulement bonne dans le manger et le boire, mais dans toutes les autres circonstances, car elle est pure des fautes commises par excès et par insuffisance. Admettons en effet qu'il y ait, en tout ce dont nous avons parlé, un double manque de mesure : l'un qui nous conduit à la somptuosité, l'autre qui nous pousse à la sordidité. L'un comme l'autre sont blâmables, ne présentent aucun caractère philosophique ni ne visent la juste mesure pour le corps. **2.** En effet la propreté exagérée se révèle affectation et inertie, et la simplicité exagérée devient impureté et saleté[203]. Donc, afin d'éviter cela du fait de la propreté, et ceci du fait de la simplicité, empruntons la voie moyenne en nous détournant des maux semés sur chacune des deux autres et en faisant de l'une la correctrice de l'autre ; pratiquons un genre de vie simple pour nous garder de l'impureté, et pur, pour nous garder de la volupté. **3.** C'est pourquoi il faut privilégier la mesure dans tout l'équipement du corps, en choisissant un manteau « propre, sans prétention », une maison semblablement « propre, sans prétention », et avec la volonté d'avoir « propre, sans prétention » toute chose absolument qui concerne le corps. Il convient en effet, puisque l'âme raisonnable gouverne le corps, que tout ce qui concerne le corps aussi soit ordonné en harmonie avec la raison souveraine, laquelle ne tolérera ni la mollesse ni l'impureté, car elle estime que tout doit être mesuré à l'aune de sa dignité **[p. 77]** propre.

4. Afin donc de ne pas se laisser entraîner à l'acquisition d'objets coûteux, elle s'applique à se libérer de la mollesse, et afin de ne pas cohabiter avec la crasse et avec la laideur matérielle, elle choisit la pureté. Par exemple, elle adopte un manteau non pas délicat, mais propre ; de la vaisselle non pas en or ni en argent, mais propre, faite de matériaux plus faciles à se procurer ; une maison non pas comme fleurie de pierres coûteuses ni bâtie en vue d'une beauté et d'une grandeur superflues, mais proportionnée à l'usage du corps, et propre ; et en un mot elle refuse dans tout son genre de vie l'affectation comme extérieure à ses besoins, et opte pour la pureté en tant qu'elle satisfait excellemment à ses besoins. **5.** Et en effet un manteau, une maison et tout objet d'équipement pourvoient très bien à ses besoins lorsqu'ils lui sont proportionnés et sont propres. Car à quoi bon un grand plat pour une maigre pitance ? ou, à l'inverse, un plat sale pour gâter un bon morceau ? À quoi bon une maison qui dépasse leurs besoins pour ceux qui doivent n'en occuper qu'un seul coin ? ou, à l'inverse, une maison malpropre qui ne remplit pas l'office d'une demeure ? Tu trouveras qu'il en va de même aussi dans les autres cas : ce qui n'est pas propre ni dénué en outre de prétention est inutile d'un côté comme de l'autre : car alors tu as transgressé la mesure du besoin et progressé en même temps vers l'infini du désir[204]. **6.** C'est pourquoi tu dois mesurer tout ce qui concerne ta vie avec ces normes moyennes qui échappent aux griefs qu'on a relevés[205] : « Habitue-toi », dit le poème, « à mener un genre de vie propre » ; ensuite, en considération de la chute (possible) dans l'affectation, il a ajouté : « sans prétention » ; et s'il avait mentionné d'abord « sans prétention », en considération de la chute dans la saleté, il aurait aussi ajouté « propre », en empêchant[206] à chaque fois la chute par l'opposition de l'un et de l'autre, afin que, grâce aux deux ensemble, on ait un genre de vie viril et qui convienne à un être vivant **[p. 78]** raisonnable.

L'environnement social : « envie » et blâme

7. En réglant ainsi notre vie, nous obtiendrons en conséquence un autre grand bien : car grâce au précepte « Rien de trop »[207], nous pourrions échapper à « l'envie » qui s'attache aux gens excessifs, en n'excitant pas contre nous-mêmes nos concitoyens en les portant à tantôt s'indigner contre nous pour notre mollesse, tantôt à nous blâmer pour notre malpropreté et à nous accuser ici pour notre prodigalité, et là pour notre avarice. **8.** Le blâme contre notre manque de mesure de la part de ceux qui vivent avec nous est, en effet, la conséquence de tous ces dérèglements. C'est cela, de fait, que signifie le mot « envie », et le sens est le suivant : « Garde-toi de faire tout ce qui entraîne un blâme raisonnable de la part du plus grand nombre ». Et ce qui est blâmable, selon la raison et selon la plupart des hommes, ce sont, dans le genre de vie, l'affectation et la malpropreté, et dans la dépense des richesses, la prodigalité et l'avarice. **9.** Par suite, la libéralité et la pondération doivent montrer dans toutes les affaires qui nous sont extérieures le sage jugement[208] de notre âme et « la mesure, qui est en toutes choses ce qu'il y a de meilleur ». Il faut en effet que, autant que cela nous est possible, celui qui aime la tranquillité se tienne à l'écart de ce qui excite l'envie, ne provoque pas cette envie comme on provoque une bête féroce, et puisse ainsi croître sans trouble en beauté morale. **10.** Pratiquons une vie irrépréhensible en adoptant une manière de vivre simple et pure et en évitant l'absurde vulgarité d'où germent deux maux : la prodigalité ainsi que la parcimonie intempestive. La première est blâmable pour l'orgueil qu'elle manifeste, l'autre pour sa mesquinerie. **11.** La libéralité fuit l'un et l'autre de ces excès, elle qui est la vertu s'occupant du don et de la réception des richesses, qui identifie ce qui est convenable dans les recettes et les dépenses et rattache tous les biens extérieurs à la droite raison.

Tout cela, qui concerne aussi bien le **[p. 79]** corps que le meilleur usage des biens extérieurs, a été examiné avec méthode dans ces vers, afin que grâce à eux transparaisse aussi la beauté de la vertu ; le précepte suivant résume le tout.

XVIII (39)

« Fais ce qui ne te nuira pas, et réfléchis avant d'agir »

Récapitulation

1. Le poème a souvent utilisé des formulations de ce genre, quand il a dit d'une part : « Mais accomplis ce qui plus tard ne t'affligera pas », et d'autre part : « Et j'appelle mesure ce qui ne te chagrinera pas », et encore « Que personne … ne te persuade de faire ou de dire ce qui n'est pas le meilleur pour toi ». Le texte donne donc là une vue d'ensemble et une récapitulation unifiée de tous ces adages. Il interdit d'une part d'admettre les actions nuisibles ; il invite d'autre part à accomplir des actes utiles ; il dit que la distinction entre eux est parfaite quand on « réfléchit avant d'agir » à ce qu'il faut faire et à ce qu'il ne faut pas faire. **2.** En effet, le moment opportun pour « délibérer sagement » survient quand nous n'avons pas préjugé de nos actions : c'est alors que nous nous conformerons aux préceptes « Ce qui ne te nuira pas » ainsi que « Ce qui plus tard ne t'affligera pas », en attribuant « toi » à l'homme véritable[209] et à son essence raisonnable, quand il entreprend de cultiver la philosophie et qu'il s'efforce d'acquérir la ressemblance avec Dieu. **3.** Mais cet homme est lésé par tout ce qui va à l'encontre de la droite raison, tout ce qui s'oppose à la **[p. 80]** loi divine, tout ce qui fait obstacle à la ressemblance avec Dieu. De tels préjudices s'imposent à nous dans la communauté partagée avec ceux qui vivent avec nous, et dans le gouvernement du corps qui nous est uni et de ce que nous lui fournissons pour le secourir, que l'on a coutume d'appeler « richesses » puisqu'elles sont à sa disposition pour lui être utiles[210].

4. Le poème affirme donc qu'il faut que l'amant des biens divins se garde d'être persuadé d'accomplir quelque acte « qui ne soit pas le meilleur »[211] pour lui, et ainsi d'avoir des complaisances pour son corps dont il pourrait pâtir, ou d'accepter quelque atteinte à son élan vers la philosophie dont il pourrait se repentir sous peu. Il convient, en effet, que nous repoussions tout cela par une réflexion préalable, afin que l'examen de nos actes nous cause un souvenir très agréable, qu'il est recommandé à la suite d'acquérir.

XIX (40-44)

« *Et n'accueille pas le sommeil sur tes yeux languissants*
Avant de revenir trois fois sur chacun de tes actes
accomplis durant le jour :
Où ai-je transgressé ? Qu'ai-je fait ?
Quel devoir n'ai-je pas rempli ?
Et ayant commencé ton examen à partir du premier,
poursuis-le jusqu'au bout, et ensuite,
Si tu as exécuté des actions basses, blâme-toi,
mais si elles sont bonnes, réjouis-toi »

Examiner ses propres actions

1. Parvenu à ce point du poème, résume, s'il te plaît[212], le sens de tous ces préceptes afin que le tribunal intérieur de ton âme, tournant les yeux vers eux comme vers des lois divines, opère le départ entre bonnes et mauvaises actions. Sur quelles bases, en effet, **[p. 81]** la réflexion ultérieure pourra-t-elle nous blâmer quand nous aurons mal agi et nous louer quand nous aurons bien agi, si la réflexion préalable n'adopte pas certaines lois suivant lesquelles il convient d'organiser sa vie, et en considération desquelles, comme de quelque but divin, le cabinet de la conscience redresse notre vie tout entière ? **2.** Le texte nous conseille d'entreprendre chaque jour un tel jugement afin que, grâce à la continuité de la mémoire, la rectitude de ce jugement soit fidèlement conservée ; de le faire aussi le soir et quand nous nous tournons vers le sommeil, afin que nous établissions comme terme de nos actes diurnes le tribunal de notre conscience, en faisant de l'examen de nos comportements un chant vespéral à Dieu : « Où ai-je transgressé ? Qu'ai-je fait ? Quel devoir n'ai-je pas rempli ? » C'est ainsi en effet que nous mesurerons notre vie à l'aune des règles qui nous ont été données[213], en joignant à l'intellect qui légifère la raison qui juge.

3. Et donc, que dit le législateur ? D'honorer les êtres supérieurs par nature selon le rang de leur essence ; de faire le plus grand cas de nos pères et mères et de notre parentèle ; d'accueillir et de chérir les hommes de bien ; de dominer nos facultés corporelles ; de « rougir de nous-mêmes » en tout lieu ; de nous préoccuper de la justice ; de connaître d'avance la corruptibilité des richesses et de la vie éphémère ; de bien accueillir le sort attribué par le jugement divin ; de nous complaire à des pensées dignes de Dieu et de troquer notre avis pour un avis meilleur ; de pratiquer notre goût pour les discours véritables ; de rester inaccessibles aux tromperies et à la servitude pour préserver notre vertu ; de nous livrer à une « bonne délibération avant d'agir », qui prévient le regret dans l'action même ; d'être exempts **[p. 82]** de présomption ; de poursuivre une vie consacrée au savoir ; d'adapter notre corps et les choses extérieures pour agir de pair avec la vertu. **4.** Voilà ce que l'intelligence législatrice prescrit aux âmes ; le raisonnement qui le reçoit se fait un juge vigilant de lui-même, qui se dit fréquemment à lui-même : « Où ai-je transgressé ? Qu'ai-je fait ? » Et dans l'ordre il se remémore (toutes choses), en vue de la vertu. Ensuite, s'il a trouvé qu'il a passé sa journée en accord avec les règles établies, il se couronne des fruits de la divine joie. Mais s'il a découvert qu'il a commis quelque acte inharmonieux, il le réduit par les remontrances provoquées par le repentir, comme par quelque remède astringent. **5.** C'est pourquoi le poème affirme qu'il faut repousser le sommeil par l'ardeur de la réflexion. Le corps supportera (cet effort) parce qu'un sage mode de vie fera qu'il ne sera pas entraîné par la nécessité du sommeil, et lui permettra d'assujettir au commandement de la raison les passions inévitables. En effet le poème prescrit de « ne pas accueillir le sommeil » avant d'avoir examiné « chacun des actes accomplis durant le jour ».

Caractère double de l'examen

Et quel est cet examen ? « Où ai-je transgressé ? Qu'ai-je fait ? Quel devoir n'ai-je pas rempli ? » **6.** Nous péchons, de fait, de deux manières : ou bien en faisant ce que nous ne devons pas faire, ce qui est exprimé par : « J'ai transgressé », ou bien en ne faisant pas ce qu'il faut, comme cela est dit expressément. C'est une chose, en effet, de s'abstenir du bien, et une autre d'accomplir un acte honteux[214] : l'une est entachée de manquement, l'autre d'adhésion. Par exemple, il faut prier et il ne faut pas blasphémer ; il faut nourrir ses parents mais il ne faut pas les traîner dans la boue. Celui donc qui n'accomplit pas les premières de ces stipulations n'accomplit pas son devoir, mais celui qui accomplit les dernières accomplit ce qu'il ne doit pas, même si, dans l'un et l'autre cas, on en arrive en quelque façon à transgresser également la loi.

Nécessité d'un examen scrupuleux

7. Quant à l'appréciation des « actes accomplis durant le jour », le poème conseille de l'entreprendre du premier jusqu'au dernier, dans l'ordre, sans omettre aucun des actes **[p. 83]** intermédiaires, ce qui est le sens de « poursuivre jusqu'au bout ». Souvent, en effet, leur interversion trompe le jugement et rend facilement excusable une mauvaise action grâce au désordre de la mémoire. Et la remémoration de notre vie quotidienne se fait exercice de ressaisie de nos vies antérieures et conscience de notre immortalité. **8.** Et chose étonnante : quand le texte dit de « réfléchir sur chaque action », il n'a pas ajouté : « En quoi ai-je bien agi ? Lequel de nos devoirs ai-je rempli ? », mais il a appliqué la mémoire à des fautes plus modestes au moment de porter jugement[215], et il a établi comme juge le juge le plus juste en même temps que le plus intime, notre conscience elle-même, la droite raison, nous-mêmes face à nous-mêmes, envers qui nous avons appris auparavant à « rougir » plus que devant tout autre[216].

La conscience morale

Qui, en effet, pourrait réprimander quelqu'un d'autre comme nous le faisons pour nous-mêmes ? **9.** Car le libre arbitre, abusant de sa liberté naturelle, s'affranchit des conseils d'autrui quand il ne veut pas leur obéir, mais notre raisonnement intérieur, pour sa part, doit nécessairement s'écouter lui-même. C'est lui que Dieu a préposé à notre gouvernement, lui qu'il a établi comme notre précepteur et notre maître ; c'est lui aussi maintenant que le poème institue juge de nos « actes accomplis durant le jour »[217], et de lui qu'il fait dépendre le jugement, pour que face à soi-même, on décide si on est digne d'être approuvé ou critiqué. **10.** Quand, en effet, on lit, sur la tablette[218] qu'est sa mémoire, les faits qu'on a accomplis, alors on émet un jugement en prenant en considération le modèle qu'est la Loi, et on décide si on est digne d'être honoré ou déshonoré. Un tel état de conscience, poursuivi chaque jour, fait de celui qui s'y astreint une statue[219] semblable aux dieux : cet état, par additions et soustractions, le conduit vers la beauté de la vertu et, autant qu'il est possible, en fait un homme de bien. C'est à cela en effet **[p. 84]** qu'aboutit le poème, sur le point de passer aux préceptes qui nous rendent divins[220].

XX (45-48)

« *Accomplis ces préceptes, médite-les, tu dois les aimer :*
Ils te mettront sur les traces de la divine vertu.
Oui, par celui qui a transmis à notre âme la Tétractys,
Source de la nature qui ne tarit pas »[221]

Nouveau départ : les deux genres de vertus

1. Voilà ce que nous disions aussi dans le prologue[222] : que d'une part la philosophie pratique, par l'acquisition des vertus, fait de l'homme un homme de bien, que d'autre part la philosophie contemplative nous engage dans la ressemblance avec Dieu grâce à l'illumination de l'intelligence et de la vérité et aussi que, en ce qui nous concerne[223], les petites choses précèdent les grandes nécessairement. Il est plus facile, en effet, d'apporter de la mesure dans la vie humaine en en usant rationnellement que de la balayer radicalement[224], ce qui pourrait arriver sous l'effet d'une conversion totale vers la contemplation[225]. Et d'ailleurs, il est impossible de jouir de la vérité sans trouble si nos facultés irrationnelles ne sont pas mises en ordre par les vertus morales, en accord avec l'intelligence. **2.** En effet l'âme rationnelle, étant intermédiaire entre l'intelligence et l'irrationalité, ne peut s'unir sans empêchement à l'intelligence qui est avant elle[226] que lorsque, devenue pure de sa passion pour ce qui vient après elle, elle les appréhende en toute pureté. Elle sera pure si elle n'est aucunement entraînée ni par l'irrationalité ni par le corps mortel, et s'en préoccupe au contraire en leur demeurant étrangère, en ne leur accordant en guise de sollicitude que ce que la loi divine ordonne[227], elle qui ne consent pas qu'on tente de se supprimer[228], **[p. 85]** mais (ordonne) d'attendre que Dieu lui-même nous libère.

3. Il faudra donc deux sortes de vertus pour une telle âme : la vertu civique d'une part pour les choses d'en bas, elle qui met de l'ordre dans l'irrationnel ; la vertu contemplative d'autre part pour les choses d'en haut, elle qui permet de fréquenter la société des êtres supérieurs. Les vers auxquels nous avons affaire sont placés comme une frontière entre ces deux sortes de vertus ; le premier : « Accomplis ces préceptes, médite-les, tu dois les aimer » fait office d'accomplissement naturel de la vertu civique, le second : « Ils te mettront sur les traces de la divine vertu » fait office de merveilleux commencement pour la science de la contemplation. **4.** En effet les préceptes suivants promettent que celui qui a été délivré de la vie sauvage et purifié autant qu'il est possible de l'excès des passions, et qui grâce à cela, pour ainsi dire, de bête est devenu homme, ces préceptes promettent que d'un homme ils en feront un dieu, autant qu'il est possible à un homme de devenir un dieu. Que ce soit là le but de la vérité contemplative est évident d'après les vers mêmes dans lesquels, à la fin (du poème), on tire la plus belle et la plus sublime des conclusions :

> « *Et si, ayant abandonné ton corps, tu parviens dans le libre éther,*
> *Tu seras un dieu impérissable, immortel, et pour toujours délivré de la mort* ».

5. En fait, ce discours sacré révèle que nous obtenons notre restauration[229] (ce qui revient à dire notre déification) grâce à l'exercice préalable de la vertu et, après cela, à la connaissance de la vérité, comme nous le saurons sous peu.

S'appliquer, méditer, aimer

Mais pour le moment, revenons aux vers qui s'offrent à nous et examinons ce que signifient « l'accomplissement », « la méditation » et « l'amour »[230] dans les avertissements initiaux. Ne s'agit-il pas de tourner l'âme tout entière vers l'exercice de la vertu ? **6.** D'ailleurs, l'âme elle-même est douée en quelque sorte de trois facultés : comme en elle-même, elle est rationnelle, elle possède tout d'abord ce par quoi nous apprenons, ce à quoi

[p. 86] il est enjoint à présent de « méditer » ; d'autre part, elle a ce par quoi nous nous rendons maîtres de ce que nous avons appris, ce sur quoi il est prescrit de « s'appliquer », et d'autre part elle détient ce par quoi nous chérissons ce que nous avons appris et que nous avons maîtrisé, et à quoi il est prescrit d'« aimer » ces instructions[231]. **7.** Afin donc que nous ayons toutes les facultés de l'âme raisonnable organisées en accord avec les préceptes des vertus, le poème réclame « la méditation » de la partie qui pense par nature ; de la partie qui conserve les pensées, « l'application » ; de celle qui aime les belles choses, « l'amour », afin que de toutes ces facultés survienne pour nous la possession des biens véritables accompagnée de leur maintien inébranlable et de l'affection innée que nous avons pour eux ; et vient ensuite la divine espérance qui introduit la lumière de la vérité, comme le texte lui-même le promet en ces termes :

« *Ils te mettront sur les traces de la divine vertu* »,

c'est-à-dire : ils te rendront semblable à Dieu à travers la connaissance scientifique de toutes choses. **8.** En effet, considérer les causes des êtres, placées au premier rang dans le dieu démiurge[232], nous entraîne vers la plus haute connaissance de Dieu, qui va de pair avec la ressemblance avec Dieu. Cette ressemblance, le texte l'appelle « divine vertu », vu que cette vertu transcende à bon droit la vertu humaine qui la précède[233]. Concluons donc ces premiers vers (du lemme considéré) sur l'évocation de cet « amour » épris de beauté et de sagesse, et que sous la conduite de ce dernier s'ensuive la connaissance de la vérité qui élève à la ressemblance de la divine vertu, comme il apparaît dans les vers suivants.

Retour sur le serment

9. La nécessaire connexion entre tout cela est en outre garantie par le « serment ». De fait, que l'humaine vertu obtenue selon les règles conduise à la ressemblance divine, celui qui au début du poème a proclamé : « Vénère le serment »[234] le jure tout à fait catégoriquement. En effet, il enjoint de s'abstenir de

[p. 87] jurer au sujet des choses contingentes et dont le terme de l'accomplissement est indéterminé. **10.** Ces choses-là en effet sont de peu d'importance et changeantes ; c'est pourquoi il ne vaut pas la peine de jurer à leur sujet et ce n'est pas sûr, car il ne dépend pas de nous de les amener à leur conclusion. En revanche, jurer au sujet des choses dont on parle à présent, qui sont liées nécessairement entre elles et de grande importance, est très sûr et opportun : car (ici), l'instabilité des choses ne saurait jamais nous tromper (ces choses dont le serment s'occupe à présent sont de fait liées entre elles par une loi d'Adrastée[235]), et il n'est pas non plus question de médiocrité ou d'insignifiance qui repoussent le témoignage de la divinité. En effet la vérité et la vertu ont, non seulement chez les hommes, mais aussi chez les dieux, la plus grande importance[236]. **11.** De plus, le serment lui-même devient un point de doctrine, en ce qu'il faudrait honorer celui qui enseigne la vérité[237] au point de jurer par lui-même, si d'aventure il le fallait pour confirmer son enseignement, et pas seulement prononcer à son sujet : « Le maître l'a dit », mais aussi : « Il en est bien ainsi, je le jure par lui-même ».

Spéculations sur la tétrade

En même temps, en jurant au sujet de l'union des plus belles dispositions (de l'âme), le poème fait de la théologie et montre que la tétrade, « source » de l'ordonnance éternelle de l'univers, est identique au dieu démiurge[238]. **12.** Mais en quel sens ce dieu est-il la tétrade ? Tu le découvriras clairement à partir du *Discours sacré* attribué à Pythagore, dans lequel ce dieu est célébré comme le « nombre des nombres »[239]. Si, en effet, tous les êtres existent par ses volontés éternelles, il est clair que le nombre, celui qui se trouve dans chaque espèce des êtres[240], se rattache également à la cause qui est en lui[241], et que le premier nombre est là-bas ; et c'est de là-bas qu'il est venu ici-bas[242].

13. Or, l'intervalle déterminé du nombre est la décade. En effet, celui qui veut compter au-delà retourne à nouveau à un, deux et trois et décompte une deuxième décade jusqu'à l'achèvement de l'eikade[243], et une troisième **[p. 88]** semblablement, pour arriver à trente, et ainsi de suite, jusqu'à ce que, après avoir décompté la dixième décade, il parvienne à cent[244]. Et à nouveau il compte cent dix de la même manière, et ainsi il peut progresser jusqu'à l'infini, grâce à l'intervalle de la décade qui effectue un retour cyclique.

14. Or, c'est la tétrade qui est la puissance[245] de la décade. En effet, avant le parcours complet qui consiste dans la décade, cette complétude est observée à l'état pour ainsi dire unifié[246] dans la tétrade. De fait, en additionnant les nombres qui vont de la monade à la tétrade, la somme totale devient décade : un plus deux plus trois plus quatre complètent la décade. Et la tétrade est la moyenne arithmétique entre la monade et l'hebdomade : **15.** en effet elle surpasse et est surpassée par le même nombre pour ainsi dire, puisqu'elle est inférieure d'une triade à l'hebdomade et supérieure d'une triade à la monade[247]. Quant aux propriétés de la monade et de l'hebdomade, elles sont très belles et très bonnes. En effet la monade, en tant que principe de tout nombre, contient en elle les puissances de tous les nombres[248] ; quant à l'hebdomade, en tant que sans mère et vierge[249], elle possède la dignité de la monade sous un mode dérivé. **16.** En effet ni elle n'est engendrée par un des nombres contenus dans la décade, comme le quatre l'est de deux fois deux, le six de deux fois trois, le huit de deux fois quatre, le neuf de trois fois trois, et le dix de deux fois cinq, ni elle n'engendre un des nombres contenus dans la décade, comme le deux engendre le quatre, le trois le neuf et le cinq le dix. La tétrade, située à mi-chemin entre la monade non engendrée et l'hebdomade sans mère, a rassemblé tout à la fois les puissances des nombres qui engendrent et de ceux qui sont engendrés, étant seule parmi les nombres contenus dans la décade à être engendrée par un nombre et à en engendrer un[250]. **17.** En effet la dyade en se dédoublant engendre la tétrade, et la tétrade devenue double réalise le huit.

Et la première image du solide **[p. 89]** se trouve dans la tétrade. En effet le point est analogue à la monade, la ligne à la dyade : elle va, en effet, de quelque chose à quelque chose ; et à la triade appartient la surface, car le triangle est la plus élémentaire des figures formées de lignes droites. Mais le solide, quant à lui, est le propre de la tétrade. **18.** De fait la première pyramide s'observe dans la tétrade : un triangle, le trois, est placé comme sa base, tandis que comme sommet pour la surmonter est placé le un[251]. De plus, dans les êtres, les facultés capables de juger sont au nombre de quatre : l'intelligence, le savoir, l'opinion, la sensation[252], car tous les êtres sont jugés par l'intelligence, ou par le savoir, ou par l'opinion, ou par la sensation. **19.** Et, en un mot, la tétrade a rattaché à elle-même tous les êtres : le nombre des éléments, des saisons de l'année, des âges de la vie, des sociétés[253], et il est impossible de donner un exemple de ce qui ne dépend pas de la *tétractys*[254] comme racine et comme principe. La tétrade est en effet, comme nous l'avons dit, le démiurge, la cause de toutes choses, le dieu intelligible, la cause du dieu céleste et sensible[255].

20. La connaissance de ce dieu a été transmise aux Pythagoriciens par Pythagore lui-même[256], par lequel l'auteur de ces vers jure maintenant aussi que l'accomplissement de la vertu nous fera monter vers l'illumination de la vérité. De ce point de vue, on pourrait avancer qu'il faut distinguer, d'une part, le fait de rendre les dieux éternels et immuables garants du précepte « Respecte le serment », et d'autre part le fait, ici même, de jurer en prenant à témoin le maître « qui nous a transmis la *tétractys* ». Il ne faisait pas partie des « dieux immortels », ni des « héros » par nature[257], mais c'était un homme paré de l'ornement de la ressemblance à Dieu et qui devant ses disciples conservait l'image divine. **21.** C'est pourquoi aussi le poème le juge digne de jurer par lui en ce qui concerne des sujets aussi importants, en introduisant ainsi sans en avoir l'air la vénération des disciples envers Pythagore et en faisant valoir sa dignité, au moyen des connaissances qu'il avait transmises. La plus grande de ces connaissances est celle de la *tétractys* créatrice.

Transition

Mais puisque la première partie du poème **[p. 90]** a été résumée et que la deuxième a fait l'objet d'une ferme promesse et d'un espoir véridique[258], puisque l'hiérophante de la *tétractys*[259] a été reconnu et que la qualité de la *tétractys* elle-même a reçu mention suffisante eu égard aux objectifs du présent discours, allons, passons[260] aux sujets vers lesquels le texte nous invite à aller, en montrant tout d'abord, comme un préalable, avec quelle résolution, quelle préparation et quel secours des êtres supérieurs il convient de les aborder.

XXI (48-49)

« *Mais mets-toi au travail*
Après avoir prié les dieux de le parfaire »

La réalisation du bien suppose le concours de la volonté humaine et de la grâce divine

1. Tout ce qui concourt à l'acquisition des biens a été rapidement esquissé par le poème : l'automotricité de l'âme, l'assistance de la divinité. S'il est vrai, en effet, que le choix des belles actions dépend de nous, toutefois comme nous tenons aussi de Dieu la capacité même à nous auto-déterminer, nous avons, je suppose, absolument besoin de son assistance pour accomplir à la perfection ce que nous avons choisi d'exécuter[261]. **2.** En effet le zèle qui vient de nous ressemble à une main tendue pour saisir de belles choses, tandis que le concours qui vient de Dieu semble être la dispensation abondante et la source du don des biens, et tandis que l'un paraît être naturellement disposé à découvrir de belles actions, l'autre paraît naturellement disposé à les révéler à celui qui les cherche correctement ; et c'est la prière qui paraît faire office de frontière entre la recherche qui vient de nous et le don qui vient de Dieu, parce qu'elle est solidement rattachée à notre cause qui nous fait venir à l'être, **[p. 91]** et à terme au « bien être »[262]. **3.** Comment pourrait-on recevoir le « bien être », si Dieu ne le donnait pas ? Et comment Dieu pourrait-il le donner – bien qu'il ait pour nature de donner[263] – à celui qui, maître des élans de son âme, ne le demande pas ?

Afin donc que nous ne priions pas seulement en paroles, mais que nous affermissions la prière par des actes, que nous n'ayons pas confiance en notre seule activité, mais que nous dépendions de l'aide venue de Dieu, que nous joignons la prière à l'action comme la forme est jointe à la matière et, en somme, afin que nous priions pour ce que nous faisons et que nous accomplissions ce pour quoi nous prions[264], l'auteur a réuni les deux recommandations et il a dit : « Mais mets-toi au travail après avoir prié les dieux de le parfaire ». **4.** En effet, il ne faut pas seulement souhaiter vivement réussir de belles actions comme si elles dépendaient de nous et étaient indépendantes de l'aide de la divinité, ni se contenter des simples mots de la prière sans apporter aucune contribution pour acquérir ce qu'on a demandé. Ainsi, en effet, ou bien nous pratiquerons une vertu athée – si l'on peut ainsi parler – ou bien une prière inefficace. Dans le premier cas, l'athéisme anéantit d'emblée l'essence de la vertu, dans l'autre l'inaction supprime l'efficacité de la prière.

Le modèle divin

5. De fait, comment une action sera-t-elle belle si elle n'est pas accomplie selon une règle divine ? Et comment ce qui est accompli selon cette règle n'a-t-il pas nécessairement besoin de Son aide pour exister ? Car la vertu est l'image de Dieu dans une âme raisonnable[265] ; or, toute image a besoin d'un modèle pour naître et l'image acquise ne suffit pas si elle ne regarde pas aussi vers (le lieu) de là-bas[266], dont par ressemblance elle acquerra la beauté. **6.** Il convient donc de prier quand on aspire à la vertu active et, quand on prie, de travailler à la posséder, c'est-à-dire d'agir en regardant vers l'éclat du divin, de se tendre fortement vers la philosophie tout en s'attachant fermement à la première cause des biens. **7.** Effectivement cette fameuse *tétractys*, « source de la nature qui ne tarit pas », **[p. 92]** constitue pour tous non seulement la cause éternelle de leur être, mais aussi de leur « bien être », qui déploie le bien qui lui est propre à travers tout l'univers, telle une lumière pure et intelligente. L'âme solidement attachée à cette cause, qui s'est frottée, comme on le fait d'un œil[267], pour acquérir une vue perçante, est encouragée à la prière de par son intérêt pour les belles actions et, inversement, en conséquence de l'accomplissement de ses vœux, intensifie son zèle en joignant les actes aux paroles et en fortifiant ses actes sérieux en s'entretenant avec Dieu. **8.** Et, tantôt par ses découvertes, tantôt par illumination[268], elle s'applique à ce pour quoi elle prie et elle prie pour ce à quoi elle s'applique.

Telle est l'union de la prière et du zèle. Mais quels sont les résultats qui leur sont dus à tous deux ? Écoutons-le à la suite.

XXII (49-51)

« Quand tu auras maîtrisé ces préceptes,
Tu connaîtras la liaison[269] *des dieux immortels*
et des hommes mortels,
Comment elle pénètre toutes choses et comment
chaque chose est commandée (par elle) »

La science théologique :
uni-multiplicité, union-distinction des genres divins

1. Tout d'abord le poème proclame que la connaissance de Dieu, c'est-à-dire la science théologique[270], appartiendront à ceux qui sont ainsi dirigés, de même que la connaissance de tous les êtres qui tiennent leur existence de la sainte *tétractys*, indissociablement de leur distinction selon le genre et de leur union en un seul cosmos. En effet leur ordonnance est indiquée ici par le nom de « liaison », leur distinction spécifique par « comment elle pénètre » et leur communauté générique par « comment chaque chose est commandée »[271]. **2.** C'est que les genres des essences rationnelles, qui sont distincts par nature, s'unissent en vertu **[p. 93]** de cette distinction même en une seule communauté : du fait que les uns sont les premiers, les autres les médians et les autres les derniers, ils sont séparés et simultanément unis. En effet, les premiers des êtres ne sauraient devenir les médians ou derniers, ni les médians premiers ou derniers, ni les derniers premiers ou médians, mais ils demeurent éternellement dans les bornes fixées par la création, séparés selon leur genre[272]. **3.** Et c'est ainsi, d'une part, que nous comprenons « Comment elle pénètre ».

Quant à « Comment chaque chose est commandée », à présent, nous allons l'examiner à son tour de la manière suivante. Cet univers ne serait pas parfait s'il ne possédait pas des parties premières, médianes et dernières en lui-même, comme début, milieu et fin de l'ensemble de son assemblage. Et les premières parties ne seraient pas premières, si les médianes et les dernières ne venaient pas à leur suite, ni les médianes ne seraient désignées comme telles si des parties extrêmes ne leur étaient pas contiguës des deux côtés, et les dernières ne seraient pas non plus dernières si les premières et les médianes ne les précédaient pas. **4.** C'est donc mutuellement qu'elles concourent à la perfection de l'univers. Et voici ce que signifie qu'elles « se commandent les unes aux autres » : à savoir que d'une part elles diffèrent parce qu'elles sont d'espèces diverses, que d'autre part elles se rassemblent en tant que parties d'un seul univers, et que, par le fait même d'être distinctes et en même temps de s'unir, elles constituent l'ensemble de la liaison et de l'ordonnance de l'arrangement divin, que tu connaîtras, dit le poème, si tu deviens le « maître » des biens plus haut évoqués. **5.** Et quand on mentionne les genres extrêmes, les genres médians viennent en même temps à la mémoire : en effet le texte dit : « (Tu connaîtras) la liaison des dieux immortels et des hommes mortels », et les premiers êtres sont rattachés aux derniers par les êtres médians, et les derniers tendent vers les premiers par la médiation des « héros glorifiés ». Tel est l'ordre des genres rationnels, et il a été transmis dans les préliminaires[273] ; ainsi, les premiers en cet univers sont les « dieux immortels », ensuite viennent les « héros glorifiés » et enfin les « démons habitant la terre »[274], **[p. 94]** que le poète à présent nomme « hommes mortels ».

6. Comment faut-il concevoir chacun de ces genres ? Nous l'avons déjà dit. Ainsi, acquérir une connaissance scientifique de ces êtres, dont par la tradition nous présupposons la dignité, est du domaine de ceux qui parent la vertu pratique de la vérité contemplative, ou qui troquent une bonne condition dans l'ordre humain pour la vertu divine. **7.** En effet, connaître ainsi les êtres tels qu'ils sont venus de Dieu lui-même à l'existence, c'est acquérir un élément de ressemblance divine.

Et puisqu'après l'ordonnance incorporelle est située la nature corporelle qui compénètre ce monde visible et qui est subordonnée au gouvernement des essences raisonnables, le poème révèle à la suite que le bien qui découle de la science de la nature accompagnera ceux qui, selon l'ordre fixé, progresseront dans le domaine des connaissances.

XXIII (52-53)

« *Tu connaîtras, dans la mesure où c'est justice,*
que la nature est en tout semblable à elle-même,
De sorte que tu n'espéreras pas l'inespérable
et que rien ne te sera caché »[275]

La nature

1. La nature, ayant modelé le monde visible à l'imitation de l'harmonie divine, l'a rendu partout, grâce à cette correspondance, diversement semblable à lui-même, et a figuré la beauté divine à travers toutes les formes qui sont dans l'univers, tantôt d'une façon, tantôt d'une autre : de sorte qu'elle a donné au ciel le mouvement perpétuel, à la terre la fixité, et pourtant chacun des deux a retiré une trace de la ressemblance divine. Au corps céleste elle a attribué la circonférence de l'univers, au corps terrestre le centre : **2.** or dans une sphère, d'une certaine manière le centre est un commencement, mais d'une autre manière c'est le terme de ce qui l'entoure. Il s'ensuit que les régions **[p. 95]** supérieures sont ornées par les astres et par les vivants intelligents qui leur font suite[276], tandis que la terre s'est vue parée de plantes et d'animaux se servant seulement de la sensation.

L'homme

Quant à l'homme, il est vu comme un milieu entre les êtres ainsi séparés, car il est une sorte d'amphibie, le dernier des êtres d'en haut, mais le premier de ceux d'en bas[277]. **3.** C'est pourquoi, tantôt il s'accorde avec les immortels, et par sa conversion à l'intelligence et à la vertu recouvre le lot qui lui est propre, tantôt il se joint au troupeau[278] des espèces mortelles et, par son abandon des lois divines, déchoit de la dignité qui lui revient[279]. **4.** Comme il est, en effet, le dernier des genres raisonnables, il ne peut naturellement ni intelliger toujours et de la même manière – car alors il ne serait pas un homme, mais un dieu par nature[280] – ni intelliger toujours, même si pas uniformément : c'est là en effet l'établir dans le rang d'un ange[281]. En réalité, l'homme peut sans doute être poussé vers un meilleur état en vertu de la ressemblance qu'il entretient avec lui, mais d'autre part il relève par nature d'un degré inférieur aux « dieux immortels » et aux « héros glorifiés », vu que ceux-ci constituent les genres premier et médian dans le cosmos. **5.** Et de même qu'il est de rang inférieur à ces derniers parce qu'il n'intellige pas toujours, mais est parfois dans l'ignorance et dans l'oubli de sa propre essence et de l'illumination qui descend de Dieu sur lui, de même, parce qu'il ne demeure pas toujours dans cette ignorance, il surpasse les vivants privés de raison et les plantes, et il relève par essence d'un degré supérieur à toute la nature terrestre et mortelle, car il a pour nature de se tourner vers Dieu, d'effacer son oubli par la réminiscence, de recouvrer par l'enseignement ce qu'il a rejeté et de guérir sa fuite du ciel par une fuite en sens inverse[282].

Connaître les deux créations

6. Il convient donc à l'essence humaine, puisqu'elle est telle, de « connaître la liaison des dieux immortels et des hommes mortels », c'est-à-dire la disposition des genres raisonnables. Il lui convient de connaître aussi la nature qui est « en tout **[p. 96]** semblable à elle-même », c'est-à-dire l'essence corporelle qui d'en haut jusqu'aux derniers des êtres s'est vue ordonnée grâce à la correspondance et à l'empreinte qu'elle partage avec le divin[283]. Il lui convient de connaître toutes ces choses « dans la mesure où c'est justice », c'est-à-dire « comme elles se trouvent disposées par la Loi », comme elles sont venues à l'existence du fait de Dieu, et selon la manière dont elles ont été disposées par Ses lois, qu'elles soient corporelles ou incorporelles. **7.** C'est en effet de ces deux sortes de création à la fois qu'on doit entendre le précepte : « Il faut (les) connaître dans la mesure où c'est justice ». Car il ne faut pas, selon des impulsions irrationnelles, délibérément altérer la dignité des choses pour ce qui nous plaît, mais il faut, conformément aux règles de la vérité, connaître tous les êtres « dans la mesure où c'est justice » et comme la loi de la création a défini chacun d'eux[284].

De ces deux connaissances, celle qui concerne la création incorporelle de Dieu et celle qui concerne la corporelle, fleurit le très beau corollaire : « Tu n'espéreras pas l'inespérable et rien ne te sera caché ». **8.** C'est en effet du fait que l'essence des choses nous échappe, que nous en venons à « espérer l'inespérable » et à échafauder des impossibilités. Par exemple, si quelqu'un, étant homme, souhaite devenir un des « dieux immortels » ou des « héros glorifiés », celui-là ne connaît pas les bornes établies par la nature et n'a pu distinguer les premiers, ni les médians, ni les derniers des êtres. Et encore, si quelqu'un pense que son âme meurt en même temps que son corps mortel, par ignorance de l'immortalité inhérente à notre âme, son attente porte sur ce qui ne doit ni ne peut arriver. **9.** Semblablement aussi, celui qui s'attend à revêtir le corps d'un animal et à devenir un être privé de raison à cause de sa perversité, ou même une plante à cause de la paresse de ses sens, lui aussi, à l'inverse de ceux qui font regarder l'essence humaine vers les genres supérieurs, il la pousse vers les genres inférieurs, dans son erreur et **[p. 97]** son ignorance de l'immuabilité spécifique qui par essence est le lot de l'âme humaine. **10.** En effet, celle-ci demeure toujours humaine : c'est par l'acquisition tour à tour de la vertu et de la perversité qu'elle est réputée devenir animal sauvage ou dieu, mais elle n'est par nature ni l'un ni l'autre, et n'entretient qu'une relation de ressemblance avec chacun des deux[285].

Et en un mot, celui qui ignore la dignité inhérente à chacun des êtres, mais qui ou bien l'exagère ou bien la mésestime, fait de cette ignorance le point de départ de la vaine opinion et de « l'espoir inespérable ». **11.** Celui qui au contraire assigne chaque chose à l'intérieur des mesures définies par le démiurge, qui sait comment les êtres sont venus à l'existence et qui ajuste sa propre connaissance à l'aune de Dieu, celui-là observe pleinement le précepte : « Suis Dieu »[286], connaît « la meilleure mesure »[287] et obtient l'espérance qu'on ne peut tromper.

XXIV (54-60)

« *Tu sauras que les hommes ont les maux*
qu'ils ont choisis librement,
Les malheureux, eux qui ne voient ni n'entendent les biens
Qui sont près d'eux :
peu d'entre eux conçoivent la délivrance de leurs maux.
Tel est le destin qui trouble les esprits des mortels :
comme des pierres qui roulent
Ils sont entraînés ici et là, éprouvant des maux sans fin.
La Discorde en effet, funeste compagne, les blesse en secret,
Elle qui est innée en eux : il ne faut pas la promouvoir,
mais fuir en lui cédant »

Vicissitudes humaines

1. La disposition des genres incorporels et corporels étant bien connue, **[p. 98]** l'étape suivante consiste à acquérir une exacte connaissance de l'essence humaine : quelle elle est, quelles affections elle est susceptible de recevoir, et qu'elle est à la limite des êtres qui ne peuvent pas tomber dans la perversité et de ceux qui n'ont pas pour nature de s'élever à la vertu. C'est pourquoi aussi (l'homme) oscille entre deux états : tantôt il vit là-bas la vie heureuse de l'intelligence, tantôt ici-bas il assume la passion liée aux sens. De là vient aussi qu'Héraclite a dit à juste titre que nous vivons la mort des uns et mourons la vie des autres[288]. **2.** En effet l'homme descend et tombe hors du pays des bienheureux, comme Empédocle le Pythagoricien le dit :

« Banni loin de Dieu et errant,
Soumis à la folle haine »[289].

Mais il remonte et recouvre son ancien état, s'il fuit ce qui concerne la terre et « le triste pays », comme dit le même auteur, « là où se trouvent Meurtre, Haine et les troupes des autres Kères », pays dans lequel ceux qui sont tombés « errent dans l'ombre à travers la prairie d'Até »[290]. **3.** Le désir de l'homme qui fuit la prairie d'Até le pousse vers la « plaine de la vérité », dont il s'éloigne sous l'impulsion de la chute des ailes[291], et il va dans un corps terrestre, privé de l'éternité bienheureuse.

Témoignages platoniciens

Platon aussi est en accord avec ces considérations : au sujet de la descente (de l'âme), voici ce qu'il dit : « Lorsqu'au contraire, faute d'avoir été capable de suivre (les dieux), elle ne voit pas et que, par l'effet de quelque malheur, elle perd ses ailes et tombe sur la terre, alors c'est la loi qu'elle aille s'abriter » dans un vivant mortel[292]. **4.** Et voilà ce qu'il dit au sujet de la montée (de l'âme) : « La masse qui est venue s'ajouter par la suite, formée de terre, d'eau, d'air et de feu, tumultueuse et irrationnelle, **[p. 99]** l'homme la dompte par la raison et parvient à la forme de son premier et meilleur état », et aussi quand il s'élève, « devenu sain et entier », jusqu'à « l'astre auquel il est associé »[293] : **5.** « sain » d'une part grâce à l'éloignement des maladies que sont ses passions, ce qui advient grâce à la vertu politique ; « entier » d'autre part, parce qu'il a recouvré l'intelligence et la science comme des parties qui lui sont propres, rétablissement qui se fait par le moyen de la vérité contemplative[294].

Et en outre, qu'il faille remédier par la fuite de l'ici-bas à la séparation qui s'est produite d'avec les êtres supérieurs, (Platon) le montre clairement en définissant la philosophie comme « la fuite loin des maux de ce monde »[295]. **6.** En effet, que les passions soient connaturelles aux seuls êtres mortels, cela apparaît par ces paroles : « Mais il n'est pas possible que les maux soient détruits, ni qu'ils existent chez les dieux, mais c'est autour de ce lieu-ci et de cette nature mortelle qu'ils évoluent nécessairement ». De fait, pour les êtres soumis à la génération et à la corruption, la possibilité de se comporter à l'encontre de la nature est un corollaire pour ainsi dire nécessaire : et c'est là précisément le commencement des maux. **7.** (Platon) ajoute comment il faut fuir ces maux : « C'est pourquoi il faut fuir d'ici-bas vers là-haut. Et cette fuite est la ressemblance avec Dieu autant qu'il est possible à l'homme » ; « la ressemblance consiste à devenir avec sagesse juste et saint ». En effet, celui qui veut échapper aux maux doit d'abord se détourner de la nature mortelle, car il n'est pas possible, si l'on est mêlé avec elle, de ne pas être aussi rempli nécessairement des maux qui la suivent. **8.** De même donc que la fuite loin de Dieu et que la chute des ailes qui nous mènent, légers, vers les hauteurs nous ont portés jusqu'à la région réservée aux mortels, avec lesquels les maux vont de pair, de même la chute de la passion mortelle et le développement des vertus, à l'instar d'ailes, nous feront monter vers un lieu **[p. 100]** pur de maux, vers l'heureuse vie divine[296]. **9.** L'essence de l'homme, qui tient le milieu entre les êtres qui pensent toujours Dieu et ceux qui par nature ne le pensent jamais, s'élève vers les premiers, et s'abaisse vers les derniers ; par l'acquisition et la perte de l'intelligence, elle s'approprie tour à tour la ressemblance avec Dieu et avec les bêtes, grâce au caractère amphibie de sa nature.

Malheurs et tourments des insensés et des impies

Celui qui sait cela au sujet de l'essence humaine sait donc « comment les hommes ont les maux qu'ils ont choisis librement », et comment ils deviennent « malheureux » et misérables par leurs propres choix. **10.** Tantôt, en effet, alors qu'ils peuvent encore demeurer là-bas, ils sont entraînés par un élan impétueux dans la génération ; tantôt, alors qu'ils peuvent être libérés assez rapidement d'ici-bas, eux-mêmes s'y empêtrent par l'immodération de leurs passions. Et voilà le sens de : « Eux qui ne voient ni n'entendent les biens qui sont près d'eux » : ce qui est ici qualifié de « biens », ce sont la vertu et la vérité ; « ne pas les voir bien qu'ils soient près d'eux », c'est ne pas se motiver soi-même à la recherche de ce qui est beau ; « ne pas entendre », c'est ne pas prêter l'oreille aux enseignements d'autrui. **11.** Double est, en effet, l'appréhension de la science : ou bien par l'instruction, pour ainsi dire par l'« ouïe » ; ou par la découverte, pour ainsi dire par la « vue »[297].

« Ils ont donc les maux qu'ils ont choisis librement », dit-on de ceux qui ne veulent ni s'instruire auprès des autres ni rien découvrir par eux-mêmes, privés qu'ils sont de la conscience des biens et à cause de cela totalement ineptes. En effet, « celui qui ne pense pas par lui-même ni ne tient compte en son âme des paroles d'autrui, celui-là encore est un bon à rien »[298]. **12.** Mais ceux qui font œuvre d'apprentissage et de découverte des biens, ceux-là sont ceux qui « conçoivent la délivrance de leurs maux », et qui, par la fuite des souffrances d'ici-bas, émigrent « dans le libre éther ». « Mais de tels hommes sont peu nombreux »[299]. **[p. 101]** De fait, la plupart des hommes sont méchants[300], sont incapables de résister à leur penchant pour ce qui est périssable et sont rendus déments sous l'effet de leur inclination vers la terre, au point de s'attirer ce mal d'eux-mêmes, parce qu'ils veulent fuir loin de Dieu et se séparer de sa compagnie dont ils jouissaient quand ils vivaient « dans la pure lumière »[301]. **13.** C'est, en effet, la séparation d'avec Dieu que désigne à présent « le destin qui trouble les esprits ». De fait, il ne se peut que celui qui est déserté de Dieu ne déraisonne pas, ou que celui qui est tombé dans la déraison ne soit pas déserté de Dieu, car il est nécessaire que l'insensé soit aussi athée et que l'athée soit insensé. **14.** Ni l'un ni l'autre ne s'incitant à l'amour du beau, « ils éprouvent des maux sans fin » ; « comme des pierres qui roulent »[302] ils sont emportés d'un mal vers l'autre par leurs actes avilissants, et ne savent s'aider eux-mêmes, parce qu'ils affrontent tout aléa de fortune sans réflexion, tantôt éclatant d'orgueil dans leur richesse, tantôt malfaisants dans leur pauvreté[303], portés au brigandage par leur force physique, au blasphème au contraire par leur faiblesse et leurs maladies ; se lamentant des enfants qu'ils n'ont pas et faisant de leur grand nombre un prétexte de guerre et de cupidité.

15. Et, en un mot, il n'est rien dans la vie qui ne soit prétexte de mal pour les insensés, acculés de toutes parts par leur perversité volontaire et par leur obstination à ne pas lever les yeux vers la lumière divine et à ne pas entendre les biens véritables[304] ;

ils s'abîment dans la passion pour ce qui est mortel et sont ballottés par la vie comme par la houle[305]. **16.** Il existe un seul moyen de se délivrer de ces maux ; la conversion vers Dieu, que découvrent ceux qui éveillent l'œil de l'âme[306] et leur oreille pour recouvrer le bien, et qui ont soigné le mal qui accompagne **[p. 102]** notre essence[307] par la faculté à s'élever. C'est un mal qui nous est à la fois connaturel et acquis que le mouvement contre nature de notre libre arbitre[308], ce mouvement qui fait que nous nous efforçons de lutter contre les lois divines et de nous y opposer, sans même comprendre combien nous nous faisons du tort par notre soi-disant résistance à Dieu, mais en ne voulant voir – aveugles que nous sommes ! – que ceci : nous sommes parvenus à nous révolter contre Ses institutions sacrées. **17.** On fait par là usage d'un libre arbitre excessif, démesuré, quand on ose s'éloigner de Dieu et engager contre Lui la « funeste Discorde », qui fait que nous luttons contre Lui en quelque sorte et nous nous échinons avec hargne, quand Il dit : « Ne fais pas ceci », à vouloir faire précisément cela entre tout ; et, quand Il dit au contraire : « Fais ceci », à ne pas le faire. Ainsi, des deux côtés, ceux qui s'affranchissent des règles divines atteignent au comble du malheur, parce qu'ils n'accomplissent pas ce qui leur est prescrit, et qu'ils accomplissent ce qui leur est défendu[309].

La « délivrance des maux »

18. Que trouverons-nous donc contre cette « funeste Discorde » qualifiée en même temps de « compagne » et d'« innée », elle qui s'éveille quand notre libre arbitre est disposé contre nature et qui, de ce fait, est naturellement portée à nous nuire à notre insu, comme un mal qui nous est personnel ? Que faut-il lui opposer ? Quel remède trouver contre cette « folle haine »[310] ? Quelle protection[311] contre la puissance qui nous tire vers le bas, si ce n'est d'« accomplir », de « méditer »[312], de désirer passionnément « ce qui nous mettra sur les traces de la divine vertu » ? **19.** Voilà, en effet, ce qu'est « la délivrance des maux » que « peu conçoivent » ; ce que sont l'écoute et la vue « des biens qui sont près » de nous ; ce qu'est l'éloignement des « maux que les hommes ont choisis librement » ; ce qu'est le retranchement de l'infinité des passions. Voilà donc aussi ce que serait le refuge contre la Discorde athée, **[p. 103]** le salut de l'âme, la purification de « la folle haine » et le rappel après la fuite loin de Dieu. **20.** En effet nous ne saurions soigner l'inclinaison qui nous tire vers le bas qu'avec la puissance qui nous tire vers le haut[313], si nous ne l'excitons pas davantage et n'entassons pas les maux sur les maux, et que, devenus obéissants envers la droite raison, nous fuyons « la funeste Discorde » grâce à la bonne discorde[314], en ne faisant pas porter notre hargne à désobéir à Dieu, mais à redoubler d'efforts autant que possible pour lui obéir. Cette discorde, il ne faut pas même l'appeler ainsi, mais obéissance soumise à Dieu, conversion vers la loi divine et sujétion volontaire qui retranche tout prétexte à l'insensée désobéissance.

Commentaires sur la lettre du texte

21. Je pense effectivement que tout cela est manifesté par les vers qui sont sous nos yeux. D'une part, ce qui concerne la perversité volontaire est clarifié par le vers : « Tu sauras que les hommes ont les maux qu'ils ont choisis librement », ces hommes qu'il faut appeler « malheureux » et misérables, parce qu'ils ont été entraînés vers le vice qu'ils ont librement choisi. D'autre part, leur volonté de n'entendre nullement ce qui est beau est exprimée par le vers : « (les hommes) qui ne voient pas les biens qui sont près d'eux, ni ne les entendent », et la possibilité de se libérer des maux volontaires est manifestée par le vers : « Peu d'entre eux conçoivent la délivrance de leurs maux », vers qui a été intercalé afin, après avoir montré que la délivrance dépend de nous, de faire savoir que la chaîne aussi[315] dépend de notre libre arbitre.

22. Ensuite, le poème rattache la cause de l'aveuglement et de la surdité aux âmes qui sont tombées dans le vice : « Tel est le destin qui trouble les esprits ». En effet, la séparation d'avec les êtres supérieurs pousse à la déraison et au choix irréfléchi, séparation à laquelle le poème a fait allusion au moyen de la « funeste destinée » qui nous exclut du chœur divin[316]. (En mentionnant) notre inclination vers le vivant partiel et mortel, le texte fait bien voir les suites de l'irréflexion et enseigne sans détour comment les fautes sont à la fois volontaires et involontaires. Il a déclaré que la vie inintelligente est semblable au **[p. 104]** mouvement cylindrique[317] sur une surface plane, elle qui se meut à la fois en cercle et en ligne droite : en cercle, de sa propre nature ; linéairement, sous l'effet de l'impulsion[318] (reçue). **23.** De même, en effet, que le cylindre ne maîtrise pas la rotation circulaire autour de son axe lorsque, de droit qu'il était, on l'a placé à l'horizontale, de même l'âme ne parvient plus à acquérir les véritables biens quand elle déchoit de la droite raison et de sa fixité en Dieu ; elle erre autour des biens apparents et elle est emportée linéairement, roulant de côté et d'autre[319] sous l'effet de son attachement passionné aux sens[320]. C'est ce que le poète a montré par le vers : « (Les hommes) sont entraînés ici et là, éprouvant des maux sans fin ».

24. Et puisque la cause du « destin qui trouble leurs esprits » et de l'éloignement de la divinité est le mouvement du libre arbitre quand il est disposé contre nature, le poème a enseigné comment il faut l'apaiser et le convertir vers Dieu dans les deux vers suivants, en montrant le préjudice qui découle du libre arbitre de la façon suivante : « La Discorde en effet, funeste compagne, les blesse en secret, elle qui est innée en eux » ; et en indiquant, d'autre part, le remède qui dépend du libre arbitre : « il ne faut pas la promouvoir, mais fuir, en lui cédant ». **25.** Et, parce qu'il voit bien que nous avons avant tout besoin du secours de Dieu pour d'une part fuir les maux et d'autre part recouvrer les biens, il a ajouté comme une sorte de prière et de demande d'assistance la conversion vers Zeus.

XXV (61-66)

« Zeus notre père, certes tu délivrerais tous les hommes
de leurs multiples maux
Si tu montrais à tous de quel démon ils usent.
Mais toi, prends courage, puisque les mortels ont race divine[321]*,*
[p. 105] *Eux pour lesquels la nature sacrée*[322] *déploie*
et fait voir toutes choses.
Et si tu as ta part de ces révélations,
tu maîtriseras mes préceptes
Et, ayant guéri ton âme[323]*, tu la délivreras de ces maux »*

Justesse des noms divins, caractère arbitraire des noms humains

1. C'était la coutume chez les Pythagoriciens de révérer le créateur et le père de ce monde[324] sous le nom de Zeus et de Zèn[325]. En effet il est juste que celui grâce à qui l'être et la vie appartiennent à tous soit nommé d'après son activité[326]. En effet, le nom propre, au sens fort, d'un dieu est celui qui convient le mieux à ses activités et à ses créations ; quant aux noms qui nous concernent, qui nous paraissent propres, ce sont le hasard et le libre choix qui les mettent en place plutôt qu'ils ne sont découverts par propriété d'essence, comme il est possible de le voir vérifié pour de nombreux noms improprement attribués à certains : par exemple, si une personne de mauvais caractère était appelée Agathon, et si un homme à l'esprit athée était prénommé Eusèbe[327]. Effectivement, de telles appellations ne participent en rien à la justesse des noms[328], parce qu'elles ne font rien voir de l'essence et de l'activité[329] des choses dont elles constituent les noms.

2. Il convient donc de rechercher la véritable exactitude des noms dans les choses éternelles, celle de ces dernières dans les choses divines, et celle des choses divines dans les toutes meilleures[330]. En conséquence aussi le nom de Zeus est un symbole et une image parlée d'une essence créatrice, du fait que ceux qui les premiers ont imposé leurs noms aux choses[331], grâce à leur surabondance de sagesse, comme d'excellents sculpteurs, ont manifesté les puissances de ces choses par leurs noms, comme par des images. **3.** Ils transformaient en effet les noms parlés en symboles des pensées dans l'âme[332], et ils faisaient des pensées elles-mêmes des images cognitives des choses pensées. De fait, comblés de contemplation par leur conversion vers les intelligibles et, par suite, devenus gros, **[p. 106]** ils en vinrent alors à exprimer leurs « douleurs » intelligibles par des sons articulés[333], appliquant aux êtres des noms tels que, grâce au langage lui-même et aux syllabes employées pour l'articuler, autant qu'il était possible, ils modelaient les formes[334] des objets nommés et convertissaient vers les essences elles-mêmes ceux qui entendaient correctement ces noms. Ainsi le terme de la contemplation de ces hommes-là devenait le point de départ pour nous de la découverte de l'intelligence des choses.

4. Ainsi donc, le démiurge a été nommé naguère par eux « *tétractys* », et à présent « Zeus père », pour les raisons que nous avons exposées.

Dispositions requises pour le salut

Quant à ce que Lui demande le texte de la présente prière, cela a d'ores et déjà été déployé sur toutes choses grâce à Sa bonté : de notre côté, nous avons à recevoir ce qui toujours nous est donné de la part de Dieu[335]. Et en effet, dans les vers précédents, il était dit : « Mais mets-toi au travail, après avoir prié les dieux »[336], dans l'idée que les dieux nous donnent toujours les biens, mais que nous les recevons lorsque nous faisons tous nos efforts pour atteindre le don divin. Le libre arbitre, en effet, ne saurait recevoir les biens véritables sans la volonté de les recevoir. **5.** Ces biens sont la vérité et la vertu qui, à partir de l'essence créatrice, brillent toujours et de la même manière sur toutes choses.

Ici encore, le texte considère comme un réquisit, pour nous délivrer de nos maux, la connaissance de notre propre essence :

voilà le sens de : « De quel démon ils usent », mis pour : « De quelle âme »[337]. Et il détermine que la libération de nos maux et la manifestation des moyens que Dieu nous offre pour atteindre le bonheur suivent nécessairement une telle conversion vers nous-mêmes. **6.** Sur le mode conditionnel, donc, le texte poursuit ainsi : si tous les hommes savaient ce qu'ils sont et « de quel démon ils usent », tous seraient libérés de leurs maux. Mais ceci est impossible. Il n'est pas possible, en effet, que tous **[p. 107]** s'adonnent en même temps à la philosophie et reçoivent les biens toujours offerts par Dieu pour l'accomplissement d'une vie heureuse. **7.** Comment donc échapper à la conclusion que ceux-là seuls devraient avoir confiance, qui s'adonnent à la science qui nous révèle les biens qui nous sont propres ? Seuls, en effet, ces derniers seront libérés des maux qui sont les accrétions de la nature mortelle puisque, seuls aussi, ils se sont tournés vers la contemplation des vrais biens, eux les seuls dignes d'être inscrits[338] au nombre de la race divine[339] parce qu'ils ont été instruits et entraînés « par la nature sacrée », c'est-à-dire par la philosophie, à accomplir leurs devoirs. **8.** Et, si « nous avons notre part » de la société de ces hommes divins, nous le montrerons en nous attachant aux œuvres vertueuses et aux connaissances scientifiques, par lesquelles seule l'âme de l'homme est guérie et délivrée des peines d'ici-bas, quand elle passe dans le lot divin.

Le problème de la théodicée

En résumé donc, le sens[340] des présents vers est le suivant : ceux qui se connaissent eux-mêmes sont affranchis de la passion inhérente aux mortels. **9.** Pourquoi donc tous les hommes n'en sont-ils pas affranchis, puisque tous ont naturellement tendance à reconnaître leur propre essence ? Parce que la plupart, comme je l'ai dit, « ont les maux qu'ils ont choisis librement, eux qui ne voient pas les biens qui sont près d'eux ni ne les entendent »[341] : et « peu nombreux sont ceux qui conçoivent la délivrance de leurs maux »[342], qui vient de ce qu'ils savent « de quel démon ils usent » : ce sont les philosophes purifiés des passions de la déraison et délivrés de ces prisons que sont les lieux d'ici-bas[343].

10. En quel sens, donc, le poète dit-il à Zeus : « Certes tu délivrerais tous les hommes de leurs multiples maux si tu montrais à tous de quel démon ils usent » ? Est-ce parce qu'il dépend de lui de ramener, même malgré eux, tous les hommes à la vérité, et qu'il ne le fait pas par négligence ou par dessein prémédité, afin qu'ils soient retenus dans leurs liens[344] ? Ou bien n'est-il pas **[p. 108]** impie ne serait-ce que d'imaginer cela, et le texte n'indique-t-il pas plutôt que c'est vers Dieu, comme vers un père, qu'il faut que se tourne celui qui aspire à une vie heureuse ? **11.** Dieu est, en effet, le créateur de toutes choses, mais aussi le père des gens de bien[345]. Celui donc qui conçoit « la délivrance de ses maux », qui est libéré « des maux qu'il s'est choisis » et qui élimine « la funeste Discorde »[346] par une fuite volontaire, celui-là, tourné vers l'éternel secours qui vient de Dieu, s'écrie : « Zeus père » et, en accomplissant déjà des actes dignes d'un fils, appelle Dieu « père ». Il lui faut considérer que, si ce qui lui arrive arrivait à tous, ils seraient tous, semblablement à lui, libérés de leurs maux. **12.** Puis, découvrant que l'on n'en prend pas le chemin, non pas à cause de Dieu, mais parce que la plupart « ont les maux qu'ils ont choisis », il lui faut se dire : « Mais toi, prends courage », parce qu'il a trouvé le chemin de la délivrance des maux. Il s'agit du retour, grâce à la philosophie sacrée, aux biens que nous montre Dieu, que la plupart ne voient pas parce qu'ils ne se servent pas correctement des notions communes que le créateur a implantées dans le genre raisonnable, pour que ce dernier le connaisse[347].

13. Donc, puisque montrer quelque chose à quelqu'un met en évidence que les activités de deux personnes concourent ensemble au même but (comment, en effet, pourrais-tu montrer quelque chose à un aveugle, même si tu lui présentes indéfiniment ce que tu veux lui montrer, ou comment montrerais-tu quelque chose à celui qui peut voir si tu ne lui présentes rien ?), l'un et l'autre facteur, donc, doivent être présents : le bien présenté par celui qui montre et l'œil perspicace de celui à qui le bien est montré, afin que d'un côté le bien qui est vu, et de l'autre la vue, concourent au parachèvement de la monstration. **14.** Les choses étant ainsi, admettons l'hypothèse **[p. 109]** que tous les hommes ensemble seraient libérés de leurs maux, si à tous le démiurge montrait et rendait visible la connaissance de leur[348] propre essence, et « de quel démon ils usent ». Or tous les hommes ensemble ne sont pas délivrés de leurs maux. Donc, le démiurge n'a pas fait cette révélation à tous les hommes, mais seulement à ceux qui ont entrepris par eux-mêmes de se libérer de leurs maux et qui tendent leur regard vers la contemplation et la réception de ce qui leur est montré. Ainsi, Dieu n'est pas coupable de ne pas faire cette révélation à tous les hommes, mais ce sont « les hommes, qui ne voient pas les biens qui sont près d'eux ni ne les entendent » et qui, à cause de cela, sont réputés « avoir les maux qu'ils ont choisis librement ». **15.** Le responsable est donc celui qui choisit, mais Dieu n'est pas responsable de nos maux[349], lui qui fait toujours briller les biens pour tous, autant qu'il le peut, mais qui ne les montre pas toujours à tous, car la vision contemplatrice des biens offerts est close chez le plus grand nombre et incline vers le bas à cause de l'affairement qui la pousse vers les choses inférieures.

Une telle interprétation des présents vers s'accorde avec la vérité même et avec l'intelligence des vers précédents. **16.** Si, en effet, il est au pouvoir de Dieu d'attirer vers la vérité les hommes, même malgré eux, pourquoi leur reprochons-nous d'avoir « les maux qu'ils ont choisis librement » ? Pourquoi leur conseillons-nous de « ne pas promouvoir la Discorde, mais de fuir en lui cédant »[350] ? Ou encore, pourquoi leur prescrivons-nous de « supporter avec douceur » les événements et de s'empresser d'y « remédier »[351] ? En un mot, le chemin menant à la vertu au moyen de l'apprentissage est fermé à ceux qui suppriment ce qui dépend de nous[352]. En effet, nous n'aurions à accomplir aucun effort, ni à rien pratiquer ni aimer de ce qui est beau[353] si le propre de Dieu était de nous sauver du mal et de nous remplir de vertus sans aucune contribution de notre part. **17.** Dans ce cas au contraire, la cause de la méchanceté de la plupart des hommes vaudrait chef d'accusation contre Dieu. Mais si **[p. 110]** Dieu n'est pas responsable des maux, comme on le dit aussi, il est évident que c'est chez nous que se trouve l'éloignement des biens, puisque ces biens, quoiqu'étant proches de nous et implantés en nous au gré des conceptions naturelles[354], « ni nous ne les voyons, ni nous ne les entendons »[355]. La cause de cet aveuglement et de cette surdité, c'est la « funeste Discorde », qui constitue un préjudice librement choisi ; il ne faut pas la « promouvoir » davantage, mais « la fuir en lui cédant », comprendre la « libération des maux » et découvrir la conversion vers Dieu. C'est ainsi, en effet, que l'illumination qui vient de Dieu, alors que la vision qui vient de nous la rencontre, devient une monstration. **18.** Les œuvres de cette monstration, ce sont la guérison de l'âme, la préservation des peines d'ici-bas, la sensation des biens divins et la participation au genre de vie du Père[356].

Transition

Après avoir préalablement exprimé tout cela au sujet de la vertu et de la vérité, et ayant d'une part achevé les préceptes de la vertu en vue de l'entretien vespéral[357], d'autre part défini les espérances données par la vérité jusqu'à (inclure) la guérison et le salut de l'âme, le poème ajoute les préceptes relatifs à la pureté capable de donner des ailes au corps lumineux, en ajoutant une sorte de troisième genre de philosophie à ceux dont il a été question[358].

XXVI (67-69)

« *Mais abstiens-toi des aliments dont nous avons parlé, et dans les purifications*
Et dans la libération de l'âme[359] *applique ton jugement et médite sur chaque chose,*
En installant comme cocher[360] *la parfaite intelligence d'en haut* »

Le corps immortel et immatériel

1. L'essence raisonnable est venue à l'être avec un corps connaturel qu'elle tient du **[p. 111]** démiurge, de sorte qu'elle n'est ni le corps ni sans corps, mais que, étant elle-même incorporelle, sa forme entière s'achève en un corps[361]. Ainsi, par exemple, au sujet des astres, leur partie supérieure est une essence incorporelle tandis que leur partie inférieure est corporelle[362] ; et le soleil est en son ensemble composé d'un élément incorporel et d'un élément corporel qui jamais ne se séparent pour ensuite se rassembler – dans ce cas, en effet, ils se sépareraient à nouveau – mais qui ont été créés de pair et concomitamment et qui naturellement répondent à un ordre, en sorte que l'un commande et que l'autre obéisse[363]. **2.** Il en est ainsi également pour les genres rationnels qui suivent, pour le genre héroïque et pour le genre humain : chaque héros est une âme rationnelle avec un corps lumineux, et l'homme semblablement est une âme rationnelle avec un corps connaturel immortel. Et telle était la doctrine des Pythagoriciens, celle que Platon plus tard divulgua, en comparant à « la puissance conjuguée d'un char ailé et d'un cocher » toute âme divine aussi bien qu'humaine[364].

La purification du corps lumineux et du corps matériel

3. Il nous faut donc pour le perfectionnement de l'âme, d'une part, la vérité et la vertu ; pour la purification du corps lumineux, d'autre part, le rejet des souillures de la matière, l'emploi des purifications sacrées et la force qui nous unit à Dieu pour l'envol loin d'ici-bas, toutes choses au sujet desquelles les vers qui s'offrent à nous dispensent leur enseignement, en retranchant d'une part les souillures excessives de la matière par le vers : « Abstiens-toi des aliments dont nous avons parlé », en introduisant d'autre part la purification sacrée et la force qui unit à Dieu, en en parlant à mots couverts dans les termes suivants : « Et dans les purifications et dans la libération de l'âme applique ton jugement » ; et ils nous ont restitué « l'intégrale totalité de la forme de l'essence humaine »[365] **[p. 112]** par cette addition : « En installant comme cocher la parfaite intelligence d'en haut ». **4.** Ceci, en effet, d'une part représente l'intégralité de l'essence humaine, et d'autre part décrit le rang des parties qui sont en elle, à savoir que ce qui discerne est comme le cocher et que ce qui obéit est comme le char qui est conduit. De fait, celui qui n'est pas ignorant des symboles des Pythagoriciens[366] peut apprendre des présents vers qu'il faut, en même temps que la pratique de la vertu et l'acquisition de la vérité, prendre soin aussi de la pureté relative à notre corps lumineux, que les *Oracles*[367] appellent également le véhicule subtil de l'âme.

5. Cette pureté s'étend jusqu'aux aliments, à la boisson et jusqu'au régime tout entier de notre corps mortel, dans lequel réside l'élément lumineux qui insuffle dans le corps dépourvu d'âme la vie, et qui maintient son assemblage. C'est, en effet, une sorte de vie[368] que le corps immatériel qui engendre la vie dans la matière, vie grâce à laquelle notre animalité mortelle est rendue complète, un composé de la vie irrationnelle et du corps matériel ; (cette animalité) est une image de l'Homme, qui est constitué d'une essence raisonnable et d'un corps immatériel[369]. **6.** Donc, puisque nous sommes « l'Homme » et que

« l'Homme », c'est ce que l'on vient de dire, il convient que nous soyons entièrement purifiés et perfectionnés et que nous soyons rigoureux dans l'approche qui s'applique à chacune de nos natures. Il y a, en effet, une purification différente pour chacune d'elles[370]. Par exemple, la purification de l'âme raisonnable, concernant la rationalité, c'est la vérité scientifique ; et celle qui concerne l'opinion, c'est la vertu délibérative. **7.** Étant, en effet, disposés par nature à contempler les choses d'en haut et à mettre en ordre celles d'en bas, nous aurons besoin de la vérité pour les premières et de la vertu civique pour les secondes, afin de devenir, d'une part, des contemplateurs des choses éternelles, et d'autre part, des praticiens des choses contingentes, et afin d'échapper, en restant dans l'un et l'autre cas dans les limites du divin, **[p. 113]** au flot tumultueux de l'irrationalité. De fait, c'est de cette dernière qu'il faut purifier notre essence raisonnable, puisqu'elle s'en est aussi rapprochée sous l'effet de son inclination pour le devenir.

8. En outre, évidemment, un corps mortel s'est attaché au corps lumineux ; il faut que ce corps lumineux s'en purifie et soit délivré de l'affection qu'il éprouve pour lui. Il reste donc, en outre, à parler de la purification du corps psychique qui doit être effectuée en suivant les lois sacrées et les procédés des arts sacrés[371]. **9.** Cette purification est en quelque sorte plus corporelle ; c'est pourquoi elle s'applique à toutes sortes de matières, en soignant de multiples façons et en persuadant efficacement ce corps doué de vie de se séparer de la matière et de s'envoler vers le lieu éthéré, là où sa primitive félicité consistait à tenir le rang qui lui était assigné. Tous les actes concernant ce corps lumineux, si on les exécute comme il convient à la divinité et non en charlatan[372], se révèlent conformes aux règles de la vérité et de la vertu. **10.** En effet, les purifications de l'âme raisonnable prennent soin aussi du véhicule lumineux, afin que, devenu lui aussi ailé[373] grâce à elles, il ne soit pas un obstacle à la progression de l'âme vers là-haut. Or, la meilleure façon pour lui de faire pousser ses ailes, c'est la pratique graduelle du renoncement aux choses terrestres, l'accoutumance à l'immatérialité et la suppression des souillures dont il était éventuellement rempli à cause de son association forcée avec le corps matériel. **11.** Ainsi, à travers ces purifications, il est d'une certaine manière rappelé à la vie, se concentre, se remplit de vigueur divine et se met sur la trace de la perfection intellectuelle de l'âme.

Valeurs concrètes et valeurs symboliques de l'abstinence

En quoi donc l'abstinence de certains mets pourrait-elle contribuer à ce développement[374] ? Sans doute, pour ceux qui s'accoutument à se séparer de toutes choses matérielles, l'abstinence désormais absolue de certaines d'entre elles, **[p. 114]** et surtout de celles qui mettent le plus de douceur dans le cœur et qui tendent le plus le corps mortel vers la génération, serait utile pour leur purification[375]. **12.** C'est pourquoi aussi, dans les préceptes symboliques, l'abstinence de certaines choses était prescrite ; l'abstinence a, sans doute, une signification première plus étendue et plus générale, mais à titre dérivé, elle détourne aussi de telle ou telle chose particulière, et c'est de celle-ci qu'on fait mention en toute occasion : par exemple, de ne pas consommer la matrice d'un animal[376]. Exprimée en ces termes, elle nous éloigne d'un seul des éléments terrestres, et des plus insignifiants : **13.** mais si tu reportes ton attention sur la richesse des sens de cette profonde doctrine qu'est le pythagorisme, tu apprendras à t'abstenir totalement du monde de la génération grâce à cet unique exemple perceptible par les sens. Dans le domaine de la nourriture, nous ne porterons pas tel aliment à la bouche ; mais dans le cas des purifications du corps lumineux, nous mettrons à exécution la signification profonde qu'on tire de cet exemple. Semblablement, la recommandation de ne pas manger le cœur veut dire avant tout de ne pas se laisser porter dans un état de colère, et par implication, elle recommande aussi l'abstinence de cette partie du corps.

14. Selon le même raisonnement, considérons que le précepte : « Il faut se tenir éloigné des cadavres » nous écarte absolument de la nature mortelle, mais en même temps aussi de la consommation des viandes qui n'ont pas été sacrifiées ni consacrées. Il est juste, en effet, s'agissant des admonestations symboliques, de sauvegarder leur sens apparent tout autant que leur signification allégorique latente[377]. C'est en effet grâce à l'observance assidue du sens apparent qu'on s'exerce à réussir dans les affaires plus importantes.

15. Ainsi donc, entendons ici encore le vers (suivant) avec l'idée qu'il nous donne en quelques mots les principes des œuvres les plus importantes : « Abstiens-toi », dit-il, « des aliments », ce qui équivaut à : « Abstiens-toi des corps **[p. 115]** corruptibles ». Mais puisqu'il n'est pas possible à présent de s'abstenir de tous les aliments, (le poème) ajoute : « Ceux dont nous avons parlé ». Et dans quel cadre a-t-il parlé de ces mets ? Il le laisse entrevoir : « Et dans les purifications et dans la libération de l'âme », afin que l'abstinence de nourriture engendre le souci du véhicule corporel et de son plein éclat, souci qui convient à l'âme purifiée et libérée des entraves matérielles. **16.** Pour présider à une telle pratique, le poème a placé le raisonnement critique, qui est apte à rendre le soin accordé au corps lumineux consonant avec la pureté de l'âme. C'est pourquoi aussi il l'a appelé « cocher », « intelligence », en tant que naturellement préposé au bon ordre du véhicule : « intelligence » d'une part, parce qu'il s'agit d'une faculté raisonnable, « cocher » d'autre part, parce qu'elle s'attache au corps et le dirige. **17.** Quant à l'œil épris de désir, il est placé au-dessus du cocher[378]. Bien qu'en effet l'âme soit une, cependant, comme avec un œil, elle contemple la « plaine de la vérité »[379], et au moyen d'une puissance qui correspond à la main, elle retient le corps qui lui est connaturel et le tourne vers elle-même, afin que tout entière elle puisse porter ses regards vers le divin, et acquière la ressemblance divine.

Et telles sont en général les caractéristiques de l'abstinence, et les nombreux biens vers lesquels elle tend. **18.** Quant aux détails, ils étaient transmis en secret dans des sentences sacrées. Même si chacune d'elles ne recommandait qu'une abstinence partielle, par exemple celle des fèves parmi les semences, des cadavres parmi les animaux ou d'espèces entières parmi ces derniers – par exemple, s'abstenir du rouget, pour les poissons ; de telle autre espèce parmi les animaux de terre ferme ; et d'une autre encore parmi les oiseaux... – et même si enfin on interdisait certaines parties des animaux, par exemple, de consommer la tête ou le cœur ; pourtant, même dans chacun de ces cas, la sentence donnerait une idée de la purification complètement achevée, en enjoignant telle ou **[p. 116]** telle chose relevant de l'abstinence corporelle en vertu de certaines propriétés physiques, en nous introduisant par là à nous purifier de notre passion pour ce qui est mortel, et en habituant l'homme, à travers toutes ces prescriptions, à se tourner vers lui-même, à s'échapper du lieu de la génération et de la corruption[380] et à émigrer vers la plaine Élyséenne et le « libre éther »[381].

19. Mais parce que (les Pythagoriciens) effectuaient leurs progrès dans l'abstinence en suivant un certain ordre, ceci a fait qu'on trouve aussi chez eux des symboles à première vue contradictoires. En effet, au précepte : « Abstiens-toi des animaux » s'oppose « Abstiens-toi des cœurs », à moins que peut-être on prétende prescrire l'abstinence des cœurs aux débutants, et l'abstinence des animaux à ceux qui sont désormais accomplis. **20.** En effet, l'abstinence partielle est superflue pour ceux à qui l'animal tout entier a été défendu.

Transition : l'ordre des purifications, celles de l'âme et celles du véhicule

Par suite il ne faut pas traiter à la légère l'ordre, suivi dans l'ascension, que ces vers font apparaître. En effet, il est dit : « Abstiens-toi des aliments » ; ensuite, comme si on leur demandait : « De quels aliments ? » ils répondent : « De ceux dont nous avons parlé ». Et derechef, comme pour répondre à une deuxième interrogation – dans quel cadre les Pythagoriciens ont-ils parlé de cela, et dans quelles traditions de leur enseignement ont-ils associé les abstinences alimentaires ? –, ces vers ont ajouté : « Dans les purifications et dans la libération de l'âme », car les purifications viennent en premier lieu, et la libération la suit de près. **21.** Les purifications de l'âme raisonnable sont les sciences mathématiques[382], et la délivrance qui élève l'âme, c'est la pleine vision[383] dialectique des êtres. C'est pourquoi aussi ces vers proclament, au singulier : « Et dans la libération de l'âme », parce que cette délivrance s'achève en une science unique, tandis que la science mathématique embrasse la multiplicité des sciences.

Il faut donc édicter aussi pour le corps lumineux des prescriptions analogues à celles qui ont été adoptées dans le cas propre de l'âme, pour sa purification et pour sa délivrance. **22.** Dans ces conditions, il est nécessaire qu'avec les purifications mathématiques aillent de pair les purifications télestiques, **[p. 117]** et que l'élévation hiératique[384] accompagne la libération dialectique. Ces pratiques en effet, purifiant et perfectionnant à leur façon le véhicule pneumatique de l'âme rationnelle, le séparent de la non-vie de la matière et font en sorte qu'il soit apte à s'unir avec les esprits purs. En effet, « il n'est pas permis à ce qui est impur de s'attacher à ce qui est pur »[385]. De même donc qu'il convient que l'âme soit parée de science et de vertu, afin qu'elle puisse s'unir aux êtres qui sont toujours ainsi, de même aussi il convient de rendre le corps lumineux pur et immatériel, afin qu'il supporte l'association avec les corps éthérés. **23.** De fait, c'est par ressemblance que toutes choses ont coutume de s'unir entre elles, tandis que, par le jeu de la dissemblance, même les choses proches localement se séparent[386].

Voilà le principe directeur de la philosophie pleinement achevée que les Pythagoriciens ont transmis en vue de la perfection de l'homme tout entier : un principe qui fût propre et accordé à cette perfection. **24.** Celui, en effet, qui prend soin seulement de son âme, mais qui néglige son corps, ne purifie pas l'homme tout entier. Réciproquement, celui qui pense qu'il faut s'occuper du corps à l'exclusion de l'âme, ou que les soins apportés au corps contribueront en quoi que ce soit à l'âme qui ne s'est d'aucune façon purifiée par elle-même, celui-là commet la même erreur. Mais celui qui progresse comme il convient par chacune de ces deux voies parvient à la perfection.

Rapports de la philosophie et de la télestique

En conséquence, la philosophie a toujours été associée à l'art hiératique, vu que cet art se consacre à la purification du corps lumineux : et cette purification, si tu la sépares de l'intelligence philosophique, tu trouveras qu'elle n'a plus le même pouvoir. **25.** De fait, parmi les choses qui concourent à notre **[p. 118]** perfection, les unes ont été mises au jour d'abord par l'intelligence philosophique, les autres ont été introduites par l'activité télestique, en accord avec l'intelligence philosophique. J'appelle activité télestique la puissance qui purifie le corps lumineux, en sorte que, de la philosophie prise dans son ensemble, la partie contemplative prenne la tête en tant qu'intelligence, et que la partie pratique vienne après en tant que puissance. **26.** Et posons deux espèces dans la partie pratique : la politique et la télestique. La première, grâce aux vertus, nous purifie de l'irrationalité ; la seconde, grâce aux méthodes sacrées, retranche de notre imagination sa part matérielle[387]. Un exemple non sans importance de la philosophie politique est fourni par les lois en vigueur dans la société, et par les rites sacrés des cités pour ce qui est de la philosophie télestique. **27.** Et le sommet de la philosophie tout entière est l'intelligence contemplative, le milieu l'intelligence politique, et en troisième lieu vient l'intelligence télestique. Le premier élément conserve par rapport aux deux autres l'analogie avec l'œil[388] ; les suivants ont par rapport au premier la valeur qu'ont la main et le pied. Le bon ordre qu'ils forment tous est réciproque, de sorte que l'un quelconque d'entre eux est imparfait et à peu près futile s'il n'obtient pas l'assistance des autres[389]. C'est pourquoi il faut que la science qui découvre la vérité, que la puissance qui produit la vertu et que celle qui réalise la pureté[390] concourent en une seule union, afin que l'action politique reçoive sa perfection en harmonie avec l'intelligence directrice, et que l'œuvre sacrée apparaisse en accord avec toutes deux à la fois.

Transition

28. Voilà l'accomplissement de la voie pythagoricienne : devenir tous absolument ailés pour participer aux biens divins, afin que, lorsque le moment de la mort sera imminent, abandonnant sur terre le corps mortel et nous dépouillant de sa nature, les lutteurs des joutes philosophiques soient bien équipés pour le voyage céleste. Alors, en effet, ils recouvreront leur « ancien **[p. 119]** état » et ils seront divinisés, pour autant qu'il est possible pour les hommes de devenir des dieux, comme le clame le poème dans les vers suivants.

XXVII (70-71)

« Et si, ayant abandonné ton corps,
tu pénètres dans le libre éther,
Tu seras un dieu immortel, impérissable,
et pour toujours délivré de la mort »

L'idéal du philosophe : libération et divinisation

1. Voilà la plus belle fin de nos peines ; voilà, comme dit Platon, « le grand combat et la grande espérance »[391], voilà le fruit le plus achevé de la philosophie, voilà la plus grande œuvre de l'art érotique et télestique[392] : acclimater aux biens véritables et élever vers eux ceux qui ont parcouru la route tracée par les prescriptions précédentes, les libérer d'autre part des peines d'ici-bas comme de la caverne souterraine qu'est la vie matérielle[393], les élever vers l'éther et ses rayons et les établir dans les îles des Bienheureux[394]. **2.** C'est à eux en effet qu'est réservé en outre l'honneur de l'apothéose, puisqu'« il n'est permis d'accéder à la race des dieux »[395] à personne d'autre qu'à celui qui a acquis la vérité et la vertu en son âme, et d'autre part la pureté dans le véhicule spirituel de cette dernière. Ainsi, devenu « sain et entier, on est rétabli dans la forme de son ancien état »[396], parce qu'on s'est recouvert soi-même par son union avec la droite raison, qu'on a reconnu tout le monde divin et découvert l'ordonnateur de cet univers[397].

3. Une fois devenu, autant qu'il est possible, après la purification, ce que sont éternellement les êtres que leur nature empêche de tomber dans le devenir, **[p. 120]** par ses connaissances on s'unit à l'univers et s'élève vers Dieu même ; mais comme on a un corps qui nous est connaturel, on a besoin d'un lieu spécifique pour trouver sa place parmi les astres, et on cherche pour ainsi dire sa position. Pour un tel corps, le lieu situé immédiatement sous la Lune[398] semble bien convenir, car il surplombe d'une part les corps corruptibles, et reste d'autre part en-deçà des corps célestes : ce lieu, les Pythagoriciens l'appellent le « libre éther », éther parce qu'il est un corps immatériel et éternel, libre parce qu'il est pur des passions liées à la matière.

Précision : l'effort de divinisation ne remet pas en cause le caractère absolu de l'ordre

4. Que sera donc celui qui arrivera là-bas, si ce n'est ce que dit le vers : « Tu seras un dieu immortel », semblable aux « dieux immortels » dont il a été question au début du poème ; mais non un dieu immortel par nature[399]. Comment, en effet, ce qui progresse et s'avance vers la vertu et la déification à partir d'un certain temps serait-il placé dans le même état que ceux qui sont tels de toute éternité ? **5.** La précision qui suit, d'ailleurs, le démontre : en effet, à « Tu seras un dieu immortel », le texte a ajouté : « Impérissable et pour toujours délivré de la mort », afin que notre déification soit comprise comme suppression du périssable et du mortel en ce qu'elle nous appartient non par nature ou par essence, mais survient progressivement et selon notre développement. **6.** Ainsi, il s'agit là d'une autre classe de dieux, qui deviennent immortels quand ils s'élèvent mais mortels quand ils descendent, eux qui nécessairement viennent sous les « héros glorifiés », si tant est que ces derniers pensent toujours Dieu, tandis que les premiers tombent même par intermittence dans l'ignorance de Dieu. Non certes, la troisième classe, parce que sa perfection est acquise, ne saurait devenir supérieure à la classe médiane ou égale à la première, mais c'est en demeurant troisième qu'elle s'assimile à la première, tout en étant subordonnée à la médiane[400]. **7.** En effet, cette ressemblance par relation avec les êtres célestes que l'on voit chez les hommes préexiste déjà, plus parfaitement et plus naturellement, dans les classes médianes des héros.

Et c'est en ce sens **[p. 121]** qu'on doit concevoir que la similitude envers le dieu démiurge constitue une perfection commune et unique pour toutes les classes raisonnables. Cette similitude existe toujours et de la même manière dans les êtres célestes ;

seulement toujours, mais non de la même manière dans les êtres éthérés stables ; et ni toujours ni de la même manière pour les êtres éthérés qui dégénèrent et qui par nature sont citoyens de la terre. **8.** Et si on faisait de la première et meilleure ressemblance avec Dieu le modèle qui doit être reproduit au second et au troisième rang, ou de la deuxième ressemblance celui du troisième rang, on parlerait correctement[401]. En effet, le but est non seulement de ressembler au dieu démiurge, mais aussi de prendre comme règle le degré le plus élevé ou le degré médian de cette ressemblance[402]. **9.** Du reste, si, restant en-deçà de ces ressemblances, nous obtenons celle que nous pouvons obtenir[403], nous possédons cela même qui s'accorde avec notre nature, et nous récoltons la perfection de la vertu, en ce que nous n'ignorons pas la mesure de notre essence et n'y rechignons pas. La plus haute vertu consiste à demeurer dans les limites de la création[404], par lesquelles toutes choses sont distinguées en espèces, et à se conformer aux lois de la providence, grâce auxquelles toutes choses, selon leurs capacités particulières, s'assimilent à leur propre bien.

Conclusion générale : les Vers d'or, condensé de la philosophie pythagoricienne

10. Telle est notre exégèse des *Vers d'or*, qui contient une vue d'ensemble, sans superflu, de la doctrine pythagoricienne. Il ne fallait en effet ni appliquer à notre exposé la concision des *Vers d'or* – ainsi en effet nous auraient échappé de nombreux préceptes excellemment prescrits –, ni le développer aux dimensions de la philosophie tout entière – cela en effet aurait été une trop grande tâche pour le présent exposé –, mais limiter notre propos à la stricte mesure nécessaire à l'élucidation de leur sens, en nous contentant dans cet office à expliquer ce qui, dans les dogmes généraux, s'appliquait à l'interprétation des *Vers*[405]. **[p. 122] 11.** Ces *Vers* ne sont rien d'autre en effet que l'emblème le plus achevé de la philosophie, un abrégé de ses dogmes les plus capitaux, et un enseignement élémentaire dressé par ceux qui ont déjà gravi la voie divine, à l'intention des générations suivantes. Et de ces *Vers*, en vérité, on pourrait dire qu'ils sont la marque la plus belle de la noblesse humaine, et non pas le mémorial d'un seul des Pythagoriciens[406], mais de leur communauté sacrée tout entière et, comme les Pythagoriciens eux-mêmes pourraient le dire, les sentences communes de toute leur école. **12.** C'est pourquoi aussi c'était l'usage que, dès l'aurore, ils écoutent en se levant ces *Vers* comme ils le feraient de lois pythagoriciennes, lecture effectuée clause par clause par l'un d'eux ; et qu'ils les écoutent le soir, sur le point de se livrer au sommeil, afin que par la pratique continue de tels textes, ils montrent que ces préceptes vivaient en eux.

Il est juste assurément que nous aussi nous agissions ainsi, afin que nous prenions conscience plus tard, en tout cas quelque jour, des bénéfices que nous retirons d'eux.

TRAITÉ SUR LA PROVIDENCE

Les chiffres en caractères gras correspondent aux pages de l'édition du *Traité sur la Providence* dans Photios, *Bibliothèque*, éd. R. Henry (CUF), t. III, Paris, 1962, pour le *codex* 214, et aux pages de l'édition du même ouvrage, t. VII, Paris, 1974, pour le *codex* 251. Les séquences chiffres + lettre en caractères maigres renvoient à la division traditionnelle du texte.

Sur la providence

(Photios, *Bibliothèque*, *codex* 214)

Thème de l'ouvrage : l'accord de Platon et d'Aristote

[p. 125] (171 b) Lu un ouvrage de Hiéroclès : *Sur la providence et la destinée, et sur la liaison entre ce qui dépend de nous et la providence divine.* L'auteur fait profession de philosophie ; son ouvrage met en avant, comme devant lui servir de juge, Olympiodoros[1] qui supposément lui a fourni aussi le point de départ de son œuvre, étant épris lui-même du désir de la philosophie et non dépourvu en outre de savoir politique ; il s'était illustré, en effet, au cours d'ambassades romaines[2] et avait rattaché à la sphère d'influence des Romains de nombreuses et très grandes nations barbares, ce qui lui avait valu d'insignes honneurs chez eux. Tel est Olympiodoros à qui l'ouvrage est dédié. C'est justement à lui que l'auteur a adressé des paroles de consolation à la fin du premier livre[3], alors qu'il était plongé dans la désolation et un sombre chagrin par la perte d'un fils adoptif.

Le programme de la présente enquête est d'étudier de façon réglée la providence, en la mettant en accord avec la doctrine de Platon ainsi que celle d'Aristote[4]. L'auteur veut en effet concilier nos deux hommes non seulement pour ce qui est de la doctrine de la providence, mais aussi pour tout ce qui relève de la conception de l'âme comme immortelle, et là où ils ont philosophé sur le ciel et le monde. Quant à tous ceux qui ont mis en désaccord ces personnages, l'auteur démontre longuement qu'ils ont dévié au plus haut point de l'intention de ces derniers et qu'ils sont tombés loin de la vérité, les uns en se livrant eux-mêmes volontairement à leur esprit querelleur et (172 a) à leur folie, les autres asservis **[p. 126]** par leurs préjugés et par leur ignorance[5]. (Il dit aussi) que les philosophes de l'ancienne manière[6] ont formé un chœur important, jusqu'aux temps où brilla la sagesse d'Ammonius[7], qui est surnommé, proclame-t-il,

« l'élève de Dieu »[8]. C'est lui en effet qui a purifié les doctrines des anciens philosophes, qui s'est débarrassé des radotages qui proliféraient d'un côté comme de l'autre et a ainsi montré que la pensée de Platon et celle d'Aristote sont en harmonie, quand il s'agit des doctrines importantes et les plus nécessaires.

Voilà ce à quoi, tout au long de l'écrit, s'applique l'exposé de Hiéroclès ; il établit, d'une part, ce qu'il met un point d'honneur à considérer comme l'enseignement des deux auteurs ; il combat, d'autre part, ceux qui prennent le parti contraire, je veux dire les Épicuriens, les Stoïciens et tous ceux qui se rattachent à Platon et Aristote, mais n'interprètent pas correctement leurs œuvres. Et au reste, tous ceux aussi qui se sont rattachés à la profession d'astrologue, il les ébranle par ses arguments en leur montrant que leur opinion sur la destinée est incertaine. Quant à ceux qui vont jusqu'à balayer la providence des êtres par des expédients et des tours de charlatans[9], il les soumet aux mêmes épreuves argumentatives. Et, en un mot, il se dresse contre toutes les conceptions de l'esprit qui persuadent aux ignorants de croire que la providence divine n'existe pas, ou bien qu'elle existe, mais qu'elle est défectueuse.

L'ordre du monde selon Hiéroclès

En accord avec Platon, sa réflexion pose comme base un Dieu, démiurge de tout l'arrangement du monde visible et invisible[10], arrangement que l'artisan, dit-il, n'a produit au jour à partir d'aucun substrat : son vouloir, en effet, lui suffit pour amener les êtres à l'existence[11]. De la substantification[12] corporelle conjointe à la création incorporelle s'est formé un monde absolument parfait issu de ces deux composantes, monde à la fois double et un, dans lequel les êtres qui occupent le sommet, le milieu et la fin[13] sont distingués selon leur nature par la sagesse créatrice. Les premiers de ces êtres raisonnables **[p. 127]** sont qualifiés d'êtres célestes et de dieux[14] ; les êtres raisonnables que le lieu situé après cet ensemble a obtenus comme lot, il les nomme êtres éthérés et bons démons : il se font les interprètes et les messagers des intérêts des hommes. Quant à la tribu humaine, elle occupe le dernier rang ; ce sont ceux que l'on appelle vivants répandus de par la terre, âmes humaines et (comme dirait Platon) hommes immortels[15]. Ces trois classes, comme en un seul vivant ou en un seul chœur et un seul accord, sont liées entre elles, mais conservent, à cause de leur union et de leur mutuelle connexion, leur distinction naturelle sans confusion[16]. Les classes supérieures gouvernent les inférieures, et sur toutes règne le dieu père et créateur[17].

Et (172 b) cette royauté paternelle est tenue pour une providence, et elle en est une, elle qui distribue à chaque classe d'êtres ce qui lui convient. Quant à la justice qui accompagne la providence, on l'appelle destinée ; en effet, bien que la dénomination de destinée ait été fractionnée en plus d'un sens par les amateurs de nouveautés[18], (Hiéroclès) n'entretient pas lui-même sur la destinée de croyance autre que celle qu'il attribue à Aristote et à Platon. De fait, il ne tolère absolument pas la nécessité inconsidérée des astrologues ni la contrainte des Stoïciens, pas plus que celle que suppose Alexandre d'Aphrodise, qu'il s'efforce d'identifier avec la nature des corps selon Platon[19] ; et (il ne tolère pas) non plus l'influence de l'horoscope, que l'on peut détourner par des incantations et par des sacrifices.

Il vénère, comme nous l'avons dit, cette destinée que les disciples de Platon retiennent, à savoir l'activité de jugement de la divinité envers les contrevenants à la loi de la providence ; par l'ordre et par l'enchaînement (des causes) elle redresse nos activités vers les desseins que nous choisissons dans nos œuvres libres.

La réincarnation

[p. 128] Bref, voilà le contenu qu'il est loisible de trouver dans l'écrit de cet auteur. Mais son grand combat, auquel il se livre le plus souvent, c'est celui qu'il soutient au sujet de la préexistence des âmes humaines et de la métensomatose : il n'admet pas la transmigration des âmes à partir ou vers des animaux privés de raison, mais il soutient avec application l'idée du passage (des âmes) d'hommes vers d'autres hommes (seulement)[20]. La première de ces thèses, mal assurée et vaine, il la met sens dessus-dessous[21] ; et grâce à l'autre, pense-t-il, il affermit la providence divine, grâce à elle, d'autre part, il établit notre libre arbitre et notre autodétermination, et vient au secours de la destinée qui lui est si chère. Il part de réflexions étranges ; parmi les arguments qu'il avance, ceux qu'il juge probants n'ont rien d'évident par soi ; mais de ceux à partir desquels il pourrait établir en toute vérité le dogme de la providence, il n'a même aucune idée.

De plus, si l'on voulait préférer la vérité à cet auteur, les arguments grâce auxquels ce dernier s'efforce d'établir cette thèse contribuent à la ruiner totalement. En effet, en l'établissant sur un fondement vicié, comme nous l'avons montré ailleurs plus longuement quand le sujet le réclamait, il a révélé en même temps qu'elle est facile à ramener à son contraire et qu'elle est sans consistance. En effet, puisque la préexistence et la métensomatose des âmes, dont l'auteur fait les supports et les fondements de la providence, du libre arbitre et de la destinée, ont été complètement rejetées par (173 a) la vérité du côté de l'irrationnel et de l'impossible, il est clair que et la providence, et ce qui est en notre pouvoir, et la destinée sont balayés en même temps que lui qui cherche à les établir par ce biais, et que cet objet de zèle qui lui a coûté tant d'efforts se dissout en radotages.

Résumé analytique

Son travail est divisé en sept livres. **[p. 129]** Le premier a la forme d'un exposé des exercices[22] auxquels lui-même, par lui-même, s'est livré sous la forme d'examens approfondis au sujet de la providence, de la justice et du jugement qui s'applique à nous selon le mérite de nos actes.

Le second réunit les opinions platoniciennes et produit les preuves puisées dans les écrits mêmes de Platon.

Le troisième présente les objections qu'on pourrait employer pour contredire ces opinions, et s'efforce de ruiner leur dessein.

Le quatrième veut mettre en accord les prétendus *Oracles*[23] et les lois hiératiques[24] avec l'enseignement de Platon.

Le cinquième rattache à Orphée, à Homère et à tous les autres (théologiens) qui s'étaient fait connaître avant l'apparition de Platon, la philosophie platonicienne à propos des sujets ci-dessus mentionnés.

Le sixième prend tous ceux qui sont postérieurs à Platon, avec Aristote lui-même comme chef de chœur, jusqu'à Ammonius d'Alexandrie, dont les disciples les plus illustres furent Plotin et Origène[25] ; il prend donc les philosophes après Platon jusqu'aux auteurs qu'on vient de dire, tous ceux à qui il est arrivé de laisser un nom dans le domaine de la sagesse ; il établit qu'absolument tous sont d'accord avec le jugement de Platon, et tous ceux qui ont travaillé à arracher Platon et Aristote à leur unanimité, il les range parmi les penseurs médiocres dont il faut se détourner ; ils ont falsifié nombre de données platoniciennes tout en se réclamant de Platon comme d'un maître[26] ; et en ont fait de même, pour les écrits d'Aristote, ceux qui protestent de l'estime qu'ils portent à sa faction. Et ils n'ont tramé une telle machination pour nulle autre raison que de pouvoir mettre en conflit le Stagirite avec le fils d'Ariston[27].

Le septième livre, qui marque un nouveau point de départ, reprend l'étude de l'école d'Ammonius précédemment mentionné ; et (il dit) que Plotin, Origène, et encore Porphyre, Jamblique et leurs successeurs, tous ceux qui (comme il le dit lui-même), **[p. 130]** sont nés de race sacrée[28], jusqu'à Plutarque d'Athènes qu'il revendique comme son maître dans ce genre de doctrines, tous ceux-là s'accordent avec la philosophie de Platon, pour peu qu'elle soit purifiée.

Jugement stylistique

Le style de cet écrivain est clair et pur[29] et convient à l'activité d'un philosophe ; assurément, il n'est pas orné des embellissements (173 b) ou des couleurs et bigarrures superflues de l'art oratoire.

Sur la providence

(Photios, *Bibliothèque*, *codex* 251)

[p. 189] (460 b) Lu le *Traité sur la providence* de Hiéroclès.

Dieu a créé le monde par un acte de pure volonté, sans matière préexistante

*[30] Et pourquoi, dit l'auteur, te[31] fais-je le catalogue de ces personnages, quand on voit que même **[p. 190]** certains Platoniciens ne préservent pas correctement sa pensée au sujet du dieu démiurge ? Ils ont, en effet, estimé qu'Il n'est pas capable d'amener en toute indépendance le cosmos à l'existence, en opérant avec Sa propre puissance et Sa propre sagesse de toute éternité, mais qu'Il peut créer seulement avec le concours d'une matière inengendrée et avec la nature qui ne tient pas de Lui son existence[32], dans l'idée que toutes les choses sont préétablies en puissance dans la matière susmentionnée, et qu'Il ne fait que peindre[33] diversement, pour ainsi dire, toutes ces choses, les mettre en ordre et les distinguer de la configuration (initiale) de la matière. Voilà qui serait plutôt peine superflue qu'acte de bonté divine. Qu'a-t-Il donc appris, en effet, pour (subitement) s'efforcer de mettre en ordre les éléments qu'Il n'a pas créés, alors que très certainement leur bon ordre est contenu dans l'absence de génération propre à leur nature[34] ? En effet, si ce qui existe par soi-même sans avoir été engendré s'adjoint quelque élément, il se l'adjoint contre sa nature ; or, être disposé contre sa nature est un mal pour ce qui subit ce changement, de sorte qu'il n'est pas bon pour la matière dont on parle d'être mise en ordre, si tant est qu'elle est inengendrée non seulement du point de vue temporel, mais aussi du point de vue causal[35], dans le sens où nous disons que Dieu aussi est inengendré.

Dieu lui-même (461 a) ne sera pas non plus irréprochable au sujet des maux[36], Lui qui aura entrepris de faire commencer

Sa création par un méfait, en essayant de disposer, contre sa nature, cette essence tout autant inengendrée que Lui, et de ne pas laisser cette sœur, que le hasard Lui a adjointe, demeurer dans son ordonnance inengendrée. Sans compter qu'il est impossible de l'emporter sur une chose qui se trouve au même titre (que soi-même) inengendrée, soit qu'on ait entrepris de toute éternité d'établir une telle supériorité, soit qu'on l'ait fait dans le temps. Et on serait davantage éloigné de la vérité si, en plus d'avoir besoin d'une matière (déjà) en acte, Dieu commençait à y mettre de l'ordre à partir d'un certain point du temps, **[p. 191]** chose qui ne Lui permet pas de rester dans son état habituel. En effet, s'il était mieux de ne rien faire, comment en est-Il venu à faire quelque chose[37] ? Mais s'il valait mieux faire quelque chose, pourquoi n'a-t-Il pas agi de toute éternité, puisqu'aussi bien agir de toute éternité ne semblait pas faire pour Lui de différence ? À moins qu'on ne dise que Dieu est d'une nature qui peut tour à tour faire et détruire, mais incapable de créer des êtres éternels, parce que la nocivité de la matière dont Il se sert rejette l'ordre qui lui est ajouté par intermittence, en retournant sans cesse vers son propre désordre inengendré (si l'on peut dire) ; et ainsi il se fera que tour à tour, au cours du temps, l'ordre et le désordre prévaudront, ou plutôt (pour parler plus vrai) toujours le désordre, puisque même la mise en ordre, étant une disposition contre nature, paraîtra un désordre à celui qui raisonne correctement.

Aperçus historiques sur l'accord de Platon et d'Aristote

* Beaucoup de disciples de Platon et de disciples d'Aristote, dit-on, ayant employé leur zèle et leurs soins à mettre aux prises leurs maîtres sur les points essentiels de leurs doctrines, en sont devenus tellement chicaniers et audacieux qu'ils ont falsifié les écrits de leurs maîtres respectifs pour mieux prouver que ces philosophes s'opposent. Et cet état de fait persista à affliger les écoles philosophiques jusqu'à Ammonius d'Alexandrie,

l'élève de Dieu[38]. C'est lui en effet qui, le premier, divinement transporté pour la philosophie en ce qu'elle a de véridique, et méprisant les opinions du vulgaire qui infligent l'opprobre à la philosophie, perçut nettement les idées de chacun des deux penseurs, les rassembla en un seul et même esprit[39], et transmit une philosophie libérée de la dissension à tous ses élèves, et avant tout aux meilleurs de ceux qui l'avaient fréquenté : **[p. 192]** Plotin, Origène et leurs successeurs.

La réincarnation

* (461 b) Platon, dit Hiéroclès, fait passer les seules âmes humaines d'un corps dans un autre et non pas tout uniment, mais seulement de corps d'homme à corps d'homme. Quant au passage des animaux privés de raison dans des hommes ou des hommes dans des animaux privés de raison, il affirme que (Platon) ne le conçoit en aucune façon[40].

L'ordre de la création

* Platon, dit Hiéroclès, fait préexister un dieu démiurge préposé à l'ordonnance tout entière du monde visible aussi bien qu'invisible, ordonnance qui n'est issue d'aucun substrat préexistant : en effet Sa volonté suffit pour amener les êtres à l'existence. La nature corporelle étant unie à la création incorporelle, de ces deux composantes est constitué un monde absolument parfait, à la fois double et un. Dans ce monde existent des êtres supérieurs, médians et derniers ; les premiers, Platon les nomme célestes et dieux ; les médians doués de raison, il les appelle êtres éthérés et bons démons, eux qui se sont faits interprètes et messagers de ce qui est utile aux hommes ; les êtres derniers doués de raison, il les nomme créatures répandues de par la terre, âmes humaines ou hommes immortels.

Les êtres éminents dirigent toujours les êtres subordonnés ; leur dieu créateur et père règne sur eux tous, et cette royauté paternelle qui est la Sienne est la providence qui notifie selon la Loi à chaque classe d'êtres ce qui lui convient ; et la justice qui accompagne cette providence, on l'appelle la destinée. Elle n'est pas en effet, la nécessité inconsidérée des astrologues, ni la contrainte des Stoïciens, ni celle qu'Alexandre d'Aphrodise imagine, lui qui l'identifie à ce qui est pour Platon la nature des corps, ni notre horoscope susceptible d'être détourné par des incantations et des sacrifices, selon ce que pensent certains : mais elle est l'activité de jugement de Dieu opérant envers les événements selon la Loi **[p. 193]** de la providence, activité qui, procédant par ordre et enchaînement, redresse nos affaires vers les desseins que nous choisissons dans nos œuvres libres.

Ordres des êtres supérieurs

* La providence et l'ordre se répandent en commun du dieu démiurge sur toutes les classes d'êtres immortels, surtout – et en toute logique – sur les premières qui tiennent immédiatement de Lui leur origine, qui viennent à Sa suite et qui jouissent de la participation la meilleure aux biens intelligibles. De fait, comme il y a trois classes d'êtres encosmiques douées d'intellect[41], la première, plus haut et premier des produits du démiurge, qui jouit sans altération et immuablement de la ressemblance avec Lui, (462 a) est dans un bon ordre dans son ensemble semblable à Dieu : c'est ce que nous appelions la classe des êtres célestes. La seconde classe, recevant en second lieu et sous un mode relâché[42] sa place dans l'ordre divin, ne participe pas sans altération ni sans division à la ressemblance avec le démiurge, mais se tourne sans erreur ni défaut vers les lois paternelles ; c'est ce que nous avons assigné aux êtres éthérés. La troisième classe, en tant que dernière des classes divines, non seulement le cède à l'excellence des êtres célestes parce que d'une certaine manière elle s'altère[43], mais elle a même connu une dégression sous la dignité des êtres éthérés, parce que parfois elle se pervertit. En effet, toujours intelliger Dieu et avoir de Lui une connaissance unifiée est le propre des êtres célestes ; Le penser constamment d'une part, d'une manière discursive d'autre part, appartient aux êtres éthérés par essence ; ne pas toujours intelliger Dieu et, dans le fait même de L'intelliger, le faire fragmentairement,

a été donné en propre aux âmes humaines, privées par nature aussi bien de l'intellection indivisible des êtres célestes que de la connaissance, plurifiée par leur rang[44], des êtres éthérés, puisque ces âmes ne Le pensent ni d'une façon unitaire ni perpétuellement ; et même quand elles s'élèvent à la dignité de l'intellection, elles ne font qu'imiter **[p. 194]** la connaissance des êtres éthérés, et c'est en s'attachant à cette dernière qu'elles recueillent la contemplation des intelligibles[45]. Après la troisième classe d'êtres intelligents, celle qui tantôt intellige Dieu, tantôt ne L'intellige pas, devrait se trouver celle qui ne Le pense jamais, selon la logique de la division parfaite[46] ; mais assurément ce qui par nature est privé de l'intelligence ne peut nullement participer à la vérité et à la vertu. C'est pourquoi aussi il est exclu que ce soit un de Ses produits. Comment en effet ce qui est privé de raison et d'intelligence pourrait-il être une image du dieu intelligible ? car toute image de ce dieu est douée d'intelligence et de raison : elle se connaît naturellement, elle et Celui qui l'a faite.

Destinée, nécessité, choix, hasard

* Il s'ensuit, dit Hiéroclès, que nous devons rendre compte de nos actes d'ici-bas à ceux qui ont obtenu le lot médian, étant donné qu'ils sont nos gardiens et nos surveillants[47]. L'ensemble de leur activité déployée à notre sujet est appelée la destinée, qui organise nos affaires selon les lois de la justice. Et s'ils sont les gardiens, dit l'auteur, de la vie telle que déterminée selon le mérite, il est clair qu'ils doivent veiller à l'accomplissement du temps que chaque vie a obtenu en lot : car il n'est pas possible de veiller sur la vie si le temps dont elle dispose est indéterminé. Ainsi, il faut délimiter ce temps pour garantir que la vie soit fixée par le destin, et il faut que le mode de la mort soit délimité de pair avec ce temps, puisqu'il est la partie ultime de la vie telle qu'attribuée selon le mérite. Et, de fait, si la naissance est déterminée, il est nécessaire que la mort le soit aussi.

(462 b) La destinée, vue comme qui nous renvoie de là-haut[48], détermine le début de notre venue dans le devenir, car c'est une volonté divine et une loi de la justice de Dieu. En conséquence, le temps fixé pour notre mort sera lui aussi sauvegardé par la destinée, vue (cette fois) comme ce qui opère le passage d'ici-bas à là-bas. C'est pourquoi sont déterminées aussi bien les causes de la venue dans la vie que celles du départ hors de la vie. Si, en effet, elles étaient indéterminées, la vie **[p. 195]** tout entière aussi serait indéterminée et dépourvue d'autorité supérieure.

De plus, dans quel lieu ou bien chez quels êtres se préoccupera-t-on du jugement divin et de la répartition selon le mérite, si ce qui concerne le corps et les choses extérieures nous arrive au hasard et à l'aventure ? En effet, on ne saurait simultanément laisser tout cela en désordre et affirmer que les choix de l'âme, que ses jugements et que ses impulsions naissent en nous à partir d'une nécessité d'ordre supérieur : car alors ce n'est pas nous-mêmes que nous rendrions responsables de la vertu et du mal, mais cette nécessité[49]. À n'en pas douter, il n'est pas raisonnable d'attribuer tout événement à la nécessité qui règne en ce domaine, je veux dire ce qui concerne l'âme, le corps et les choses extérieures ; mais il ne l'est pas davantage de tout abandonner aux transports irraisonnés et sans examen, alors que l'intelligence dirige tout[50] et que Dieu est la cause de tout.

Il reste nécessairement que les choix dépendent de nous, et que les justes rétributions en résident dans les êtres éthérés, vu qu'ils ont été établis par Dieu comme nos juges et qu'ils veillent sur nous de par leur nature. En effet, étant données trois possibilités en ce qui nous concerne : que tout soit imposé par la nécessité, que rien ne le soit, ou que tout arrive alternativement ou encore parce qu'il doit en être ainsi, ces trois possibilités sont également absurdes et détruisent également toute la providence[51]. De fait, c'est l'hypothèse de la rétribution selon le mérite qui amène de toute façon comme conséquences la providence et la destinée qui en découle ; quant au jugement providentiel qui organise les affaires humaines selon la justice et la Loi, il réclame le principe que constituent notre libre arbitre et notre libre choix. Ainsi, la destinée est une partie de la providence prise dans son ensemble, celle qui s'applique aux âmes humaines à des fins de jugement.

Le choix spontané et ce que nous appelons « ce qui dépend de nous » constituent l'activité des âmes humaines, et c'est précisément ce qui fournit, pour les dieux qui nous jugent, une base raisonnable pour leur distribution inégale ; mais c'est la sphère du hasard qui rend compte de l'apparition des êtres mortels et privés de raison. **[p. 196]** En effet ce n'est pas en vertu d'un arrangement valable en particulier, ni selon un mérite qu'on aurait calculé, que de ce feu qui s'éteint naît de l'air, que de cet air qui se condense naît de l'eau, ni que de ces aliments naît le corps d'un cheval ou d'un chien, ni de tels autres quelque chose d'autre, mais tout peut naître de tout en vertu des changements qui adviennent, à cause du (463 a) caractère commun de la matière et de sa propension à devenir toutes choses[52], ces dernières participant à l'ordre et à la nécessité divine suffisamment pour que toutes soient conservées au niveau spécifique[53] et accompagnent, pour l'éternité, par leur succession, les causes qui les ont suscitées.

Dans les individus animaux ou plantes, et chez les êtres dépourvus d'âme eux-mêmes, rien n'est déterminé ni ordonné en guise d'aléa attribué selon le mérite[54], parce qu'aucune compensation ne leur est due en raison d'une vie antérieure, et qu'on ne peut s'attendre à aucune reddition de comptes au sujet des actes accomplis dans le présent. En effet, il n'y a rien qui soit survenu en eux pour produire leur descente de la région éthérée et qui leur serve aussi d'instruction pour leur remontée par l'effet du jugement divin, comme on le voit pour les individus humains, chez qui nécessairement les âmes raisonnables et immortelles, qui descendent de là-bas, trouvent auprès de leur parenté[55] de nombreuses occasions de conversion et de sollicitude pour redresser leur penchant vers le mal. Et c'est pourquoi elles souffrent et font des choix au milieu de leurs souffrances mêmes ; et réciproquement, elles choisissent et souffrent à mesure du mérite associé à leurs choix.

C'est donc pourquoi grande est la place du hasard dans les êtres dépourvus de raison, et grande la privation du jugement divin. En revanche, dans ce qui nous concerne, même ce qui paraît appartenir au hasard contribue à servir le destin voulu par la providence : de la sorte, nous croyons souffrir par l'effet du hasard et pareillement aux animaux privés de raison, mais ces souffrances que nous ressentons **[p. 197]** à l'égard de notre corps et des choses extérieures sont celles qu'un jugement vigilant a fixé. Car c'est par le jeu de la tension et de la détente des choses qui nous concernent, et par leurs diverses transformations, que le libre arbitre de l'âme se voit éduqué à une saine condition, assez rapidement si les maux qui surviennent en ces circonstances sont accueillis avec bonne grâce, mais au prix de nombreuses et longues périodes de temps, lorsque la disposition de l'âme face à cela est abrupte et sotte. C'est alors, en effet, qu'elle subit le châtiment de son manque de jugement : mais elle n'en est pas moins portée par ses souffrances vers son devoir.

L'« entrelacs et concours du choix humain et du jugement divin »

* L'élan qu'éprouve l'âme, dit Hiéroclès, envers quelque choix que ce soit n'est pas dégagé de toute responsabilité : elle est passible de la surveillance de la classe qui lui est immédiatement supérieure[56] et obtient toujours la justice, la purification et le châtiment selon le mérite associé à ses dispositions propres. Se déterminer, cela dépend d'elle ; quant à ce qui arrive suite aux choix, cela est fixé par le jugement de la providence qui paie de retour, selon leur mérite, les dispositions de l'âme. Et c'est en ce sens que nous disons que l'on choisit et tire au sort en même temps la même vie[57]. En effet, la rétribution assignée aux actes que nous avons commis met en évidence aussi bien le mouvement de notre libre arbitre que l'autorité divine, de sorte que, du début à la fin, (463 b) nous effectuons nos mouvements en toute liberté, même si c'est davantage le cas pour certains, et moins pour d'autres[58] : et

nous-mêmes[59], d'ailleurs, nous ne préservons pas toujours de la même manière ce qui est en notre pouvoir, et pourtant les rétributions reçues selon notre mérite ne sont pas arbitraires. Et telle est la destinée qui nous pousse vers les choses de ce monde et qui inversement nous en détourne, entrelacs et concours du choix humain et du jugement divin, qui fait en sorte que, ayant opté pour ce que nous voulons grâce à la souveraineté de notre choix, nous souffrons souvent ce que nous ne voulons pas à cause de l'indéfectibilité du jugement (divin). **[p. 198]** Ainsi, dans l'ensemble bien délimité de la vie se trouvent de façon générale tous les éléments capables de donner sa cohérence à l'existence humaine ; et le moment et le genre de notre mort, en particulier, ont été disposés en même temps par le décret du destin.

Le statut intermédiaire de l'âme, ni parfaite ni condamnée au mal

* L'auteur affirme qu'il vaut la peine de bien établir que l'âme n'est pas, dans sa conversion vers l'intellect, débarrassée de la faiblesse qui la pousse à déraisonner à l'occasion, pas plus que, au dernier degré du mal, elle n'écarte la faculté d'intelliger à nouveau et de se repentir correctement[60]. Par nature, en effet, l'âme humaine a été créée telle, et elle est apte aussi bien à la vie heureuse des dieux qu'à la génération mortelle : elle déploie tour à tour chacune des deux facultés, puisqu'aussi bien elle a été engendrée, selon la providence de Dieu, en vue de ces deux conditions. Car c'est ce qui fait qu'elle possède par essence la faculté de vivre en libre citoyen ; quant au fait de passer un temps plus long dans le monde d'en haut que dans celui d'en bas, il résulte de ses dispositions spontanées. C'est pourquoi on dit que les unes accomplissent des cycles de dix mille ans, d'autres de trois mille ans[61] ; c'est la vertu qui abrège leur course errante, et c'est l'amour intense du bien qui raccourcit la longue durée de leur service sur la terre.

Extrait du livre II.

Les êtres réellement tels agissent par leur être même

* L'auteur affirme que ces êtres qui, dit-on, agissent selon leur essence, sont ceux qui demeurent immuables dans leurs propres essence et activité[62], qui ne détachent rien d'eux-mêmes et qui n'amènent pas à l'existence leurs produits par un mouvement, mais qui, par le seul fait d'être cela même qu'ils sont[63], suscitent la génération des êtres secondaires. Il s'ensuit qu'ils n'usent pas de la matière, qu'ils n'agissent pas à partir d'un moment du temps, qu'ils ne cessent pas leur activité à un moment du temps, et que ce qui naît d'eux ne se trouve pas en dehors de l'activité de ce qui le produit. Tout cela, en effet, est le corollaire de l'activité comprise comme accident, s'agissant de l'architecte et d'autres cas semblables[64].

Le « lieu supracéleste »

* L'auteur dit : Platon écrit dans le *Phèdre* : « Le lieu supracéleste, aucun poète ne l'a encore chanté parmi ceux de ce monde, **[p. 199]** ni ne le chantera jamais comme il le mérite »[65]. Il ne parle pas à présent d'un lieu au sens propre (ce dernier en effet contient des corps), (464 a) mais il emploie ici « lieu » au sens d'une essence et d'un genre d'une nature intelligible et qui surpasse le monde[66] ; de même nous avons l'habitude de dire, lorsque nous discutons au sujet de certaines affaires, que « arrivés en ce lieu de notre discours, nous allons parler... », appelant le sujet et l'aspect des choses dont il s'agit « lieu ».

Les deux types de providence

* L'auteur dit : Platon dans les *Lois* montre l'excellence de la providence de Dieu à notre sujet, en affirmant que « Dieu gouverne toutes choses, et avec Dieu la fortune et l'occasion gouvernent la totalité des affaires humaines »[67]. Il s'ensuit que

Platon, de toute évidence, a confié aux êtres impassibles et toujours parfaits, et à cause de cela infaillibles, la providence pure et uniforme de Dieu, et qu'il a donné aux êtres raisonnables qui sont parfois portés à la déraison, et qui à cause de cela sont remplis de malice, la providence mêlée aux occasions et aux hasards[68].

Ainsi, le don préalable des biens et la conservation de ceux qui se rattachent à la nature sont l'ouvrage propre de la providence pure, tandis que le redressement des dispositions qui sont contre nature et les châtiments des fautes sont l'œuvre de la providence matérielle, qui se sert de la « fortune » et de l'« occasion »[69]. Ce n'est pas, en effet, le dessein premier du jugement divin que d'apporter le malheur à certains d'entre nous, et aux autres la félicité[70], mais le préalable en est le mérite des vies antérieures, puisqu'aussi bien le jugement des magistrats placés au-dessus de nous ressemble à l'art médical qui, recueillant ceux qui sont tombés malades de leur propre fait, leur prescrit tout ce qui leur est nécessaire en vertu du moment opportun, c'est-à-dire ce qui pourrait leur être utile, à eux qui sont soignés. Et ceci fait que le mérite de ceux qui sont jugés, parce qu'il varie de l'un à l'autre **[p. 200]** et change sous l'effet de nos libres mouvements, mêle la « fortune » à la providence qui s'occupe de nous ; et d'autre part, le rang qui convient à chacun[71] détermine en même temps « l'occasion » du châtiment et de la purification. Quand la « fortune » et l'« occasion » sont disposées en accord avec la providence divine, tout cet entrelacement devient la destinée qui, d'un côté, s'approprie la « fortune » qui vient du choix humain, et qui, de l'autre, du jugement divin fait naître l'« occasion ». Et, en effet, il appartient à l'art (médical) de déterminer les justes mesures du traitement, et à l'homme d'être disposé de façon telle qu'il ait besoin d'une incision, d'un cautère ou de quelque autre traitement douloureux. Et, d'ailleurs, dit l'auteur, en d'autres endroits aussi, Platon s'applique à de semblables considérations au sujet de l'essence humaine et de la destinée providentielle qui nous redresse.

Le philosophe et l'amoureux[72]

* (464 b) Platon, dit Hiéroclès, expliquant la différence entre un philosophe et un amoureux, et comment ils sont élevés à un même niveau de considération, affirme que le philosophe authentique est celui qui affectionne la contemplation sans l'action politique, qui tient tout le reste pour rien et qui s'adonne aux vertus purificatrices par l'élévation vers la seule perfection sacrée, comme il l'explique dans le *Théétète*[73]. Tel est donc le philosophe authentique selon Platon.

On appelle amoureux[74] chez Platon celui qui a aimé les jeunes gens avec philosophie, qui s'est exercé aux vertus pratiques à cause de leur caractère divin et de leur beauté en soi, qui s'est appliqué à participer aux biens intelligibles et qui pratique un genre de vie véritablement politique et éducatif. Et ceci, c'est dans la *République* qu'il le transmet, en disant qu'il place les philosophes à la tête des cités afin qu'elles mettent fin un jour à leurs maux, et qu'une cité **[p. 201]** ne saurait jamais être heureuse si son plan n'était pas tracé par ceux qui utilisent le modèle divin[75].

Et de quel genre est ce plan ? Platon dit que, « prenant comme toile une cité et les mœurs des hommes, d'abord ils doivent la purifier, puis esquisser la forme de sa constitution ; ensuite, je pense, au cours de leur travail, ils doivent jeter souvent les yeux de deux côtés, vers ce qui est par nature juste, beau, sage et vers toutes les qualités semblables, et vers ce qui, d'autre part, fait naître chez les hommes, comme le dit aussi Homère[76], l'émulation et la semblance divine ; ils doivent effacer des traits d'un côté, en ajouter de l'autre, jusqu'à ce qu'ils aient rendu les mœurs humaines le plus possible chères aux dieux »[77].

Tel est le peintre des constitutions, celui qui aime les jeunes gens avec philosophie, c'est-à-dire celui qui mène sa vie politique avec un esprit contemplatif. Le jeune garçon, en effet, c'est la sensation et la beauté dans la sensation, de même que l'intellect correspond au vieillard et à l'éducation de la sensation[78]. C'est pourquoi (Platon) proclame que celui qui use du seul intellect dans un sage mépris des affaires de ce monde est un philosophe authentique, c'est-à-dire dégagé du raffinement, de la matière et de l'ensorcellement[79]. En effet, la sensation veut pour ainsi dire nous ensorceler par son contact, et persuader la raison de traiter comme son bien propre quelque bien matériel. À l'inverse, celui qui règle la sensation selon l'intellect aime les jeunes gens avec philosophie, dit (Platon) ; il a comme souveraine garantie d'agir infailliblement dans le domaine de la sensation l'esprit contemplatif ; il n'aime pas tracer des images, en privé comme en public, en redressant les mœurs des hommes, (mais il le fait,) jusqu'à (465 a) les rendre agréables à Dieu autant qu'il est possible[80]. En effet, ce qu'il voit là-bas, **[p. 202]** le dessinateur qui se sert du modèle divin s'efforce de l'inscrire en d'autres, sans être inférieur en rien au premier philosophe en ce qui concerne l'intellect, mais paraissant, d'autre part, l'emporter sur lui en humanité, tout comme le premier l'emporte sur celui-ci, réciproquement, par l'activité qu'il déploie pour lui-même. Telles sont les différences qui existent entre eux : l'un, d'une part, est le philosophe authentique, c'est-à-dire sans besoin ni considération pour les affaires humaines, l'autre le philosophe amoureux, ce qui revient à aimer les hommes et à ordonner les affaires de ses semblables. Cependant, parce qu'ils ont une seule et même philosophie, on dit que la restauration[81] dont ils bénéficient est d'égale dignité : ils prennent leur envol au même moment et sont jugés dignes de la même élévation[82].

Extrait du livre III, chapitre 10.

La providence ne contredit pas l'utilité de règles religieuses et sociales

* Ce n'est donc pas en vain, dit Hiéroclès, que des lois seront établies pour les hommes, ni arbitrairement que le raisonnement leur a été donné ou qu'il prolonge la délibération, et la prière n'est pas non plus superflue, si la providence conduit les actions humaines en réglant par la Loi et par la justice les rétributions

liées à nos choix. Certainement, si tout cela est nécessaire, beau et salutaire, l'ordonnance de la destinée providentielle n'en est pas pour autant détruite, elle qui éduque ce qui dépend de nous par les épreuves qui ne dépendent pas de nous. Ces deux ordres[83] se fortifient plus entre eux qu'ils ne se détruisent l'un l'autre. En effet, si la providence existe, il est nécessaire aussi que d'innombrables lois, raisonnements et prières nous viennent en aide, mais si elle n'existe pas, non seulement tout cela est insensé, mais ne peut même pas exister du tout. C'est pourquoi ce qui dépend de nous implique la providence, et la providence ce qui dépend de nous. En effet, notre libre choix fortifie la destinée juste, et elle-même affermit nos mouvements indépendants. Et ces libres mouvements, si nous les présentons purs **[p. 203]** et réfléchis à Dieu, en observant les lois, en usant de la prière, en honorant le bon conseil et en prenant soin de nous-mêmes en toutes circonstances, nous obtiendrons les plus grands biens ; mais si nous faisons le contraire, très certainement nous aurons à supporter les souffrances curatives des châtiments prescrits pour ces fautes, et par cette épreuve nous réapprendrons notre devoir. Et pour nous disposer convenablement à ce bien par la purification du mauvais choix, la prière, la loi, la délibération et d'autres éléments semblables nous apportent le plus grand concours, en conduisant notre pensée vers un ordre et un accord soumis à Dieu.

Le libre arbitre ne peut changer l'ordre des choses

* L'auteur dit que notre libre arbitre n'est pas tel qu'il puisse, par ses propres mouvements volontaires, changer tous ce qui est et tout ce qui devient. Car si c'était le cas, non (465 b) seulement un monde différent et un autre genre de vie naîtraient pour chaque individu en particulier, puisque nous ne voulons pas tous les mêmes choses, mais même toutes choses changeraient selon les dispositions de chacun – si précisément elles étaient efficaces et capables de créer des êtres –, et se transformeraient au gré des promptes transformations des choix humains. C'est pourquoi il est conforme à la raison que la puissance du libre

arbitre humain, étant mobile et éphémère, soit tout à fait inapte à faire exister ou changer quelque chose sans être assistée de l'extérieur. Non !, ajoute l'auteur, le choix humain ne doit pas faire changer les êtres – puisque c'est la Loi divine qui veille sur eux – ni aucune des choses qui, tout en étant soumises au devenir, contribuent aux activités du cosmos.

Libre arbitre et providence se soutiennent mutuellement

* (Le choix humain) n'est maître de rien, excepté de lui-même et de se rendre meilleur ou pire par ses comportements ; capable seulement de juger les êtres et d'admettre ce qui advient, c'est en étant bien ou mal disposé dans ses activités propres qu'il acquiert la vertu ou le vice. Le libre arbitre ainsi compris, en effet, manifeste qu'il est seulement en notre pouvoir **[p. 204]** de nous changer nous-mêmes comme nous le jugeons bon, sans que le corps qui nous enveloppe ni les objets extérieurs soient inclus dans ce libre arbitre. Si, de fait, il était question d'un libre arbitre qui, oublieux de l'essence dans laquelle il est établi et parvenu comme en un territoire étranger, prétendrait que d'autres éléments tombent sous sa dépendance, par exemple le corps ou la possession (des objets extérieurs), alors il ferait l'épreuve d'innombrables contrariétés, car les choses n'évolueraient pas selon ses vues, et il aurait besoin d'innombrables collaborations s'il voulait que l'une d'elles se produise conformément à son intention. Le fait que ce qui nous contrarie ne survienne pas, ou que ce qui nous assiste survienne, cela ne dépend pas de nous, mais d'un autre grand dessein et de l'ordonnance qui l'accompagne, que la destinée réalise, dit-on, puisqu'elle est le jugement de Dieu dans les choses qui ne dépendent pas de nous, pour la rétribution méritée de ce qui dépend de nous. En effet, le libre arbitre de l'âme humaine n'est pas pour autant détruit s'il est au pouvoir de Dieu de répartir les choses qui sont extérieures à cette âme et de les distribuer à chacun selon le mérite de ses dispositions. De fait, c'est avant tout de notre mouvement volontaire vers la vertu et le vice que la destinée providentielle a besoin, car la répartition inégale[84]

ne saurait être juste, si elle ne prend pas comme fondement notre libre arbitre.

La providence régit intégralement et en particulier les seuls êtres humains

* Hiéroclès dit que, à la fin du *Timée*[85], Platon, discourant au sujet des maladies du corps et de leur traitement, défend d'user à la légère des « purgations médicamenteuses », parce qu'il faut attendre la maturation naturelle (466 a) des maladies et ne pas les faire proliférer en y taillant brutalement ; et ainsi, en procédant par une forme de consécution logique, il fait valoir qu'il y a pour chaque maladie un certain temps, fixé par la « nature », qui a rapport avec la « constitution » des êtres vivants, dont la formation se produit avec « des temps de vie déterminés »[86], comme il dit, et variables selon l'espèce ; par exemple, un cheval **[p. 205]** vivra tel nombre d'années au maximum, un bœuf tel autre nombre, et ainsi pour chaque espèce ; ainsi, tel bœuf subsistera dix ans, à moins qu'une bête sauvage ou quelque autre circonstance survenue de l'extérieur ne le supprime en avance. Il y a en effet pour chaque espèce un certain temps fixé par la nature, jusqu'où sa constitution peut suffire à l'emmener, et au-delà duquel elle ne saurait plus vivre.

Mais les êtres vivants n'atteignent pas absolument tous le temps possible associé à leur constitution, à cause des agressions violentes venues de l'extérieur qui, disions-nous, sont disposées pour nous par la providence, tandis qu'elles arrivent au hasard pour les animaux dépourvus de raison. Il n'est, en effet, pas nécessaire que, comme chez les hommes, de même aussi chez les vivants privés de raison ou les plantes l'ordre fixé pour leur mort, accordé selon les mérites de l'âme, soit maintenu, puisque ces êtres-là n'entrent pas dans la vie de la même façon que nous. Nous, en effet, par la décision des démons qui nous jugent, nous obtenons chacun par le sort, selon le mérite des vies que nous avons menées, une vie dans laquelle tout a été pris en compte : race, cité, père, mère, moment de l'enfantement, qualité du corps, manières de vivre et vicissitudes diverses du sort en rapport avec notre vie, genre de mort et moment qui lui est assigné ; et ce qui a été établi gardien et exécuteur de tout cela, c'est le démon auquel nous sommes assignés[87]. Aucune de ces dispositions n'est naturellement observable en ce qui concerne les bêtes, puisque ce qui convient à l'essence raisonnable en tant que telle est tout à fait étranger à la nature privée de raison.

Il n'est donc pas juste de juger les êtres raisonnables et ceux privés de raison dignes de la même providence : ces derniers, parce qu'ils sont préservés à travers leur espèce, reçoivent une providence suffisante (en effet, c'est l'espèce seule qui est immortelle et subsiste toujours la même)[88] ; quant à nous, si nous ne faisons pas individuellement l'objet d'une providence qui fasse que rien de ce qui nous concerne ne soit insensé du point de vue providentiel, **[p. 206]** nous n'obtiendrons pas encore la sollicitude qui nous revient. Il convient, au reste, que les êtres qui ont été amenés à l'existence selon un nombre déterminé[89] par le démiurge participent chacun en particulier à Sa providence, en accord avec la naissance qu'ils tiennent de Lui. En effet, le démiurge n'a certainement pas façonné une seule âme, dont chacun de nous serait détaché au hasard et (466 b) à laquelle il se mêlerait à nouveau[90], mais Il a amené à l'existence chaque âme humaine en la circonscrivant dans ses limites propres. C'est pourquoi il y a une providence pour chacun, un jugement, une peine, une purification, un départ vers le devenir, l'attribution d'une vie convenable, une mort qui ne survient pas arbitrairement, et après la mort un voyage vers l'Hadès avec comme « guide » le démon auquel notre vie est assignée[91].

Bien au contraire, pour les autres êtres vivants et pour les plantes, ce sont nos choix (vis-à-vis d'eux) et le besoin irrépressible qu'ils ont de s'entre-dévorer, accidents divers et fortuits, qui contraignent chacun d'entre eux, avant leur dissolution prévue par la nature, à la destruction désordonnée et indéterminée, vu que nul châtiment ne s'applique à eux pour des vies antérieures et que nul jugement ne les attend pour les actes qu'ils accomplissent ou subissent à présent. Chez les hommes, les décrets de la providence, les jugements des démons, les vies qui nous sont allouées, les rétributions de nos anciennes fautes délimitent, entre autres, le moment et le genre de notre mort. Ainsi les actions effectuées par choix, celles qui paraissent arriver au hasard, sont étroitement reliées à la destinée de chacun de nous et portent à accomplissement le châtiment mérité ; toujours les faits passés fournissent aux futurs la cause de leur survenue, et ce qui dépend de nous entraîne les circonstances de ce qui n'en dépend pas, du fait que les choix humains sont redressés par les lois du destin que le démiurge a assignées aux âmes.

NOTES

Les *Vers d'Or pythagoriciens*

1. D'après Hiéroclès, « la Loi, c'est l'intelligence démiurgique et la volonté divine qui produit éternellement toutes choses et qui les conserve pour toujours » (*Commentaire*, X, 26-27). Cf. Introduction, chap. « Ordre, Loi, Serment, rang ». On le verra souvent y faire référence.

2. Le commandement d'aimer les dieux, ses parents et ses amis (dans cet ordre) est un topos de la littérature parénétique et gnomique, qui figure notamment dans un écrit comparable aux *Vers d'or*, les *Sentences* du Ps.-Phocylide (éd. Derron, Paris, 1986).

3. Formule obscure, qui signifie peut-être : « puisque vous devez, vous pouvez » (une formulation inversée et contraignante de notre : « À l'impossible nul n'est tenu »). Hiéroclès commente ainsi ce précepte : « Chacun en effet est convaincu par la nécessité de pouvoir plus qu'il ne pensait pouvoir » (*Commentaire*, VII, 6). Thom, p. 124 n'est pas convaincu par cette interprétation.

4. La même idée est attribuée à Théophraste par Stobée, *Anth.* III, 31, 10, et elle se trouve aussi chez Démocrite (Fr. 244 D.-K.).

5. Faut-il lire *phileî,* troisième personne de l'indicatif présent, avec Koehler et Thom (p. 139), ou *philei,* deuxième personne de l'impératif présent avec Mullach, p. 59 et I. Gobry, *Pythagore*, Paris, 1992, p. 104 ? Nous suivons ici Koehler, Thom et Schibli, p. 212 qui adoptent *phileî.* Avec *philei*, il faudrait traduire : « *sois content tantôt de les acquérir, tantôt de les perdre* ».

6. Cf. Pindare, *Pythique* 11, v. 29 : « La félicité traîne une envie non moindre » (qu'elle-même).

7. Ces cinq derniers vers sont cités par Épictète, *Entretiens*, III, 10, 2-3.

8. Il s'agit de Pythagore, tant pour l'auteur des *Vers d'or* que pour Hiéroclès (cf. *Commentaire*, XX, 20). Ce vers est cité, avec plusieurs variantes, par de nombreux auteurs tels que l'empereur Julien (*Contre les Cyniques ignorants*, 196 C). — « Pour les Pythagoriciens, la *tétractys* était un symbole complexe dont le sens demeure énigmatique. Le terme signifie littéralement "groupe de quatre", et désigne principalement les quatre premiers nombres, 1, 2, 3, 4. Plusieurs facteurs contribuent à la merveilleuse nature de ces quatre nombres. En premier lieu, leur somme est dix, le nombre complet, puisque de lui tous les autres nombres peuvent être engendrés » (Thom, p. 174).

9. *Systasis* a été diversement traduit. Certains traducteurs insistent sur la composition, l'arrangement des dieux et des hommes (« constitution », « essence », « nature »), d'autres sur l'union, la liaison entre les dieux et les hommes (« union », « lien », « rapport »). Cf. Thom, p. 182. Nous choisissons la dernière solution, avec Hiéroclès.

10. Sur ce passage et sa traduction, cf. Introduction, n. 36. Nous lisons *hôs de kylindroi*, comme Schibli, en lieu et place de *hoi de kylindrois* de Koehler.

11. Les démons, ou génies, étaient des êtres spirituels qui, avec les dieux et les héros, servaient d'intermédiaires entre le Dieu suprême et les hommes. Il s'agit probablement ici du démon qui nous était attribué à notre naissance, ancêtre de l'ange gardien chrétien.

12. Cf. Plat., *Phèdre*, 246-248.

13. L'éther est le domaine sublunaire où résident les âmes purifiées. Le domaine supralunaire est habité par les dieux immortels.

14. Ce vers démarque le Fr. B 112 D.-K., v. 4 d'Empédocle : « Moi qui suis pour vous un dieu immortel, et non plus mortel ». Le thème du « serment » qu'il faut respecter (*V.O.* 2), abondamment exploité par Hiéroclès dans son *Commentaire*, trouve aussi son parallèle chez Empédocle (Fr. B 115, v. 4), selon qui l'homme entame une errance de plusieurs millénaires lorsqu'il commet une faute constituant une rupture du serment (*epiorkon hamartèsas epomossèi*). Ces deux vers se trouvaient dans les *Catharmes* (*Purifications*) d'Empédocle, auxquels il est possible que le *V.O.* 67 fasse allusion. Ces données suggèrent un travail de compilation à l'arrière-plan des *Vers d'or* (cf. Introduction, n. 42).

Commentaire sur les Vers d'or *des Pythagoriciens*

1. Définitions courantes dans l'école néoplatonicienne, en lien avec la définition, dans le *Phédon*, de la philosophie comme « exercice de mort » : cf. Proclus, *In Alc.*, p. 174 Creuzer ; David, *Prolégomènes à la philosophie*, p. 77, 28-31 Busse ; Élias, *In Isag.*, p. 12, 10-11 Busse.

2. Adaptation libre de Platon, *Tim.* 44 c 1 et 42 d 1-2. Il sera souvent fait allusion à ces passages.

3. La métaphore de l'œil appliquée à l'âme est d'origine platonicienne : cf. par ex. *Rép.* VII, 533 d.

4. Platon, *Phd.* 67 b 1-2.

5. L'opposition de l'humain et du divin est typiquement platonicienne (voir par ex. *Phd.* 80 b) : elle a été reprise par Jamblique, qui oppose les sciences purement humaines, « artificielles », au véritable art divin qu'est la théurgie (ex. *Réponse à Porphyre*, p. 74, 1-75, 18).

6. *V.O.* 45-46. Cette section de l'œuvre marque en effet, selon Hiéroclès, une transition importante (voir le chap. XX).

7. Les différentes écoles néoplatoniciennes ont beaucoup insisté sur le caractère réglé de l'accession au savoir et au salut. L'apprentissage de la philosophie pratique est une nécessaire propédeutique pour la philosophie contemplative, et l'humanité une propédeutique à la divinité. La comparaison saisissante de Hiéroclès sera reprise littéralement par Damascius, *Vie d'Isidore*, n° 227 dans l'épitomé de Photios, éd. Zintzen (Fr. 150 Athanassiadi). Damascius reprocha pourtant à Hiéroclès d'avoir été trop humain, et pas assez divin (cf. le texte cité dans l'Introduction, p. 53).

8. Sur le rôle d'enseignement préparatoire joué par les *Vers d'or*, cf. Introduction, p. 28-29.

9. Allusion à Hésiode, *Trav.*, v. 109 et suivants, passage à la source de la philosophie de l'Histoire de Platon dans la *République*, III, 415 a-c, ainsi que des néoplatoniciens (Damascius, *Vie d'Isidore*, Fr. 30 Zintzen et 18 Athanassiadi).

10. Les dieux encosmiques sont les divinités résidant à l'intérieur du monde : dans le cas présent, ce sont celles qui sont présentes dans toutes les sphères astrales (les sphères planétaires et la sphère des fixes). Ils y sont assignés par le dieu créateur (« démiurge »), selon une représentation inspirée de l'assignation des âmes aux différents astres dans Platon, *Tim.* 41 d 8-e 2.

11. Ainsi est appelé le Démiurge dans le *Timée* (28 c 3) ; cf. Proclus, *In Tim.* I, 299, 21-300, 13. Ce véritable « nom divin » sera fréquemment rappelé par Hiéroclès.

12. Renversement de l'expression « Dieux de dieux » désignant les dieux secondaires dans Platon, *Tim.* 41 a 7.

13. Homère, *Il.* XIX, v. 258, à propos de Zeus, que les néoplatoniciens identifiaient effectivement au Démiurge.

14. Citation de Pindare, à en juger par Plutarque, *Sur les notions communes contre les Stoïciens*, 1065 E 12.

15. C'est-à-dire les essences divines inférieures, dont il sera question dans les deux premiers chapitres, et peut-être aussi les astres.

16. Comme Schwyzer, p. 254, l. 12 et Schibli, p. 175, n. 4, nous préférons la leçon *syntetamenous* (de *synteinein*) à *syntetagmenous* adopté par Koehler, p. 8, l. 21-22. La « tension » vers le Bien, plus ou moins intense mais universellement ressentie, est la marque de tous les êtres rationnels, dépositaires d'une étincelle du divin.

17. Sur la place de l'âme chez Hiéroclès, voir Introduction, chap. « Genres supérieurs et place de l'âme ».

18. Sur la nécessité des intermédiaires, voir Introduction, p. 43.

19. Cette conception des être divins médians (c'est-à-dire des anges, démons et autres héros, supérieurs aux hommes mais inférieurs aux dieux) est déjà celle qui sera exploitée par Proclus, par exemple dans les *Elem. Theol.* Prop. 183 où les « âmes qui ni ne sont divines, ni ne connaissent l'alternance d'intelligence et d'inintelligence » désignent les démons (se reporter au commentaire *ad loc.* de E. R. Dodds, *Proclus, The Elements of Theology*, Oxford, 1963[2]).

20. Sur le fixisme de Hiéroclès, voir Introduction, p. 39-40.

21. C'est-à-dire dans le monde intelligible. Il s'agit de l'intellect éternel du dieu créateur, qui précontient la division en classes qui deviendra manifeste dans la création.

22. *Akrotès* et *peras*, « sommet » et « limite », sont des termes techniques de théologie néoplatonicienne, qui désignent respectivement le premier et le dernier niveau d'un ordre divin déterminé.

23. Cf. Schibli, p. 179, n. 18, qui voit dans ce corps incorruptible « le cosmos visible, corporel, du ciel et de la terre (impérissable parce que Hiéroclès soutenait la doctrine néoplatonicienne de l'éternité et de l'indestructibilité du monde) », alors que M. Meunier (*Hiéroclès, Commentaire sur les Vers d'Or des Pythagoriciens*, Paris, 1931, p. 54, n. 1) pensait plutôt au corps lumineux de l'âme.

24. Sur les *katakhthonioi daimones*, cf. Aujoulat, p. 182-187. Hiéroclès les identifie aux hommes en vertu d'une lecture de *V.O.* 50 (cf. *infra*, XXII, 5).

25. Sur le concept de « Loi », voir Introduction, chap. « Ordre, Loi, Serment, rang ».

26. Les ordres fixes se subdivisent donc eux-mêmes, ce qui ouvre la voie aux subtilités infinies de la « théologie scientifique » du néoplatonisme, par un processus bien connu de multiplication des intermédiaires.

27. Cf. Jamblique, *Réponse à Porphyre*, p. 21, 10-13 : les opinions erronées de Porphyre sur la nature des dieux entraînent la ruine du culte.

28. Plat. *Tim.*, 29 e 1-2, trad. Rivaud (*Platon, Œuvres complètes*, t. X *Timée, Critias*, CUF, Paris, 1925). Voir aussi 41 a-b : les dieux ne sont immortels que dans la mesure où le Démiurge juge meilleur qu'ils le soient et décide de ne pas les dissoudre. Sur la bonté de Dieu comme cause de la création, cf. Aujoulat, p. 102-104.

29. On a ici une formulation en concentré de l'idéal néoplatonicien dans l'Antiquité tardive, qui consiste en une connaissance ou contemplation *théologiques* et en un parcours *éthique* d'assimilation au divin.

30. Cf. Plat., *Rép.* VI, 500 c 5 ; principe fondateur de l'éthique grecque en général.

31. Maximes pythagoriciennes de provenance indéterminée, figurant aussi dans la *Lettre à Marcella* de Porphyre (cf. Schibli, p. 183 n. 34).

32. Tout ce passage relève d'une piété de l'esprit (*religio mentis*) opposée aux manifestations extérieures du culte, liée en particulier au *Théétète* de Platon (176 b-c : s'assimiler à Dieu signifie pratiquer justice

et piété) et à certains courants du pythagorisme, et relayée notamment par le philosophe médioplatonicien Apulée (*De Deo Socratis*, XVI : Socrate « rend un culte à son démon par sa justice et sa pureté ») et le néoplatonicien Porphyre (voir notamment le *De abstinentia* et la *Lettre à Anébon*, Fr. 19 Saffrey-Segonds = Jamblique, *Réponse à Porphyre*, p. 36, 5-7 : « la nature des suppliques les rend inaptes à être adressées à la pureté de l'intellect (divin) »). Dans cette conception, le comportement vraiment religieux est celui de qui se purifie lui-même afin d'entrer en contact avec la divinité, généralement conçue alors comme d'une nature similaire à celle de l'intellect humain (qui n'a aucune part à la matérialité). Cette idée est fréquemment exprimée par les néoplatoniciens : on peut penser aussi que Hiéroclès y fait allusion parce que, de son temps, la pratique publique des rituels païens était proscrite.

33. Cf. notamment Porphyre, *Lettre à Marcella*, 16.

34. Le thème de l'intelligence humaine comme parcelle divine est d'origine stoïcienne (voir Long et Sedley, 54B = *Stoicorum Veterum Fragmenta* II, 1077) et se marie admirablement avec le platonisme (Porphyre, *Lettre à Marcella* 19). Il permet de concilier une optique religieuse, chère aux néoplatoniciens, avec un rationalisme que la pensée grecque n'a jamais entièrement abdiqué.

35. C'est-à-dire Apollon.

36. À *autois* adopté par Koehler, p. 13, l. 27, nous préférons la leçon *autôi* adoptée par Mullach, p. 32, l. 17.

37. Cf. Porphyre, *De abstinentia*, II, 15, éd. J. Bouffartigue et M. Patillon (CUF), Paris, 1979 : la Pythie aurait déclaré « qu'à ce Thessalien qui amenait à Apollon Pythien des bœufs aux cornes dorées et des hécatombes, le dieu aurait préféré l'homme d'Hermioné (ville d'Argolide) qui, pour tout sacrifice, avait offert trois doigts de pâte tirée de sa besace ». On comparera à la parabole de la vieille femme dans l'*Évangile selon Marc*, 12, 41. L'Empereur Julien (*Contre Héracleios le Cynique*, chap. 9, 213 D-214 A) exprime une opinion semblable sur la piété du cœur, supérieure aux hécatombes.

38. Ou « revenir » vers Dieu, selon la conjecture de Needham *anastrophèn*, acceptée par Schwyzer.

39. Les serments faits au quotidien apportent de la certitude dans le tissu changeant de la vie, et œuvrent ainsi à la détermination et à la compréhension du réel. Les puissances de détermination (*peras*) sont toujours connotées positivement en philosophie grecque.

40. Sur les différentes sortes de vertus, cf. par ex. Hadot, p. 152-158. Les vertus purificatrices se situent à l'échelon immédiatement supérieur aux vertus politiques, qui, en qualité de vertus du sens commun, constituent une propédeutique.

41. Nous avons ici un petit exemple de ces « exercices spirituels » dans lesquels P. Hadot (*Exercices spirituels et philosophie antique*, Paris, 2002) a voulu voir une expression typique de la pratique antique de la philosophie.

42. Sur ce projet de « théologie scientifique » qui classifie de manière exhaustive essences, puissances et activités des êtres divins, voir Introduction, chap. « Genres et classes, uni-multiplicité : la théologie scientifique ».

43. À la leçon *hôs de en kosmô* adoptée par Koehler, p. 18, l. 22, nous préférons avec Schwyzer, p. 253 et Schibli, p. 191, n. 6, *tôn de en kosmô.*

44. « Multipliée », au sens de « fragmentée ». Pour tout philosophe néoplatonicien, la multiplicité est signe d'infériorité, tandis que la divinité – et en particulier la divinité suprême, l'Un – est caractérisée par l'unité. Les degrés intermédiaires évoluent ainsi par nature dans une ambiguïté ontologique.

45. Cf. *supra*, n. 22 pour le sens de *peras* ici. Hiéroclès fait allusion à la loi néoplatonicienne selon laquelle le terme d'un ordre donné coïncide avec le début de celui qui lui fait suite (cf. Proclus, *Elem. Theol.* Prop. 147). La réalité s'enchaîne ainsi en une succession de maillons.

46. Pour l'établissement du texte, cf. Schibli, p. 193, n. 11, qui suit Schwyzer, p. 253. Cf. Plat., *Crat.* 398 d pour le jeu étymologique, ainsi que le *Phèdre* et le *Banquet* pour l'amour comme force nous élevant vers le divin (Hiéroclès s'en inspire dans le *Traité sur la Providence*, 464 b, p. 200).

47. Cf. Platon, *Crat.* 398 b.

48. C'est-à-dire « anges », selon le sens de ce mot grec. Hiéroclès va développer à leur sujet.

49. On pense en effet à l'Amour, décrit comme un démon dans le *Banquet* 202 d, ou au « démon de Socrate ». Sur les distinctions ici faites entre genres supérieurs, voir Introduction, chap. « La triade des genres supérieurs ».

50. C'est-à-dire que la classe médiane est une émanation de la première classe, aussi fidèle que possible, mais toutefois essentiellement différente et inférieure, comme la lumière émise par le feu, qui dépend de celui-ci pour exister.

51. Pour l'expression, cf. Platon, *Timée*, 40 e 1 (passage certainement ironique, mais pris à la lettre par la totalité des néoplatoniciens). Hiéroclès précise qu'il ne s'agit pas d'une filiation biologique, qui poserait le problème théologique difficile de l'union entre dieux et hommes.

52. Sur les héros chez Hiéroclès, cf. Schibli, p. 194, n. 16. — À propos de la lumière mêlée d'ombre dans les apparitions des êtres divins inférieurs, cf. Jamblique, *Réponse à Porphyre*, p. 58.

53. Sur les thèmes du rappel et du chœur divin, cf. Schibli, p. 195, n. 19.

54. Litt. « la jalousie » (*phthonos*), notion platonicienne, rigoureusement exclue de l'essence divine (*Phèdre*, 247 a 7). De même les hommes vertueux n'ont pas refusé de partager avec nous leur exemple (IV, 4). La jalousie s'oppose à l'idée de grâce, toujours disponible parce que toujours proposée généreusement par les dieux.

55. À propos des « démons terrestres », cf. par ex. Aujoulat, p. 181-188 et Thom, p. 112-115, et encore Schibli, p. 195, n. 2 : « *Katakhthonioi* signifie généralement "souterrain" et on le trouve dans la littérature et les inscriptions grecques pour faire allusion aux dieux et aux esprits du monde infernal et aux âmes des morts … Quand Hiéroclès applique ce mot aux âmes humaines qui "vivent comme des citoyennes sur terre" … et "s'établissent sur la terre" …, il prend manifestement comme Thom, p. 114, l'observe, *kata* incorrectement dans le sens de "sur, de par", de sorte que *katakhthonios* devient l'équivalent de son contraire, c'est-à-dire de *epikhthonios* … Hiéroclès se rend bien compte qu'il s'écarte de l'usage normal (voir IV, 3), mais il y est contraint par sa préoccupation primordiale de faire que ces démons des *Vers d'or* … s'adaptent à la dernière place dans sa progression dieux – démons / héros – hommes ».

56. L'expression revient périodiquement sous la plume de Hiéroclès (cf. XI, 30 et 33 ; XXVII, 7). Les parallèles les plus proches sont chez saint Paul, *Philippiens* 3, 20 : *hèmôn gar to politeuma en ouranois hyparkhei* (« car la citoyenneté qui est la nôtre est dans les cieux »), et plus précisément encore dans l'*Épître à Diognète*, 5, 9 : *epi gès diatribousin, all' en ouranô politeuontai* (« ils vivent sur la terre, mais ils ont citoyenneté dans le Ciel »). On pense aussi à Plat., *Tht.* 176 a-c : le philosophe fuit d'ici-bas vers là-haut en s'assimilant aux dieux.

57. Hiéroclès se réfère ici à la distinction, introduite semble-t-il par Porphyre, entre « par nature » (*kata physin*) et « par relation » (*kata skhesin*). Une entité « par nature » a été et sera toujours telle ; une entité « par relation » est élevée à un certain grade en fonction d'un progrès moral.

58. Cf. Aujoulat, p. 186-187.

59. Céleste, éthéré, terrestre : tripartition issue des *Oracles chaldaïques* (cf. H. Lewy, *Chaldean Oracles and Theurgy*, Paris, 1978², p. 137 n. 270), et reprise dans le *Traité sur la Providence*, 461 b, p. 192.

60. Sur les démons inférieurs, cf. Schibli, p. 197, n. 7. Voir aussi Aujoulat, p. 201-206. Hiéroclès balaie ici expressément l'interprétation littérale du texte, qui naturellement s'impose pour un lecteur non prévenu.

61. Cf. Schibli, p. 198, n. 10 : « Par "l'accomplissement des prescriptions de la Loi", les *Vers d'or* veulent manifestement dire les rites coutumiers dédiés aux morts, dans des cultes ou ancestraux ou héroïques ; voir Thom, p. 115-116. Hiéroclès cependant, venant d'interpréter les *katakhthonioi daimones* comme des êtres humains d'une exceptionnelle vertu, fait abstraction de la dimension cultuelle de ce texte – délibérément, comme on peut le déduire de IV, 4 (p. 22, 11-12) plus bas – et il lui donne à la place une interprétation morale ».

62. « Notre corps seul, car l'âme vient de Dieu », d'après M. Meunier, *Pythagore, Les Vers d'Or ; Hiéroclès, Commentaire sur les Vers d'Or des Pythagoriciens*, Paris, 1931, p. 92, n. 1. Voir aussi Schibli, p. 200, n. 7.

63. Cf. Plat., *Rép.* X, 617 e 3.

64. C'est-à-dire les dieux immortels, les anges, les démons et les héros.

65. Sur l'importance de l'amitié chez les pythagoriciens, cf. Thom, p. 119-120.

66. C'est-à-dire les « démons terrestres » des *Vers d'or*, êtres humains de vertu exceptionnelle et assimilés aux démons (*supra*, IV, 1-2).

67. Cf. V, 2 (p. 23, 13).

68. Sur le mot *systoikhia*, cf. J. Tricot, dans *Aristote, Métaphysique*, t. I, Paris, 1974, p. 45, n. 4 à 986 a 23 : « Le terme *systoikhia* a le sens de *colonne* : c'est l'une des *séries parallèles* dont les articles se correspondent exactement, une *rangée* ». Le mot est issu du pythagorisme et renvoie aux tables d'opposés : bien/mal, mâle/femelle, pair/impair, etc.

69. Cf. Plat., *Gorg.* 507 e : « Sans association (*koinônia*), point d'amitié ».

70. Cf. la traduction des *Vers d'or*, n. 3.

71. Par l'opposition entre la force (*bia*) et la nécessité divine (*theia anagkè*), Hiéroclès signifie que les règles de l'amitié ne sont pas sans base rationnelle, mais plutôt font partie de l'ordre providentiel et doivent être acceptées de plein gré. Cf. Schibli, p. 204, n. 7.

72. Cf. Aristote *apud* Diogène Laërce, V, 20 : « Comme on lui demandait ce qu'il avait bien pu tirer de la philosophie, il répondit : "Faire sans qu'on me l'ordonne ce que certains font par crainte des lois" ».

73. Sur ces deux sortes de nécessité, cf. Aujoulat, p. 382-383.

74. Schibli, p. 205, n. 10 choisit *hypagoreuei* à la place de *apagoreuei* ; cf. Schwyzer, p. 54 et Mullach, p. 53, l. 12.

75. Croisement de deux logiques : la bienveillance absolue de Dieu pour l'homme comme tel (théodicée), et l'idée de mérite personnel ; ou en d'autres termes, une logique de grâce, offerte à tout homme, opposée à une logique de vertu, réservée aux meilleurs. Les néoplatoniciens ont constamment hésité entre ces deux façons de voir, qui peuvent également se prévaloir de Platon. Hiéroclès les applique en outre ici aux rapports interpersonnels : à l'image de Dieu, l'homme vertueux doit manifester une amitié générale pour tous, sans haïr personne, et une amitié particulière pour les hommes de bien, dont il recherche activement la compagnie.

76. Ceci s'oppose à la morale politique de la *République*, incarnée par le chien, animal philosophe (II, 376 a-b) : être bon avec les amis, et méchant avec les ennemis.

77. Avec *khorèga*, « Hiéroclès utilise un substantif non attesté par ailleurs, mais son sens est clair à partir de *khorègia* et de *khorègos* » (Schibli, p. 207, n. 2).

78. Sur l'opposition *akolasia / sôphrosynè*, cf. Schibli, p. 208, n. 1.

79. Eur., *Méd.*, v. 1078-1079. Citation très répandue depuis Chrysippe : cf. Alcinoos, *Enseignement des doctrines de Platon*, éd. Whittaker (CUF), chap. XXIV, n. 379.

80. Cf. Plat., *Gorg.* 513 c 4-6. Entre les deux premières citations, Hiéroclès a substitué « désir » à « colère ».

81. Pour l'expression, cf. Plutarque, *Qu'on ne peut vivre agréablement selon Épicure*, 1096 C 7-8.

82. Pour un platonicien, l'exercice physique, qui administre la matière du corps, est d'un ordre inférieur au soin de l'âme immatérielle.

83. « C'est-à-dire devant nous-mêmes » (Schibli, p. 210, n. 15).

84. Pour l'explication des *V.O.* 11-12, cf. Thom, p. 130-132.

85. C'est-à-dire toi-même.

86. Notation de théodicée : les maux échappent à la connaissance de Dieu parce qu'ils naissent en-dehors de sa causalité : il n'en est pas responsable.

87. Sur l'expression *dia pasôn*, cf. Schibli, p. 213, n. 2, au milieu.

88. Cf. Plat., par ex. *Rép.* IV, 427 e, 442 b ; VI, 504 a. Tempérance, courage, prudence et justice, qui couronne les trois autres, forment les « vertus cardinales » de Platon.

89. Nous lisons *to hen <en> hekastou tais praxesin aei zètousa*, malgré Schibli, p. 213, n. 6 et Schwyzer, p. 255. C'est au sens où l'action rationnelle doit être déterminée selon une certaine forme précise que la sagesse « cherche l'unité dans les actions ». Selon la pensée grecque, la vérité est quelque chose d'unique, tandis que le mensonge et l'erreur sont multiples.

90. Avec Schibli, p. 214, n. 7, nous adoptons la correction de Koehler *apekhesthai* pour *anekhesthai.*

91. La distinction entre l'homme mortel et l'Homme immortel, qui fera retour en XXVI, 5-6, se réclame du platonisme, et plus précisément de son renouveau aux premiers siècles chrétiens, notamment à Alexandrie et chez des auteurs comme Philon (*Legum allegoriae* I, 31-42 : distinction de l'homme céleste et de l'homme terrestre) ou dans l'hermétisme. Dans le *Traité sur la Providence*, 172 a, Hiéroclès désigne en outre les âmes humaines comme des « hommes immortels ».

92. Sur l'illumination de l'âme, cf. Aujoulat, p. 44-47. La métaphore est liée au platonisme (image du Soleil fils du Bien, *Rép.* VI, 507 e-509 b) et plus particulièrement, telle qu'appliquée à l'âme, à Aristote, *De Anima*, III, 5, 430 a.

93. Sur ce thème de l'*euzôia*, voir Aujoulat, p. 358-360.

94. C'est-à-dire le corps.

95. En prenant *dogmata* au sens de « ordonnance, décret », comme dans la formule *edoxe tô dèmô*, « le peuple a décrété... ». Cf. *infra*, X, 8,

les « mesures divines ». Schibli, p. 215, n. 13 voudrait traduire par « enseignement » et voir dans les êtres supérieurs (*hoi kreittones*) « ces humains exceptionnellement vertueux dont on discute au chap. IV, qui ont disparu avant nous et dont nous devons suivre l'exemple ; cf. spécialement IV, 4 (p. 22, 2-10) ». Mais il est difficile de donner ce sens à *dogmata* qui signifie plutôt « opinion, doctrine ».

96. Vocabulaire stoïcien : l'éthique néoplatonicienne subit l'influence du stoïcisme, comme on le voit dans le commentaire de Simplicius au *Manuel* d'Épictète.

97. L'« opinion droite » (*orthodoxia*) évoque la « droite raison » (*orthos logos*), qui est une notion importante chez Platon (*Phlb.* 11 b 8) et en morale aristotélicienne (voir *Éthique à Eudème*, 1220 b 28 ; 1222 a 8 ; *Éthique à Nicomaque*, VI, 1, etc.), mais ici employée avec un accent religieux.

98. On lit implicitement ici une doctrine attestée chez Jamblique, par ex. *Lettre à Macédonius*, *apud* Stobée, *Anth.* II, 8, 43 : « pour autant que l'âme reste telle, elle comprend en elle-même la vie libre et la vie indépendante ; et pour autant qu'elle se donne aux choses engendrées et qu'elle se subordonne au mouvement de l'univers, elle passe sous le régime du Destin et devient l'esclave des nécessités physiques ; pour autant enfin qu'elle réalise son acte intellectuel, qui est réellement libre et indépendant, elle fait volontairement ce qui est de son ressort et elle touche véritablement au divin, au bien et à l'Intelligible ». Autrement dit, on souffre de l'état du monde quand on se laisse aller au cours de la nécessité, sans recourir à la raison : tout est alors vécu sous un mode passionnel, et on ressent les lois universelles comme une série d'injonctions tyranniques, arbitraires et contraires à notre intérêt. L'âme au contraire qui s'extirpe de cet asservissement agit volontairement et se place sous le régime de la providence.

99. Trait de morale socratique : c'est involontairement que le méchant cause son propre mal : l'injustice vient d'un défaut du discernement sur le bien véritable, qui est d'ordre moral.

100. Chez Mullach, p. 64, l. 9, on lit : *mèdamôs logizomenos* (cf. apparat critique : *Vulgo haec verba desunt*). Ces mots sont absents de Koehler, p. 38, l. 1.

101. Sur le terme *skopos*, voir Introduction, chap. « Exégèse des *Vers d'or* – Principes recteurs ».

102. *Paradosis*, un terme qui devient technique dans le néoplatonisme au sens d'une « révélation » d'ordre quasi-religieux.

103. Sur la générosité, cf. Schibli, p. 219, n. 31.

104. Le texte est corrompu ici : Koehler édite *autèn prosdexômetha* affecté de la *crux desperata*, signale une variante *prosexometha* et propose *prosexeimetha* en note. On pourrait adopter la correction de Schwyzer, suivie par Schibli : *<di'> autèn proexeimetha* ; mais, tout en retenant l'ajout *dia*, nous pensons préférable de revenir à la conjecture de Bentley, *proèsoimetha*, optatif futur moyen de *proièmi*, qui fait l'économie de l'*hapax legomenon proexièmi*. Aucune différence quant au sens, dans la mesure où Schwyzer et Schibli ne donnent pas au verbe *proexièmi* un sens différent de *proièmi*, « rejeter ».

105. Texte difficile. Notre traduction nous semble préférable dans le contexte : nous comprenons que la disparition de la vertu est *réellement* et en toute logique la conséquence de la croyance (elle-même fausse, évidemment) en une âme mortelle, comme cela va être montré. Le texte tel qu'édité par Koehler, *mallon è*, a cependant pour sens « ils se payent de mots *plutôt* qu'ils ne disent vrai » : pour obtenir le sens voulu, on peut corriger soit par *mallon de*, soit par *è mallon*, soit par *ou kompseuontai mallon è alètheuousin* (pour ces deux dernières tournures, voir le dictionnaire Liddell-Scott, *s.v. mala*, II. 3.). La correction de Schibli, *<di'> [tèn] aretèn*, n'est ici pas prise en compte.

106. Retour de ce couple, qui duplique celui de la philosophie pratique et contemplative selon le Prologue, 3.

107. Nous adoptons à la place de *pôs gar an doxèi* de Koehler, *pôs gar an doxei<e>* de Schibli. Cf. Schwyzer, p. 253-254.

108. Hiéroclès fait indubitablement allusion ici à la doctrine épicurienne de l'inextricable interdépendance entre le corps et l'âme, tous les deux étant corporels.

109. Sur le recours fréquent des néoplatoniciens à des autorités sacrées et révélées, voir Introduction, p. 30.

110. On voit ici que Hiéroclès conçoit le texte commenté comme une série de petites révélations sur différents points de doctrine. Cette attitude est commune dans le néoplatonisme : le modèle est celui du *Parménide* platonicien, où on voyait alors, dans le jeu des différentes hypothèses et conclusions, une hiérarchie graduée de la réalité. Ici, les révélations sont naturellement plutôt d'ordre éthique.

111. Avec Mullach, p. 67, l. 5, et Schibli, nous lisons *metabainômen* au lieu de *metabainomen* chez Koehler. Cf. Schwyzer, p. 254.

112. Ce sont soit les démons éthérés, qui ont été placés par Dieu pour nous juger et pour veiller sur nous (cf. Hiéroclès, *Traité sur la Providence*,

462 a-b), « nos gardiens et nos surveillants, parce qu'ils distribuent à l'homme les justes lois du destin » (Schibli, p. 223, n. 44) ; soit peut-être plutôt le démon personnel de chacun (sur lequel voir Jamblique, *Réponse à Porphyre*, p. 201, 24-211, 12).

113. C'est donc le jeu des vies antérieures et de la réincarnation qui explique, en dernière analyse, les souffrances présentes des justes. L'argument reviendra à de nombreuses reprises.

114. La référence est à Plat., *Rép.* X, 617-621. — Deux personnes qui ne sont pas égales ne sauraient recevoir l'égal : cf. Aristote, *Éthique à Nicomaque*, 1131 a 23.

115. Cf. *supra*, n. 112.

116. Anticipation de *V.O.* 19.

117. Il s'agit de la théurgie : cf. Introduction, p. 70.

118. Sur la métaphore du havre de l'âme, cf. par exemple Proclus, *Commentaire sur le* Timée, I, 302.23-24 (*ho patrikos hormos*, le havre constitué par notre Père, le Démiurge).

119. Cf. le *V.O.* 14.

120. Sur la « raison droite », cf. *supra*, n. 97. Elle est ici conçue comme innée en l'homme, à l'image des « notions communes » qui selon les néoplatoniciens (voir par ex. Jamblique, *Réponse à Porphyre*, p. 5, 13-6, 11) constituent un trésor de conceptions véridiques indubitables, touchant notamment aux règles élémentaires de la piété (foi dans l'existence des dieux). Ces notions sont un legs divin et garantissent notre supériorité par rapport à la nature simplement matérielle.

121. Sur l'absence d'un principe du mal chez les néoplatoniciens, cf. Schibli, p. 226, n. 5. Monisme éthique : seul le Bien existe, le mal n'en est que l'absence. C'est une évolution métaphysique remarquable du socratisme.

122. Le caractère essentiel et divin (ou quasi-divin) de la raison est un trait fondamental de l'éthique grecque.

123. D'après Schibli, p. 226, n. 7, il y a là « probablement une allusion à la vie préexistante de l'âme ».

124. Citations d'Épictète : respectivement *Manuel*, chap. 11 et *Entretiens*, III, 24, 105, qui relaie un propos prêté à Anaxagore par Dion Chrysostome (*Or.* XXXVII, 37), et à Xénophon par Diogène Laërce (*Vies des philosophes illustres*, II, 54).

125. *Lèxis*, terme technique dans le néoplatonisme après Jamblique pour désigner les circonscriptions que se partagent les êtres divins, et ici pris au sens commun de « lot, sort ».

126. *Ouk estin aitios*, rappel du *theos anaitios* (« le dieu n'est pas responsable ») de la *République*, X, 617 e, souvent évoqué par Hiéroclès.

127. Distinction entre l'individu comme représentant de l'universel « homme » ou comme personne particulière (Socrate ou Callias), cf. Aristote, *Met.* 981 a 18-20. Hiéroclès l'utilisera de nouveau dans la suite (Dieu ne châtie pas l'homme en général, mais l'individu).

128. Cf. Schwyzer, p. 254 : « *Panta* ... est indispensable et ne doit pas être remplacé par *pantakhothen* ; tout au plus pourrait-on penser à mettre les deux mots dans le texte ». C'est la solution choisie par Schibli, p. 228, n. 15, et celle que nous adoptons.

129. Sur le hasard et la spontanéité, cf. Schibli, p. 227, n. 12 et le *Traité sur la Providence*, 462 b-463 a.

130. Sur le destin et la providence, cf. Schibli, p. 228, n. 16 et l'Introduction, chap. « Providence et liberté humaine ».

131. Opposition platonicienne de l'être et du devenir ; mais Hiéroclès tend à penser que même le devenir est régi par la providence, sans que le hasard ne joue un rôle déterminant.

132. On suppose ici que le hasard est un simple produit dérivé des véritables chaînes causales qui, étant indépendantes, ne peuvent pas totalement se coordonner. Plutôt que d'accorder une véritable réalité au hasard, cela revient plutôt à lui refuser le statut de facteur décisif dans la vie, comme le voudrait la sagesse populaire.

133. Notation importante : la Loi est une émanation de la bonté, qui est selon les néoplatoniciens le principal attribut de la divinité (cf. Jamblique, *Réponse à Porphyre*, p. 11, 9-16) : le premier dieu, l'Un, est identifié par eux à l'idée du Bien du septième livre de la *République*.

134. On reconnaît la thèse défendue par Socrate dans le *Gorgias*.

135. Sur la vertu pédagogique de la souffrance, voir Plat., *Rép.* X, 619 d.

136. Sur Tantale et son rocher (qui n'est pas nécessairement associé à Sisyphe), cf. Pind., *Ol.* I, 57 ; Plat., *Crat.* 395 d-e.

137. « Les biens civiques ... ayant affaire avec le bon ordre de notre vie terrestre, sont obtenus par la pratique de la vertu civique, que Hiéroclès appelle une "vertu médiane" ... parce qu'elle convient à la position médiane de l'homme dans l'ordre universel » (Schibli, p. 232, n. 28). On peut ajouter aussi que selon le *Commentaire* (XXVI, 27), cette vertu est médiane entre contemplation et télestique.

138. Il semble difficile d'admettre, avec Schibli, p. 232, n. 29, l'oxymoron : « le plaisir qui dérive de nos maux » (*eulogistos tôn algeinôn hèdonè*) qui correspond à la tradition manuscrite : cf. Schwyzer, p. 255 et le compte rendu de Schibli par H. D. Saffrey, *Gnomon* 77, 2005, p. 308-309. On pourrait à la rigueur comprendre *hèdonè* dans un sens large de « réjouissance » (cf. Plat., *Phèdre*, 233 b 4). Nous préférons corriger *hèdonè* en *hèonè* (de *oninèmi*), « avantage, profit », en nous inspirant de Platon, *Crat.* 419 b-c, qui explique d'ailleurs ainsi, par une étymologie fantaisiste, le mot *hèdonè*.

139. Reprise du thème précédent (XI, 11) : Dieu châtie ceux qui se sont librement rendus coupables, non pas les hommes en tant que tels, pour qui il n'a que bienveillance.

140. Une théorie commune chez les néoplatoniciens est celle de la « réceptivité » (*epitèdeiotès*) : étant posé *a priori* que dans tout phénomène réel (c'est-à-dire impliquant les principes que sont les causes divines), la cause est immuable, alors toute variation dans le résultat ne peut venir que d'une variation de l'aptitude de l'effet à recevoir l'influx de la cause (cf. *Réponse à Porphyre*, p. 188, 1-25 à propos du Soleil). Ici, le jugement divin est par définition immuable, parce que Dieu ne cesse pas d'être bienveillant : c'est donc le coupable qui s'attire une différence de traitement.

141. Cf. *supra*, n. 137.

142. Allusion aux rites de la théurgie ; cf. plus particulièrement Jamblique, *Réponse à Porphyre*, p. 36, 5-26. On voit ici très clairement que selon Hiéroclès, il est futile de prétendre se sauver par ces rites, si on n'a pas accepté le règne de la Providence et la nécessité d'agir bien.

143. C'était l'opinion des Épicuriens. Épicurien aussi d'inspiration, le trilemme qui suit et que Hiéroclès réfute comme impie : si le mal existe, soit Dieu n'existe pas, soit il peut mais ne veut pas supprimer le mal, soit il veut mais ne peut pas le supprimer.

144. Cf. plus haut, I, 1.

145. Essence, puissance et activité forment une triade fréquemment associée dans les textes de cette période (cf. par ex. Proclus, *In Alc.* p. 84 Creuzer) : ces termes sont en continuité : à l'essence sont attachées des puissances, et des puissances découlent des activités ou effets.

146. Cf. *supra*, *Commentaire*, I, 4 et l'Introduction, chap. « Genres supérieurs et place de l'âme ».

147. C'est-à-dire le corps, commun aux hommes et aux animaux.

148. L'âme humaine, dans le néoplatonisme (et surtout chez Plotin) est en effet peu ou prou comparable au « fils prodigue », exilé loin de sa famille, mais qui finira par y revenir parce qu'en elle se trouve sa véritable nature.

149. Cf. Plat., *Tim.* 41 b-d. On voit ici que ce passage de Platon est interprété de façon rigide, de façon à aboutir à l'idée de créations multiples : tandis que chaque âme rationnelle est créée *en particulier* par le Démiurge principal, les « genres » animaux universels sont créés par lui en bloc, et les individus animaux – qui ne varient que par quelques données accidentelles comme la couleur du pelage, la taille... – sont constitués par la Nature. — Les dieux encosmiques (cf. I, 1 et la n.) sont les êtres de rang divin, et donc supérieurs aux simples héros et démons, qui sont actifs dans le monde. Inférieurs au Démiurge – qui surplombe quant à lui le Monde, dont il est cause –, ils sont également créés, selon les néoplatoniciens, à partir du cratère du *Timée*, mais préalablement par rapport aux entités inférieures.

150. Plat., *Tim.* 90 a-b : métaphore qui désigne l'homme.

151. *Ibid.* 41 d-e.

152. Cf. Eur., *Phén.*, v. 934, et surtout Plat., *Phèdre*, 244 d 6 et Jamblique, *Réponse à Porphyre*, p. 91, 6. Ce seraient donc les conséquences néfastes de mauvais comportements dans les vies antérieures.

153. Pour interpréter ces vers, cf. I. Gobry, *Pythagore*, Paris, 1992, p. 106-107 ; Thom, p. 150. Il ne s'agit pas de dire qu'on doit se laisser persuader par le faux, mais que les rapports humains doivent être régis par l'aménité (cf. *V.O.* 6).

154. Ambivalence du vouloir humain, cf. Introduction, p. 62-63.

155. Il s'agit de la haine des discours engendrée par les contradictions qui affectent les paroles des ignorants discutant de tout sans rien savoir, et engendrant le doute. Cf. Plat., *Phd.* 89 d-e ; *Rép.* III, 411 d-e.

156. Platonisme : le mensonge est pur non-être, tandis que la vérité s'identifie à l'être réel contenu dans les Idées, et à ce titre est indéniable. Cf. Plat., *Gorg.* 473 b : « jamais le vrai ne peut être réfuté » ; Syrianus, *In Metaph.* 131, 8 : on ne peut démontrer le mensonge, ni réfuter le vrai.

157. Comme Mullach, p. 8, l. 17 et Schibli, p. 242, n. 2, nous ajoutons *alysitelôs* à Koehler, p. 57, l. 22. Nous avons affaire ici à un véritable style de prêche.

158. Sur ces notions communes, cf. plus haut, *Commentaire*, XI, 3 et la n.

159. Ou : « en est venu à un tel degré de folie », si on remplace *hyponoias* par *aponoias* (Needham).

160. *V.O.* 11-12.

161. *Ekdeimainô* a ici un sens actif, qui se tire du passif *deimainesthai*, « être effrayé ».

162. *V.O.* 13.

163. Selon Koehler dans les notes de sa traduction allemande (Stuttgart, 1983), Hiéroclès a ici en vue « le destin d'Hypatie et autres éventualités similaires ».

164. C'est-à-dire à ton âme rationnelle.

165. Tripartition bien connue, popularisée par le stoïcisme, mais présente aussi dans le platonisme (Diogène Laërce, *Vies des philosophes illustres*, III, 80).

166. Allusion au fixisme néoplatonicien.

167. Selon la théorie néoplatonicienne de la causalité, l'efficience est contenue dans les causes supérieures, et l'inférieur (tout ce qui est matériel, comme le corps) ne peut que se proposer de ne pas faire obstacle à cette efficience : il n'a pas de pouvoir causal proprement dit. — On doit avoir du corps un soin suffisant pour qu'il se conforme correctement aux souhaits de l'âme. Cette idée, présente par ex. chez Plotin (*Enn.* I, 4, 16, 21-30), s'inspire de la métaphore de l'âme comme harmonie du corps avancée par Simmias dans le *Phédon*, 86 a.

168. En supprimant *tèi* avec Needham et Schwyzer.

169. C'est-à-dire avec Dieu.

170. Comme Schibli, p. 247, n. 16, nous suivons Mullach, p. 93, l. 15-16 et Schwyzer qui note p. 253 : « p. 61, 26, Koehler écrit : *ti oun*

prosaxei ; ti hikanon... etc., mais *prosaxei* a besoin d'un sujet, et c'est le *tis* bien attesté (au lieu du deuxième *ti*) qui (62, 3) est repris de *houtos*. Nous devons ainsi écrire *ti oun prosaxei tis hikanon* (ou *hikanôs*), ce qui assurément (61, 27) rend nécessaire la conjecture de Bentley *doseis è aphaireseis* (accusatifs) au lieu de *dosis è aphairesis* ».

171. Comme Mullach, p. 94, l. 4, Schwyzer, p. 254 et Schibli, p. 248, n. 19, nous lisons *hôn heneka* au lieu de *hôn hena* chez Koehler.

172. Accent très plotinien ici encore, particulièrement dans la notion de « nous » (*hèmeis*) : voir Introduction, n. 148. Selon Plotin, le bonheur n'est aucunement lié à l'état du corps, et il est possible d'être heureux dans le taureau de Phalaris (*Enn.* I, 4). C'est un développement de la thèse socratique : celui qui subit une injustice, même sous la forme de tortures terribles (cf. Plat., *Gorg.* 473 c), est plus heureux que celui qui la commet. L'argument repose en dernière analyse sur le dualisme âme-corps : nous sommes notre âme, notre corps n'exprime pas notre identité.

173. Nous lisons *diathlein* comme Mullach, p. 96, l. 2, et Schwyzer, p. 254, au lieu de *diathlei* chez Koehler, p. 63, l. 15.

174. On a ici un exemple de constitution d'une « triade », procédé cher aux néoplatoniciens.

175. Nouvelle triade, inspirée notamment de Plat., *Lois*, IV, 715 e 8.

176. C'est-à-dire jamais totalement. — Sur la complexité de l'âme chez Hiéroclès, cf. Schibli, p. 250, n. 5, qui note cependant les expressions prudentes du commentateur. Voir aussi *ibid.* p. 252, n. 13.

177. *Kakodaimôn*, qui est le mot grec pour décrire l'homme malheureux.

178. C'est-à-dire le suicide.

179. Le juge dans l'Hadès. Perspective eschatologique, qui peut se réclamer du *Gorgias* de Platon, qui évoque le triumvirat de juges infernaux Minos – Éaque – Rhadamanthe.

180. La mort de l'âme (thème cher aux philosophies platoniciennes de l'ère chrétienne) est identifiée au vice. Les punitions infernales sont appliquées à seule fin de supprimer celui-ci, et ainsi faire renaître l'âme à sa véritable essence.

181. On pense à la phrase célèbre de Bossuet (souvent déformée) : « Dieu se rit des prières qu'on lui fait pour détourner les malheurs publics, quand on ne s'oppose pas à ce qui se fait pour les attirer. Que dis-je ? quand on l'approuve et qu'on y souscrit ».

182. Eur., *Méd.*, v. 144-145.

183. *Il.* X, v. 94.

184. Plat., *Criton*, 46 b. Sur la « raison droite », cf. *supra*, n. 97.

185. Reprise de la distinction entre les biens extérieurs et la sphère intérieure où l'individu (*hèmeis*) est souverain : voir Introduction, p. 71.

186. Cf. plus haut, *Commentaire*, XI, 4, la mise en parallèle de la divinité, principe unique du monde, et de la raison, principe unique en nous.

187. Sur l'illumination de l'âme, cf. *supra*, n. 92.

188. Sur cette image, cf. Plat., *Gorg.* 500 a et *Lois*, XI, 929 b.

189. Nous adoptons le texte de Mullach, p. 101, l. 3 avec *planatai.*

190. C'est dans le *Philèbe* qu'est abordée la question de l'unité du plaisir – entre plaisir vulgaire et plaisir intellectuel –, ainsi que celle de savoir lequel de ces plaisirs peut prétendre au titre de condition du bonheur. Il va de soi que, pour Hiéroclès, le plaisir mauvais mérite à peine le nom de plaisir, puisqu'il éloigne du bonheur bien compris.

191. *Epokhè*, vocabulaire sceptique.

192. Thème déjà abordé *supra*, XIII, 8.

193. Cf. Plat., *Phèdre*, 246 a.

194. Certains aliments sont plus « pesants » que d'autres, car ils contiennent davantage d'éléments terreux ou aqueux. L'empereur Julien dénonce tout particulièrement la consommation de poisson (*À la Mère des Dieux*, chap. 17, 177 A-178 A).

195. Sur le *symphuès pneuma*, cf. Aujoulat, p. 281.

196. *V.O.* 67-68 ; pour le sens, cf. *infra*, n. 359.

197. *V.O.* 34 : « Et j'appelle mesure ce qui ne te chagrinera pas ».

198. *V.O.* 30-31, selon Schibli.

199. *V.O.* 32.

200. *Paradidotai* ; cf. *supra*, n. 102.

201. Cette montée s'explique par l'affinité entre l'âme, divin en nous, et le dieu démiurge, selon le parallèle décrit plus haut, *Commentaire*, XI, 4.

202. C'est-à-dire le corps.

203. « Il convient qu'un gentilhomme ne soit pas sale ni sordide, ni ne se complaise dans le bourbier, selon Héraclite » (Athénée, *Deipnosophistes*, V, 178 F = Héraclite, Fr. 13 D.-K.).

204. C'est un lieu commun de l'éthique grecque de dire que le désir et le plaisir sont par nature illimités, tendant vers le « toujours plus » (cf. par ex. Plat., *Phlb.* 27 e). À ce désir doit être appliqué une borne ou une « limitation », selon une dualité (*peras – apeiron*) véhiculée notamment par la tradition pythagoricienne.

205. C'est-à-dire sordidité et somptuosité (cf. XVII, 1), qui sont toutes deux les plus éloignées de la modération.

206. Il semble préférable de corriger *anekhôn* en *apekhôn*.

207. Autre maxime célèbre, d'origine delphique.

208. Au lieu de *ktèsin* (Koehler, qui écrit toutefois *Beurteilung* dans sa traduction allemande), Schibli, p. 265, n. 12, que nous suivons, adopte *krisin*.

209. Schibli, p. 266, n. 2 lit *kata tou ontôs anthrôpou* au lieu de *kata tou ontos anthrôpinou* adopté par Koehler. Schwyzer, p. 253 estime que le texte de Koehler ne présente aucun sens. L'« homme véritable » est l'âme rationnelle, qui est « nous » (*hèmeis*) : cf. *supra*, n. 172.

210. Jeu de mots entre *khrèmata*, richesses, et *khreia*, utilité.

211. Cf. *V.O.* 26.

212. Rare occurrence de la seconde personne, et donc du destinataire du *Commentaire*, qui n'est pas une personne en particulier mais l'élève, appelé à faire un exercice de remémoration.

213. Toujours *paradosis* : ces règles sont un don divin.

214. Cf. *supra*, XV, 9 : c'est une chose de ne pas fauter, autre chose de connaître la meilleure voie à suivre.

215. Hiéroclès note la forme négative des commandements contenus dans les *Vers d'or* : « Quel devoir n'ai-je pas rempli ? » Ces obligations négatives sont plus aisées à remplir que les obligations positives correspondantes, ce qui montre la bienveillance et le caractère humain et raisonnable de la loi. Bon exemple d'un travail néoplatonicien sur la lettre (*lexis*) du texte commenté.

216. Cf. *V.O.* 12.

217. Comme Schwyzer, p. 254 le constate, « *hèmerinôn* vient du v. 41 et ne doit pas être écarté par la leçon *hèmeterôn* » de Koehler.

218. Métaphore aristotélicienne (*De Anima*, 430 a).

219. Métaphore courante à l'époque de rédaction du *Commentaire* (cf. déjà I, 18) : l'homme sage est une statue (*agalma*) vivante de la divinité.

220. Transition marquant une suture importante, le passage de la philosophie pratique et éthique à la philosophie contemplative (cf. XX, 3 : thème de la frontière).

221. Cf. un commentaire de ces vers dans Thom, p. 168-177. Pour les rapports entre ceux-ci et la version concurrente fréquemment citée au IIe siècle, *ibid.*, p. 172.

222. Cf. en effet plus haut, Prologue, 3-4 pour la distinction des deux vertus.

223. La restriction s'explique par le fait que, dans l'ordre des choses elles-mêmes, le plus grand précède le plus petit, de même que la cause englobe l'effet. L'inversion de cet ordre naturel a une visée uniquement pédagogique : on la trouve très fréquemment justifiée chez Aristote.

224. « Balayer » la vie humaine, c'est-à-dire, la remplacer par la vie divine tout entière dévolue à la contemplation, sans aucune concession à la vie matérielle et sociale. On pourrait voir ici une influence de l'idéal hellénistique de métriopathie (modération des passions, plutôt que leur suppression), ou peut-être de l'idéal exprimé dans le *Philèbe* : une vie où s'unissent plaisir et intellect. Mais celui-ci ne perd pas pour autant sa prépondérance : et il fait peu de doute que, selon Hiéroclès, la vie contemplative constitue bien l'idéal à atteindre.

225. Sur l'établissement du texte et sur son sens, cf. Schibli, p. 271, n. 2. Hiéroclès veut dire qu'avant d'atteindre à la philosophie contemplative il faut d'abord pratiquer les vertus morales, de peur de s'infliger une discipline trop ardue. Comme le montre la phrase suivante, les vertus morales jouent un rôle de propédeutique.

226. Sur ce que cette phrase révèle de la transcendance absolue de l'intellect par rapport à l'âme, voir Introduction, n. 135.

227. On est ici très proche de la représentation que Plotin se fait de la bonne conduite de l'âme : administrer le corps et le monde, certes, mais en maintenant toujours vis-à-vis d'eux une distance, parce qu'ils n'ont

pas la même dignité de nature qu'elle, et que l'âme risque par conséquent d'« oublier » son origine divine à leur contact (cf. *Enn.* V, 1, 1).

228. Interdiction du suicide et nécessité d'« attendre » que vienne la mort, cf. Plat., *Phd.* 61 e-62 b et Plotin, *Enn.* I, 9.

229. Ce mot (*apokatastasis*), qui ne reparaît dans l'œuvre de Hiéroclès que dans le *Traité sur la Providence* (465 a), laisse entendre que l'âme bonne est destinée à être rétablie dans une condition de félicité dont elle bénéficiait avant son incarnation. Cette dernière au contraire entraîne souillure, malheur et oubli de la condition céleste de l'âme. Cette représentation, issue pour l'essentiel du mythe de la « chute des ailes » du *Phèdre*, est passablement commune dans l'Antiquité tardive.

230. Nouvel exemple de constitution d'une « triade » à travers l'exégèse. Celle-ci comporte le terme « amour », que l'on retrouve dans un schème triadique influent issu des *Oracles chaldaïques*, « Amour, Vérité, Foi » : elle était peut-être accompagnée d'un quatrième terme, l'« espoir » (cf. Ph. Hoffmann, « *Erôs*, *Alètheia*, *Pistis*... et *Elpis* : Tétrade chaldaïque, triade néoplatonicienne (Fr. 46 des Places, P 26 Kroll) », dans H. Seng, M. Tardieu (éds.), *Die Chaldaeischen Orakel*, Heidelberg, 2010, p. 255-324 et *infra*, XX, 7, évocation de la « divine espérance » et de la « vérité » ; XX, 21, l'« espoir véridique »).

231. On reconnaît ici fondamentalement la tripartition platonicienne de l'âme, entre faculté rationnelle, faculté de volonté et faculté désidérative. Comme telle, la tripartition de Hiéroclès n'est toutefois pas chez Platon.

232. Formulation typique de la vulgate théologique néoplatonicienne, qui conçoit les causes comme des forces métaphysiques résidant, sous un mode immatériel, dans les principes de rang supérieur (ici, donc, les causes de la création sont placées dans le Démiurge, auteur de la création).

233. « Qui la précède », c'est-à-dire qu'elle vient avant, chronologiquement, dans l'ordre du poème et dans celui du cursus : et non pas parce qu'elle serait dotée de plus de valeur.

234. *V.O.* 2. Première mention explicite de l'auteur (anonyme) du poème, cf. XX, 11.

235. *Adrasteia* est un qualificatif de Némésis, déesse qui châtie tout ce qui sort de la mesure. Il renvoie particulièrement à l'implacabilité du destin et, par extension, au caractère nécessaire et immuable des décrets divins.

236. On voit ici que les notions de vérité et de vertu sont traitées comme des universaux platoniciens, dans lesquels n'entre absolument rien de conventionnel ou de relatif. L'idée que certains biens caractérisent tant le monde des dieux que celui des hommes est déjà chez Platon : voir par ex. *Phlb.* 65 b 2 (à propos du Bien) ; *Phèdre*, 241 c (à propos de l'âme).

237. Il s'agit de Pythagore, identifiable à travers l'allusion, qui suit, à la formule « Le maître l'a dit » (*autos epha*), utilisée dans l'école pythagoricienne pour renvoyer lapidairement au caractère catégorique du jugement du fondateur. Comme le montre le passage en XX, 20, Pythagore est pour Hiéroclès « celui qui a transmis à notre âme la *tétractys* » (*V.O.* 47), la *tétractys* elle-même étant identifiée au Démiurge.

238. Sur la tétrade / *tétractys*, cf. par ex. Thom, p. 174-177, et l'Introduction, p. 50.

239. Allusion à un écrit pseudépigraphe du pythagorisme, développant une théologie du nombre : cf. Introduction, p. 26.

240. Formulation typique du pan-mathématisme de la tradition pythagoricienne : tout être rationnel peut être exprimé par, et correspond à un « nombre » (*arithmos*) ou un rapport (*logos*, qui signifie aussi « raison »). Ce principe de correspondance, facilement assimilable au platonisme (tel que développé dans le *Timée*), a notamment été exploité par Jamblique, qui a écrit trois livres (aujourd'hui perdus) pour décrire les équivalences arithmétiques valant en éthique, en physique et en théologie : par exemple, la justice est identifiée au nombre 5, car celui-ci se trouve à égale distance des deux termes de la décade, 1 et 10, et est donc « impartial ». À ce propos, voir D. O'Meara, *Pythagoras revived*, Oxford, 1989. Ces nombres idéaux sont contenus dans l'esprit du Démiurge, en tant que « nombre des nombres ».

241. C'est-à-dire dans le démiurge ; cf. *supra*, n. 232 sur la tendance à faire « résider » les causes dans des principes.

242. Loi de dégression, typique du néoplatonisme tardif : la réalité se situe d'abord sous un mode absolu dans l'intelligible (« là-bas », *ekei*) ; elle est ensuite traduite sous un mode dérivé dans le monde sensible qui est le nôtre (« ici-bas », *entautha*).

243. L'*eikade* = la vingtaine.

244. Pour comprendre ce développement, il faut savoir que le système numérique grec est en base dix et non-positionnel : chaque passage de dizaine entraîne l'emploi d'un nouveau signe appartenant en propre à la

dizaine correspondante et qui est éventuellement flanqué d'un chiffre de 1 à 9 : α′, β′ étant 1 et 2, ι′, ια′, ιβ′ sont 10, 11 et 12 ; κ′, κα′, κβ′ sont 20, 21, 22, et ainsi de suite. Chaque passage de dizaine « réinitialise » donc le compte des unités. On voit d'ailleurs quelque chose de similaire en français, où après « vingt » vient « vingt-et-un », « vingt-deux » etc., jusqu'à « vingt-neuf ».

245. L'emploi de ce terme est troublant et ne correspond ni au sens aristotélicien (la puissance comme potentialité d'acte), ni au sens mathématique courant (4 est la puissance de 2, c'est-à-dire son « carré »). Il signifie que la tétrade contient dans une unité plus compacte ce qui est dans la décade sous une forme déployée (voir n. suivante). Puisque les néoplatoniciens valorisent l'unité par rapport au multiple, la tétrade est ainsi plus « puissante » que la décade, qui n'en est qu'une duplication.

246. *Hènômenè*, terme de la même racine que *hen*, « un ». Son emploi par Hiéroclès jette quelque lumière sur le développement, dans le néoplatonisme tardif, de la pensée de l'Un. Alors que celui-ci est selon Plotin (et certainement aussi son disciple Porphyre) le tout premier dieu, seul à être absolument simple et, à ce titre, radicalement différent de tous les êtres issus de lui, les néoplatoniciens tardifs à partir de Jamblique optent plutôt pour une conception en « degrés d'unité », selon laquelle les êtres seraient tous plus ou moins caractérisés par l'unité, l'Un suressentiel lui-même n'occupant plus alors qu'une place éminente dans l'échelle. Cette idée favorise l'essor de raisonnements par homologie : on voit la réalité comme la répétition des mêmes contenus et processus, mais ici sous une forme intense ou « unifiée », là (c'est-à-dire dans le monde sensible, ou ici dans la décade) sous une forme relâchée, multiple, diffractée. Les néoplatoniciens formulent de la façon suivante cette loi : « Tout est dans tout, mais de façon appropriée (à chaque chose) ».

247. L'hebdomade est le nombre 7. 4 = 7 - 3 = 1 + 3 = (7 + 1) / 2. Tout ce développement va énoncer de certaines « propriétés » (*idiômata*) des nombres, reflétant censément leur nature essentielle. On trouve de nombreux parallèles dans la littérature spécialisée : cf. par ex. les *Theologoumena arithmeticae* du Ps.-Jamblique, et le Livre VII des *Noces de Philologie et de Mercure*, de Martianus Capella.

248. La monade (le nombre 1) n'est pas à strictement parler un nombre, mais le *principe* du nombre, l'unité qui précontient l'ensemble de la série numérique, seul ou (plus fréquemment) en conjonction avec la dyade (le nombre 2), qui est principe du pair comme la monade l'est de l'impair.

249. Ces titres, courants dans la littérature arithmologique pour désigner le 7, vont être expliqués dans la suite : « sans mère » signifie que le 7 n'est multiple d'aucun des nombres qui le précèdent (sinon évidemment du 1) ; « vierge » signifie qu'il n'est facteur d'aucun des nombres de 1 à 10, sinon de lui-même. Le nombre 7 partage ces propriétés avec le nombre 1. Elles renvoient en outre symboliquement à la déesse Athéna, née du crâne de Zeus (et donc « sans mère ») et vierge (*parthenos*).

250. Par conséquent, prenant exactement le contrepied de 1 et de 7, 4 est le seul nombre à non seulement être multiple, mais aussi facteur d'autres nombres compris entre 1 et 10. Ceci en fait le nombre apte par excellence à jouer le rôle de pivot au sein de la décade.

251. Le solide le plus simple, la pyramide, a quatre sommets, dont trois à chaque base.

252. Quadripartition issue de l'exégèse de la Ligne platonicienne (*Rép.* VI, 509 d-511 e).

253. Cf. Théon de Smyrne, *Exposition des connaissances mathématiques utiles pour la lecture de Platon*, traduite pour la première fois du grec en français par J. Dupuis, Paris, 1892, p. 161 qui écrit, à propos du *Quaternaire*, le nombre des sociétés : « L'homme en est le principe et pour ainsi dire l'unité. La famille répond au nombre 2, le bourg au nombre 3, la cité au nombre 4, car c'est de ces éléments que se compose la nation ».

254. C'est-à-dire de la tétrade : les deux termes sont ici synonymes (sans l'être dans tous les cas, la *tétractys* pouvant aussi s'identifier à la décade en tant que somme de 1 + 2 + 3 + 4).

255. Le « dieu céleste et sensible », c'est le Monde (ainsi appelé à la fin du *Timée*, 92 c 8). Hiéroclès appelle ici « intelligible » le Démiurge, qui est sa cause, en vertu de l'opposition platonicienne terme à terme entre intelligible et sensible.

256. Peut-être allusion au *Discours sacré* (cf. *supra*, n. 239), et/ou à l'écrit pythagoricien cité à l'appui par Jamblique décrivant la triade divine à laquelle appartient le Démiurge (cf. Proclus, *Commentaire sur le* Timée, I, 308, 17-309, 13, et Hadot, p. 112).

257. Comme Schibli, p. 282, nous conservons le texte adopté par Mullach, p. 130, l. 11 et nous supprimons le *all'* adopté par Koehler. — « Héros par nature », c'est-à-dire, par opposition aux entités divines « par relation » (cf. *supra*, n. 57), qui accèdent par effet de leur vertu à un rang qui n'était pas le leur initialement, au moyen de la pratique de la

vertu et de la contemplation. Le point de vue prédominant sur Pythagore en faisait, au contraire, un être essentiellement supérieur à l'homme : une âme associée étroitement à l'autorité d'Apollon (cf. Jamblique, *Vie pythagoricienne* II, 8), sans aller toutefois jusqu'à s'identifier à un avatar d'Apollon lui-même ou à son fils. De même pour un pythagoricien fameux, Apollonius de Tyane, « intermédiaire entre les dieux et l'homme » selon Eunape de Sardes (*Vies des sophistes*, V, 3). Hiéroclès, pour sa part, semble rechigner à attribuer à Pythagore un statut ne serait-ce qu'intermédiaire dans l'échelle des êtres.

258. Cf. *supra*, n. 230.

259. C'est-à-dire Pythagore. Le titre de « hiérophante », qui désigne l'initiateur en chef officiant aux Mystères d'Éleusis, est passé dans l'usage courant pour désigner le détenteur d'un savoir divin. Proclus, le principal philosophe néoplatonicien du ve siècle, se voudra le « hiérophante du monde entier » (Marinus, *Proclus ou Sur le bonheur*, 19).

260. Comme Schibli, p. 282, nous gardons la ponctuation de Mullach, p. 131, l. 5 : « *metiômen : prôton* ».

261. Sur ce thème de la grâce, voir Introduction, chap. « La grâce et la réceptivité ».

262. Cette conception de la prière s'inspire de celle de Jamblique (voir *Réponse à Porphyre*, p. 176, 20-178, 10), qui insiste semblablement sur la puissance qu'elle a de relier le monde divin et le monde humain. Sur la prière, cf. désormais J. Dillon et A. Timotin (éds.), *Platonic Theories of Prayer*, Leyde, 2016. Hiéroclès lui-même considère les *V.O.* 61-66 comme une prière à Zeus (cf. XXIV, 25). — Sur Dieu comme cause de l'« être » (*einai*) et du « bien être » (*eu einai*), voir déjà *supra*, *Commentaire*, I, 3 et II, 1.

263. Dans la tradition platonicienne, la prérogative du divin est de donner sans rétention ou « jalousie » tout ce qu'il possède : c'est en particulier le cas du Bien, que le Moyen-Âge définira comme *diffusivum sui*. La donation providente du Bien se heurte toutefois à deux écueils : d'une part, la nature même de la réalité, qui est hiérarchique, fait qu'il ne peut pas être reçu aussi pleinement qu'il est émis ; d'autre part, il est possible de se détourner du Bien, par orgueil ou méchanceté : on dérive alors vers le non-être et on cause sa propre perte.

264. Comme Schibli, p. 284, n. 5, nous suivons le texte de Mullach, p. 132, l. 16. Cf. Schwyzer, p. 254. Le chiasme est remarquable et est censé, selon Hiéroclès, exprimer l'étroite association de l'action et de la

prière exprimée dans les *Vers d'or* eux-mêmes. L'ensemble de ce petit chapitre repose sur cette dynamique.

265. Thème alors en vogue : dans le *De Trinitate* (livres IX-X), saint Augustin développe la thèse selon laquelle l'âme humaine contient en elle-même une image de la Trinité divine.

266. C'est-à-dire le monde intelligible, dans la tradition inaugurée par le *Phèdre*.

267. Métaphore de l'œil de l'âme, qui doit être purifiée de la chassie due à son contact avec le monde des sens : cf. Platon, *Rép.* VII, 533 d ; *Phd.* 65 d-66 a (l'âme ne voit pas la vérité par les sens, mais par la « pensée pure ») ; Aristote, *Éthique à Nicomaque* 1144 a 30.

268. Telles sont en effet les deux voies (démarche philosophique rationnelle ; révélation divine) qui mènent au divin, dans la tradition néoplatonicienne, et déjà chez Philon d'Alexandrie qui oppose à Abraham et Jacob – respectivement le scientifique et l'homme de la vertu éthique – la figure d'Isaac, qui s'abandonne à la grâce (voir par ex. *De somniis*, I, 157-172).

269. Sur le sens de *systasis* et sur les difficultés rencontrées pour traduire les *V.O.* 50 et 51, cf. I. Gobry, *Pythagore*, Paris, 1992, p. 115, n. 2 et Thom, p. 181-188. Comme Schibli, p. 286, n. 2, nous traduisons *systasis* par « liaison » plutôt que par « essence », car c'est ainsi que l'a entendu Hiéroclès.

270. On trouve l'expression inverse, « théologie scientifique », employée par Jamblique pour décrire son projet dans la *Réponse à Porphyre*, p. 10, 18. Plus largement, elle renvoie à l'ensemble du projet néoplatonicien tardif, dans son ambiguïté : concevoir la religion traditionnelle païenne avec les outils de la philosophie (et en identifiant le plus souvent les dieux à des notions ou processus d'ordre métaphysique, tels que le Bien, l'Être, la procession etc.) ; et en même temps, donner à la philosophie grecque traditionnelle l'autorité de la chose révélée, afin de répondre à un besoin religieux et de concurrencer le christianisme.

271. Sur cette description du monde divin et la distinction genre – espèces appliquée à la théologie, voir l'Introduction, chap. « Genres et classes, uni-multiplicité : la théologie scientifique ».

272. Expression typique du fixisme néoplatonicien, dont on a de multiples autres occurrences dans l'œuvre.

273. Cf. les *V.O.* 1-3. Hiéroclès fait ici valoir la cohérence théologique qu'il décèle dans le poème (récurrence de la structure triadique « dieux

immortels » – « héros glorifiés » – « démons terrestres » = « hommes mortels »).

274. Cf. N. Aujoulat, « Les *katakhthonioi daimones* et la destinée des âmes humaines après la mort d'après le Commentaire sur les Vers d'Or des Pythagoriciens d'Hiéroclès », *Pallas (Annales de l'Université de Toulouse-Le Mirail)* 20, 1973, p. 25-47.

275. Sur les difficultés d'interprétation de ces vers, cf. Gobry, *op. cit.*, p. 189-193 et Thom, p. 189. Nous avons retenu l'interprétation de Hiéroclès lui-même (cf. XXIII, 6).

276. Probablement les astres errants, par opposition aux astres fixes ; éventuellement les démons et autres êtres supérieurs actifs dans le monde.

277. Thème plotinien de la vie amphibie de l'homme (*Enn.* IV, 8, 4, 31-33), mais ici formulé, conformément à la doctrine de Jamblique (cf. Introduction, chap. « L'essence de l'âme, entre faiblesse et droite raison ») de façon raide et technique : voir en outre plus loin l'expression « dernier des genres raisonnables ».

278. Image issue des *Oracles chaldaïques* (Fr. 153-154) et désignant la masse des hommes errant loin du salut.

279. Ce « tantôt … tantôt », cette intermittence qui s'oppose à l'intellection ininterrompue des êtres tels que les démons (cf. *supra*, I, 7 et la n.), est la marque de l'être rationnel inférieur qu'est l'homme.

280. Sur cette précision, cf. *supra*, n. 57.

281. Les anges sont un des nombreux degrés divins distingués par les néoplatoniciens, traditionnellement intercalé entre les dieux et les démons. Hiéroclès suit Jamblique, semblablement attentif à la différence entre hommes et anges (voir la restriction introduite par la *Réponse à Porphyre*, p. 52, 9-11 à l'idée d'un accès de l'âme au rang angélique).

282. Thème platonicien (*Phd.* 65 d 1) et plotinien (*Enn.* I, 6, 8, 8) de la fuite loin du corps, vers l'intelligible. Voir aussi *infra*, XXIV, 2.

283. Expression condensée de la doctrine néoplatonicienne de la nature : le règne sensible des corps, conservant toutefois une trace du divin avec lequel elle entretient la relation d'une image (passablement inférieure) à son modèle. — La leçon tirée de ces mêmes vers par Jamblique (*Protreptique*, p. 12, 1-7 Pistelli) est plus strictement physique. La « nature en tout semblable à elle-même » serait le Ciel, dont les

mouvements sont parfaitement réguliers et permettent donc à l'observateur sagace de savoir avec certitude à quoi s'attendre, sans « espérer l'inespérable ».

284. Retour du thème de la « Loi », qui avait été abondamment exploité dans le chap. I. Elle est ici modulée en deux aspects : création corporelle (le monde matériel et naturel), création incorporelle (l'ensemble des entités divines et semi-divines – qui sont de nature intellectuelle et par là immatérielle –, et peut-être aussi les lois régissant le monde, dans la mesure où elles-mêmes sont incorporelles). L'existence d'une création à plusieurs vitesses était déjà suggérée plus haut (voir XI, 32 et la n.).

285. Nouvelle trace du fixisme néoplatonïcien, qui débouche sur une interprétation non littérale de la réincarnation en animal (contre la lettre du *Timée*) : l'homme ne fait que « ressembler » à un animal, il devient par exemple un homme « asinin », mais il demeure homme.

286. Maxime bien connue, elle aussi d'origine pythagoricienne semble-t-il (mais parfois attribuée à l'un des Sept Sages).

287. À la fois rappel du *V.O.* 38 et de la littérature de sapience grecque, « la mesure est le meilleur » (*metron ariston*) étant notamment un apophtegme attribué à Cléobule de Lindos, un des Sept Sages.

288. Cf. Héraclite, Fr. 77 D.-K. Ce dit d'Héraclite est également cité par Porphyre, *De antro nympharum* 10 (Numénius, Fr. 30 des Places).

289. Empédocle, Fr. 115 D.-K., v. 59-60.

290. Empédocle, Fr. 121, v. 14-17. Les Kères sont des démons régissant mort et destinée (cf. Hésiode, *Théog.*, v. 211 ; 217). Até est la personnification de la tromperie et de l'erreur.

291. Cf. Plat., *Phèdre*, 246 a. Pour la « chute des ailes », voir ci-après.

292. Cf. Plat., *Phèdre*, 248 c.

293. Cf. Plat., *Tim.* 42 c-d ; 44 c ; 42 b, et plus haut dans le *Commentaire*, Prologue, 2.

294. Petit exercice d'exégèse de la lettre platonicienne, dans lequel Hiéroclès fait correspondre les deux adjectifs du texte du *Timée*, *hygiès* et *holoklèros*, aux deux branches de la philosophie qu'il a identifiées dès le Prologue.

295. Ici commence un petit centon de Plat., *Tht.* 176 a-b. Sur la philosophie comme « fuite » des maux, voir déjà *supra*, XIV, 10, et David,

Prolégomènes à la philosophie, p. 37 Busse, qui exploite lui aussi le *Théétète*.

296. On a le sentiment ici d'une croyance en un lieu paradisiaque physique, tel peut-être que l'empyrée évoqué par les *Oracles chaldaïques* (cf. H. Lewy, *Chaldean Oracles and Theurgy*, Paris, 1978², p. 430-431). La vie bienheureuse des dieux, en tout cas, est un *topos* de la pensée philosophique (Platon, *Banquet* 202 c ; Aristote, *Éthique à Nicomaque* 1101 b, 1178 b ; Épicure *apud* Diogène Laërce X, 123).

297. Hiéroclès reviendra sur cette opposition entre « voir » et « entendre ». Jamblique (*Protreptique*, chap. III, p. 13, 7-8 Pistelli) en tire une autre leçon : les vrais biens sont inaccessibles à la perception sensible, « parce que c'est uniquement l'intellect qui voit et qui entend toutes choses ». Écho d'un propos célèbre d'Épicharme : « L'intellect voit et l'intellect entend ».

298. Cf. Hés., *Trav.*, v. 296-297.

299. Pour l'expression, cf. Plat., *Gorg.* 526 a ; *Rép.* IX, 575 a-c.

300. Constat pessimiste, probablement nourri d'une part des remarques platoniciennes sur la rareté du « bon naturel » (cf. n. précédente), d'autre part de l'abondance des « athées » (c'est-à-dire des chrétiens : cf. Jamblique, *Réponse à Porphyre*, p. 134, 20) à l'époque de Hiéroclès.

301. Plat., *Phèdre*, 250 c 4.

302. Sur l'importance que revêt cette métaphore stoïcienne pour la datation, cf. Introduction, p. 17-18.

303. Méfiance envers les pauvres, paresseux et potentiels criminels, qui peut se réclamer d'Hésiode, *Trav.*, v. 498-501 : « Nombreux sont les maux que l'inactif, fixé dans son espoir vide, nécessiteux et sans moyen de vivre, a accueillis en son cœur ; c'est un espoir malsain qui anime l'homme dans le besoin, assis, oisif, dans les lieux publics, et qui n'a pas assez pour subsister ».

304. Reprise de l'opposition entre « voir » et « entendre », inspirée par le vers 55.

305. La mer déchaînée représente souvent, dans la littérature grecque, le danger et l'incertitude. Cf. par ex. Eschyle, *Agamemnon*, v. 1181-1183 : « un malheur bien plus grand viendra frapper contre l'éclat du jour, tel une lame (*kymatos dikèn*) ».

306. Image platonicienne, cf. *supra*, n. 267 et poursuite de l'opposition entre « voir » et « entendre ».

307. On doit noter le caractère particulièrement fort de cette formulation : notre essence humaine est entachée de mal et de passibilité. Cette idée est anti-plotinienne et constitue au contraire un emprunt à Jamblique, qui considère que l'âme était scindée intérieurement entre immutabilité et passibilité, vie et mort (voir C. Steel, *The Changing Self*, Bruxelles, 1978), et dénonce dans la *Réponse à Porphyre* (p. 36, 11) le « néant » humain.

308. Noter l'association étonnante entre le mal « connaturel » (*symphuès*) et le mouvement « contre nature » (*para physin*) du libre arbitre : il appartient à notre nature de pouvoir aller contre l'ordre du monde. Loin d'être une constatation banale, cette idée s'oppose à la conviction, profondément ancrée dans le discours philosophique grec, qu'une tendance « naturelle » (au niveau de l'individu) est nécessairement « conforme à la nature » (au niveau du Monde) et tend au bien. Il est vrai que, ce faisant, Hiéroclès est influencé par les *V.O.* 59-60, qui décrivent la Discorde comme une puissance innée ; et il modère son propos en disant que cette méchanceté innée est également « acquise ».

309. L'homme mauvais, animé par une sorte de méchanceté « prométhéenne », lance un défi à la divinité, mais cause son propre malheur (héritage de la thèse socratique « Nul n'est méchant volontairement », cf. *supra*, X, 11 et la n.). La Loi, émanation d'un dieu absolument bon, édicte en effet tout ce qui est bon, aussi bien pour le tout que pour l'individu.

310. Cf. la citation d'Empédocle, plus haut, XXIV, 2.

311. À la place de *rhèma*, Koehler, suivi par Schwyzer, p. 255 et Schibli, p. 300, n. 33, préfère *rhyma*. Nous suivons leur avis.

312. Cf. *V.O.* 45.

313. Cette opposition polaire entre montée et descente de l'âme donne notamment le cadre général du discours-hymne de l'empereur Julien *À la Mère des Dieux*.

314. Cf. Hés., *Trav.*, v. 11-24.

315. « Hiéroclès veut dire que la chaîne qui nous lie au vice peut être détachée si nous avons recours volontairement à la vertu » (Schibli, p. 301, n. 38).

316. Cf. Plat., *Phèdre*, 247 a.

317. Ici nous traduisons *kylindros* et les mots de sa famille par « cylindre », car la suite montre clairement que Hiéroclès a en tête le

cylindre au sens de la géométrie, non la « pierre qui roule » de Chrysippe et des *Vers d'or* (cf. Introduction, n. 36).

318. Comme Schwyzer, p. 253 et Schibli, p. 301, n. 41, nous adoptons la leçon *prôsin* (= *proôsin*) au lieu de *ptôsin* (« chute »).

319. *Kyliomenè*, cf. Plat., *Phd.* 82 e 4-5 : l'âme liée au corps « roule en toute ignorance » (*en pasè amathia kylindoumenè*). Le verbe employé a la même racine que le mot *kylindros* (« pierre qui roule, cylindre »), ce qui pour Hiéroclès devait accréditer l'idée que le mouvement du cylindre est intrinsèquement irrationnel.

320. Voici l'explication de ce passage un peu complexe. Considérons un cylindre (Hiéroclès entend par là un cylindre circulaire droit, plus long que large, c'est-à-dire ce que nous autres Modernes entendons familièrement par ce mot). Ce cylindre est susceptible de deux positions : droite, c'est-à-dire avec une de ses deux bases circulaires posée à plat au sol ; ou bien horizontale ou à l'oblique, c'est-à-dire tangent au sol par sa surface cylindrique. En position droite, le cylindre ne connaît pas de translation locale lorsqu'il tourne sur son axe : c'est comme s'il « maîtrisait » son mouvement en le maintenant dans l'identité : en effet, pour un Grec, le seul mouvement parfait est la rotation sur soi-même sans translation (voir par ex. le *Timée*, 40 a-b). De même, l'âme qui reste « droite » (c'est-à-dire qui suit la « droite » raison, en vertu d'un jeu de mots) parvient à rester « fixe » relativement à son modèle divin. En position horizontale, en revanche, le cylindre tournant sur son axe (suite à une impulsion) connaît nécessairement aussi une translation locale linéaire : il « roule » tout droit. On observe ainsi une conjonction entre un mouvement propre, circulaire, et un mouvement reçu, linéaire : ces mouvements sont respectivement volontaire et involontaire. Ce mouvement mixte symbolise le mode sous lequel l'insensé agit : volontairement sans doute, mais aussi involontairement, dans la mesure où il est ballotté par les sens et ne maîtrise pas ce qui lui arrive. Implicitement, on comprend que le sage agit de façon uniquement volontaire, conformément à la nature de son âme. Dans ce passage, nous avons été contraints d'adopter la traduction « linéairement » pour *ep' eutheias*, car traduire par « en ligne droite » aurait produit une ambiguïté par rapport à la traduction donnée à *orthos* et *orthotès*. *Ep' eutheias* est connoté négativement, *orthos* positivement et on ne pouvait traduire l'ensemble par « droit ».

321. Pour le sens, cf. Thom, p. 207. Jamblique (*Protreptique*, p. 15, 11-14 Pistelli) considère que les mots « race divine » renvoient à la vie des dieux, qui nous est proposée comme un idéal ou « fin » (*telos*) mais ne nous appartient pas en propre, et n'est atteint que par un détour par

l'étape intermédiaire de la vie « démonique ». Cette interprétation correspond au cadre hiérarchique rigide imposé par Jamblique et Hiéroclès au poème.

322. Sur les constructions possibles de ce vers, cf. Thom, p. 210, n. 503. Nous avons retenu le même sens que Hiéroclès (cf. XXV, 7).

323. Pour une autre traduction de ce passage, cf. Thom, p. 213.

324. C'est-à-dire le Démiurge : cf. Plat., *Tim.* 28 c 3-4 (déjà évoqué plus haut, cf. *supra*, n. 11).

325. Le texte grec dit exactement : « Sous le nom de Dios et de Zènos ». À côté de la déclinaison attique *Zeus*, *Dios*, on trouve dans la poésie épique et tragique la déclinaison *Zèn*, *Zènos*. L'identification de Zeus au Démiurge est un dogme néoplatonicien, depuis Jamblique jusqu'à l'école d'Athènes de Proclus.

326. Cf. Plat., *Crat.* 396 a-b où on trouve le doublet *Zeus* – *Zèn* et l'étymologie fantaisiste faisant du nom *Zèn* un dérivé du verbe *zèn*, « vivre ». Zeus serait donc « celui qui fait vivre », et serait ainsi « nommé d'après son activité », puisqu'il donne vie au monde.

327. En grec Agathon veut dire « bon », et Eusèbe « pieux ». Il pourrait y avoir ici une allusion anti-chrétienne, Eusèbe étant un nom répandu parmi les chrétiens (qui seraient ainsi impies, par antiphrase) : mais ce n'est pas assuré.

328. Le débat sur la justesse des noms, c'est-à-dire leur adéquation aux choses qu'ils désignent ou encore leur « naturalité », fait l'objet du *Cratyle* de Platon. Hiéroclès adopte une position médiane entre le naturalisme de Cratyle et le conventionnalisme d'Hermogène : selon lui, les noms divins sont appropriés aux essences divines, mais les noms humains sont pour l'essentiel dus au hasard et se révèlent même parfois ouvertement trompeurs (c'est en fait la position même défendue par Socrate). Ce débat avait été prolongé par Porphyre et Jamblique, défenseurs respectivement de la position conventionnaliste et naturaliste. Pour Jamblique, le nom divin, qui est une réalité sainte et efficiente par soi (tel que proféré dans le cadre de cérémonies religieuses), est connaturel à l'essence des dieux et ne doit jamais être modifié ou traduit (cf. *Réponse à Porphyre*, p. 189, 6-193, 7). Cette position est celle de l'essentiel des néoplatoniciens (cf. J. Daniélou, « Eunome l'arien et l'exégèse néo-platonicienne du *Cratyle* », *Rev. des Ét. Gr.* 69, 1956, p. 412-432) : comparer par ex. Proclus, *Theol. plat.* I, 29.

329. Sur ce couple, cf. *supra*, n. 145.

330. Il est difficile de voir à quoi pense précisément ici Hiéroclès. Les choses éternelles doivent être les astres ; les choses divines pourraient renvoyer au Démiurge et aux dieux de son rang ; et alors les « toutes meilleures » choses pourraient bien être un renvoi au domaine de l'Un (identifié au Bien). Alternativement, les choses divines seraient les dieux inférieurs, et les choses les meilleures reverraient au Démiurge, salué comme « meilleur des dieux » (I, 2).

331. Thème des tout premiers « instituteurs du langage », issu également du *Cratyle*, qui les désigne sous le nom de « nomothètes » ou « onomatothètes ». En vertu d'un préjugé typiquement grec (et partagé par Platon lui-même), ils sont posés *a priori* comme excellents : ils ont institué un langage aussi parfait que possible, qui s'est dégradé au fil des générations : pensée du déclin qui trouve son parallèle, notamment, chez Hésiode.

332. La définition des mots de la voix comme symboles des pensées de l'âme vient tout droit du *De Interpretatione* d'Aristote (16 a). Elle est ici platonisée, au sens où elle est assimilée à la position naturaliste : les mots du langage idéal reflètent directement (sans trahison de sens) les contenus mentaux, qui eux-mêmes reflètent les choses telles qu'elles sont.

333. Les instituteurs du langage baignaient donc dans la contemplation des Idées intelligibles, et ressentirent le besoin d'exprimer cette contemplation par des mots. Le vocabulaire de l'accouchement et de ses douleurs (*ôdines*) renvoie au célèbre passage sur la maïeutique dans le *Théétète* de Platon (151 b-c) ; on le voit utilisé également, pour décrire le désarroi de l'homme face aux limites du langage, par Damascius (voir Ph. Hoffmann, « L'expression de l'indicible dans le néoplatonisme grec de Plotin à Damascius », dans C. Lévy et L. Pernot (éds.), *Dire l'évidence*, Paris, 1997, p. 335-390 [p. 352 n. 65 ; p. 379 n. 173]).

334. L'activité des instituteurs du langage consistait donc à donner une forme aux réalités intelligibles, qui sont par nature dépourvues de forme et de matière. Elle est ainsi parallèle aux actes de la religion et particulièrement au fonctionnement des épiphanies divines, qui pourvoient forme aux dieux immatériels (cf. *Oracles chaldaïques*, Fr. 142-144 et l'article de F. Gillon, « Les apparitions divines dans les *Oracles chaldaïques* et selon Proclus », dans A. Lecerf, L. Saudelli, H. Seng (éds.), *Oracles chaldaïques, fragments et philosophie*, Heidelberg, 2014, p. 153-167).

335. Reprise du thème de la « réceptivité » (Dieu donne toujours, mais nous pouvons être inaptes à recevoir) : cf. *supra*, n. 140.

336. *V.O.* 48-49.

337. Hiéroclès identifie donc ce « démon » à l'âme humaine. Jamblique au contraire (*Protreptique*, p. 15, 1-7 Pistelli) y voit une évocation du démon personnel, passage obligé dans notre remontée vers le monde divin.

338. Métaphore de l'inscription dans les registres de la cité ou de la tribu, qui était une étape essentielle de l'acquisition de la citoyenneté dans les cités grecques.

339. Sur cette « race divine » (c'est-à-dire la lignée des philosophes), le *Traité sur la Providence* (173 a) est plus disert.

340. Le terme grec est *nous*, « intellect », qui pointe vers un sens profond ou allégorique, accessible aux seuls sages, de façon assez similaire à l'expression française, vieillie de nos jours : « avoir *l'intelligence* de quelque chose ».

341. *V.O.* 54-56.

342. *V.O.* 56.

343. Écho littéral de Plat., *Phd.* 114 b-c.

344. Objections traditionnellement opposées à la doctrine de la théodicée, défendue par Hiéroclès. Une formulation standard se trouve dans l'épicurisme : si le mal existe, alors soit Dieu peut l'empêcher et ne le veut pas, et alors il est mauvais ; soit Dieu veut l'empêcher et ne le peut pas, et alors il est impuissant.

345. Écho, à nouveau, du double titre du Démiurge dans le *Timée*. On voit ici que « père » est un titre plus auguste que « créateur », puisqu'il marque la bonté de Dieu et son lien privilégié avec l'élite des hommes bons. Leçon similaire dans Proclus, *Commentaire sur le* Timée, I, 299, 21-300, 1. Cf. aussi *supra*, VII, 11-12 : comme Dieu, il faut aimer tous les hommes, mais chercher la compagnie des seuls hommes bons. Cette dualité d'attributs n'est pas sans évoquer la tradition alexandrine : on pense à Philon, qui distingue en Dieu la puissance « seigneuriale » et la puissance « divine », associées respectivement à la domination et à la bonté (ex. *Legum allegoriae*, III, 73).

346. *V.O.* 59.

347. Sur ces notions communes, cf. plus haut, *Commentaire* XI, 3 et la n.

348. Comme Schwyzer, p. 253 et Schibli, p. 307, n. 19, nous acceptons la correction de Dacier : *heautôn* pour *heautou*. Cf. aussi Mullach, p. 160, l. 18.

349. Cf. à nouveau Plat., *Rép.* X, 617 e.

350. *V.O.* 60. Comprendre : « en lui cédant la place », c'est-à-dire en faisant retraite en son for intérieur, refusant ainsi de s'adonner au mal.

351. *V.O.* 18-19.

352. C'est-à-dire notre liberté de choix.

353. Comme Schwyzer, p. 253 et Schibli, p. 307, n. 23, nous lisons : « ... *ti thesthai tôn kalôn* ... ».

354. À nouveau les « notions communes » de la sect. 12.

355. Cf. *V.O.* 55-56.

356. En comprenant, comme le fait Koehler dans sa traduction, que « père » renvoie au Démiurge. Autre possibilité : « au mode de vie de nos pères », c'est-à-dire à la religion traditionnelle païenne.

357. L'entretien que, le soir venu, nous avons avec nous-mêmes pour évaluer notre conduite de la journée : cf. *supra*, XIX, 2.

358. Il va être question dans le chapitre suivant des prescriptions visant à la pureté rituelle, troisième mode de vie après la vie morale ou pratique et la vie contemplative ou philosophique, qui relèvent pour leur part d'une opposition chère à Platon et Aristote.

359. Nous traduisons ces vers de la manière dont Hiéroclès semble les avoir compris. Par « dans les purifications et dans la libération de l'âme », Hiéroclès entend une référence générale au soin de l'âme, après celui du corps évoqué par le début du *V.O.* 67 (cf. XXVI, 3). Les deux groupes nominaux renvoient à des étapes rituelles, la purification venant avant la libération (XXVI, 20). En réalité, il semble bien que les *Vers d'or* renvoient ici à des œuvres « ésotériques » – peut-être fictives – intitulées *Purifications* et *Libération de l'âme* (cf. Thom, p. 215-222).

360. Cf. Plat., *Phèdre*, 246 a-247 d.

361. C'est-à-dire que l'âme contient, outre ses facultés proprement intellectuelles qui n'ont pas trait à la corporéité, des puissances qui régentent un corps et y sont pour ainsi dire immanentes, par exemple les facultés sensitives. Mais il faut prendre garde ici au fait qu'il s'agit non du corps matériel, mais du corps lumineux et immortel de l'âme, le « souffle » (*pneuma*) ou « véhicule » (*okhèma*) : cf. *infra*, XXVI, 4. Sur la distinction entre corporéité et matérialité du véhicule, cf. Aujoulat, p. 271-272.

362. C'est, sous une forme simplifiée, la doctrine énoncée par Jamblique dans la *Réponse à Porphyre* (p. 43, 4-45, 25).

363. L'âme commande, le corps obéit : cf. Plat., *Phd.* 80 a (cette répartition des rôles est ici considérée comme acquise, car il n'est pas question du corps mortel, vecteur de passion et de trouble). La thématique de la séparation et du rassemblement vient aussi du *Phédon* (elles caractérisent les choses mortelles, alors que les réalités intelligibles, étant sans composition, sont permanentes).

364. Cf. Plat., *Phèdre*, 246 a. Hiéroclès considère donc ici que le *Phèdre* fait allusion à une doctrine pythagoricienne secrète, présente dans le *V.O.* 69. Les néoplatoniciens tardifs pensent effectivement que Pythagore est l'inspirateur de Platon, qui le démarque notamment dans le *Philèbe* et le *Timée*. En réalité, il y a toute chance pour que l'auteur des *Vers d'or* se soit ici, au contraire, inspiré de Platon.

365. Nouvel écho du *Timée*, cf. *supra*, n. 2.

366. À ce propos, voir l'Introduction, p. 24.

367. Cf. *Oracles chaldaïques*, Fr. 120.

368. Les néoplatoniciens ont coutume de désigner par « vie(s) » tout principe vivant ou vivifiant, et en particulier les puissances de l'âme chargées de l'animation du corps, et qui sont en soi de nature immatérielle. Synésios de Cyrène, *Traité des songes*, 4, 2 applique le terme à l'imagination.

369. Ici et à la phrase suivante, nous traduisons « Homme », avec la majuscule, puisque Hiéroclès parle de l'essence humaine indépendante de l'existence concrète ici-bas (l'« homme », sans majuscule). Dans le *Traité sur la Providence* (172 a), il parle ainsi d'« homme immortel ». Sur cette distinction, voir *supra*, X, 3 et la n. Tandis que l'Homme est constitué d'une essence rationnelle (c'est-à-dire l'âme) et d'un corps immatériel naturellement pourvu de vie (le véhicule), l'homme est composé du corps humain mortel et matériel et d'une vie engendrée « dans la matière », donc de second rang (cette vie extrinsèque correspond *grosso modo* à ce que Plotin, *Enn.* II, 3, 18, 12 appelle l'« image issue de l'âme » et Porphyre l'*empsykhia* – cf. G. Karamanolis, « Porphyry's Notion of *Empsychia* », dans G. Karamanolis et A. Sheppard (éds.), *Studies on Porphyry*, Londres, 2007, p. 91-109). À leur tour, Homme et homme reçoivent des purifications de nature différente.

370. Selon le consensus des néoplatoniciens (lui-même issu d'une volonté de ménager à la fois Platon et Aristote), nous vivons d'une double

vie : la vie de l'âme en soi, occupée de contemplation immatérielle, et la vie de l'âme avec le corps. Cette dualité entraîne une dualité de saluts et de purifications : la règle qui s'applique au philosophe, déjà pleinement libéré de l'attrait de la matière, n'est pas celle qui s'applique à l'homme du commun. Sur cette divergence de voies, cf. Jamblique, *Réponse à Porphyre*, p. 162, 3-164, 21 et 199, 1-201, 23, qui distingue lui aussi des rites de purification plus ou moins matériels (cf. plus loin, l'allusion à une « purification en quelque sorte plus corporelle »).

371. Périphrase désignant certainement la théurgie.

372. Les théoriciens de la théurgie, comme Jamblique, ont en effet été soucieux de distinguer la discipline dont ils défendaient l'usage de pratiques de type magique, dénoncées comme vulgaires et impies parce qu'elles prétendent extorquer un effet aux dieux, ou simplement parce qu'elles sont accomplies par des charlatans. C'est Porphyre qui avait employé ce terme pour désigner les praticiens de l'occulte (*Lettre à Anébon*, Fr. 96, cf. la réponse indignée de Jamblique, *Réponse à Porphyre*, p. 212, 17-21).

373. Reprise de la métaphore du *Phèdre*, les « ailes de l'âme », déjà largement exploitée.

374. « Avec Mullach, nous plaçons le point d'interrogation ici plutôt qu'à la fin de la phrase suivante ; cf. Schwyzer, p. 254 » (Schibli, p. 313, n. 19). Nous suivons Schibli.

375. Comme Mullach, p. 171, l. 7 et Schibli, p. 313, n. 20, nous lisons *pro hodou* au lieu de *proodos*. Cf. Schwyzer, p. 254. — Plaisirs et peines rivent l'âme au corps, tels des clous (Plat., *Phd.* 83 d). C'est pourquoi il est nécessaire de s'en abstenir pour se diriger vers l'intelligible.

376. Interdit d'origine pythagoricienne, comme le précise la suite. Les Pythagoriciens défendaient de consommer tout ce qui a trait à la génération ou à la mort.

377. On voit ici appliquée aux éléments du comportement religieux une compréhension à deux niveaux qui porte généralement sur les mythes : similairement, ceux-ci peuvent être pris à la lettre, ce qui permet l'accès à un premier aspect de la vérité, mais aussi être allégorisés, ce qui en révèle le sens profond, accessible aux seuls intellectuels.

378. Cf. Plat., *Phèdre*, 253 e. Les néoplatoniciens se complaisaient à identifier, dans la métaphore platonicienne du char de l'âme, des facultés psychiques toujours plus nombreuses.

379. Cf. *supra*, XXIV, 3.

380. C'est-à-dire le monde sublunaire, où les choses naissent et périssent sans interruption, ne touchant à l'éternité que par le jeu d'une perpétuelle reproduction. La « plaine Élyséenne » est le paradis traditionnel des bienheureux.

381. *V.O.* 70.

382. Dans la tradition platonicienne (par ex. Jamblique, *De communi mathematica scientia*, p. 69, 26-29 Festa ; Proclus, *Commentaire sur les* Éléments *d'Euclide*, p. 29, 28-30, 3 Friedlein), les mathématiques jouent un rôle notable dans la purification de l'âme, dans la mesure où elles enseignent à considérer la réalité du point de vue de l'éternel et de l'immatériel.

383. *Epopteia*, terme emprunté au vocabulaire des Mystères (c'est la révélation finale de la divinité, vue « face à face »).

384. Cf. Aujoulat, p. 250-255. Voir aussi Schibli, p. 317, n. 34. Il n'est pas très clair ici si « hiératique » et « télestique » doivent être pris comme synonymes (= théurgie), ou si la télestique, associée plus loin au culte des cités, est une propédeutique à la théurgie véritable (ésotérique), comme le suppose I. Hadot, « Hiéroclès d'Alexandrie », in R. Goulet (éd.), *Dictionnaire des philosophes antiques*, t. III, Paris, 2000, p. 695-696.

385. Cf. *supra*, Prologue, 3.

386. Principe « Qui se ressemble s'assemble », largement attesté dans la pensée grecque et en particulier dans la physique, au travers par exemple de la théorie aristotélicienne des lieux naturels.

387. La part matérielle de l'imagination est celle qui est liée aux sens et aux formes présentes dans le monde matériel, par opposition à une imagination pure, certainement celle qui permet de faire l'expérience du divin lors d'épiphanies.

388. L'œil de l'âme, dans la métaphore du char de l'âme issue du *Phèdre* : cf. *supra*, XXVI, 17.

389. De la sorte, les techniques de la théurgie sont toujours nécessaires, même pour le philosophe. Porphyre, au contraire, avait proposé de limiter l'efficacité de la théurgie à l'âme irrationnelle, qui pour le philosophe est un fardeau superflu : la position de Hiéroclès est plus proche de celle de Jamblique (cf. Hadot, p. 71 n. 8).

390. Bel exemple, à nouveau, de constitution d'une triade, qui recouvre la tripartition entre contemplation, morale ou politique, et théurgie.

391. Cf. Plat., *Phd.* 114 c.

392. Cette alliance de mots, plutôt curieuse, désigne l'élévation théurgique en ce qu'elle nous rapproche de Dieu, objet de notre désir (*erôs*).

393. Allusion à la célèbre allégorie de la Caverne (*Rép.* VII, 514 a) ; peut-être aussi à la représentation platonicienne de la Terre comme composée de « creux » (*Phd.* 110 c ; 111 c).

394. Les « îles des Bienheureux » sont l'équivalent grec le plus proche du Paradis, le lieu où se rendent les hommes vertueux après leur mort (cf. Hésiode, *Trav.*, v. 171).

395. Écho de *Phd.* 82 b : « Certainement, à la race des dieux, il n'est pas permis qu'accède qui n'a pas philosophé, qui ne s'en est pas allé parfaitement pur, mais seulement l'amoureux du savoir ».

396. Toujours la citation du *Timée*, 42 d 1-2 : cf. *supra*, Prologue, 2 et à l'instant, XXVI, 28.

397. Nouvelle allusion au *Timée*, 28 c 3-5 : « le créateur et père de ce monde, il est difficile de le découvrir, et impossible, une fois découvert, de l'exprimer à tous ». C'est justement une des missions essentielles du *Commentaire*, selon Hiéroclès, que de fournir un enseignement sur les classes divines.

398. Cet espace est en effet traditionnellement considéré comme le lieu où résident les âmes purifiées : il n'est pas autant entaché de contingence et de matérialité que la zone terrestre, et sa nature plus « subtile » correspond davantage à des âmes séparées de leur corps ; d'un autre côté, il n'est pas non plus aussi parfait que l'espace qui commence au-delà de la Lune, zone de pur feu lumineux régie par la seule nécessité du parcours des planètes.

399. Sur la distinction entre « par nature » et « par relation », cf. *supra*, n. 57.

400. « Ici et dans ce qui suit Hiéroclès répète essentiellement sa description des trois classes d'êtres raisonnables donnée en I, 7-9 » (Schibli, p. 323, n. 9). — Nouvelle expression nette du fixisme ontologique de Hiéroclès, cf. Introduction, p. 39-40.

401. Premier, second, troisième rang : cf. (Ps.-)Platon, *Lettre* II, et le *Timée*, 35 a-b d'où les néoplatoniciens tirent l'idée du rang dérivé de l'âme, « troisième » après l'essence indivisible et l'essence sensible, divisée dans les corps.

402. C'est-à-dire qu'on ne doit pas se proposer pour seule fin la plus excellente des ressemblances, mais aussi l'assimilation à tous les degrés de la réalité. La logique est celle du microcosme et du macrocosme : il faut réunir en soi des traits de l'ensemble des parties de l'Univers.

403. Nous suivons le texte et la ponctuation de Mullach, p. 184, l. 5-6, comme paraît l'avoir fait Schibli. — Ainsi, l'accession à une perfection proprement *humaine*, même si elle ne contient qu'une médiocre ressemblance avec Dieu, est déjà beaucoup pour les êtres rationnels inférieurs que nous sommes. Se la donner pour objectif présente l'avantage de ne pas nous considérer meilleurs que le rang qui nous est imparti, accomplissant ainsi un péché d'orgueil.

404. Ces « limites », qui sanctifient l'ordre éternel des choses établi par la volonté de Dieu, sont à plusieurs reprises mentionnées dans l'ouvrage (cf. X, 6 ; XXVI, 7) et dans le *Traité sur la Providence* (466 b).

405. Nous avons retenu la leçon choisie par Hadot, p. 49, n. 4 (c'est-à-dire le texte de Mullach, p. 185, l. 1-2).

406. C'est-à-dire de l'auteur anonyme du poème, dont l'identité exacte importe peu à Hiéroclès.

Traité sur la Providence

1. Sur ce personnage, cf. Introduction, p. 3. — La pratique de la dédicace n'est pas sans parallèle dans le néoplatonisme : le *De abstinentia* de Porphyre est adressé à son condisciple auprès de Plotin, Castricius Firmus ; les *Trois études sur la Providence* de Proclus le sont à l'ingénieur Théodore.

2. Un autre exemple de ces philosophes ambassadeurs est Eustathe, disciple de Jamblique (voir Eunape, *Vies des sophistes*, VI, 39-48 et la *Lettre* I de Basile de Césarée, si toutefois celle-ci n'est pas adressée à un homonyme).

3. « Cette *consolatio* selon toute probabilité provenait de la préface de Hiéroclès et non du livre I lui-même » (Schibli, p. 329, n. 4 ; cf. aussi

ibid., p. 23, n. 76). Voir A. Elter, « Zu Hierokles dem Neuplatoniker », *Rheinisches Museum* 65, 1910, p. 196.

4. Annonce d'un des thèmes fondamentaux de l'œuvre, ainsi que de tout le néoplatonisme après Plotin, à savoir l'accord (*symphônia*) entre Platon et Aristote, parfois contre toute vraisemblance historique. Cf. Introduction, p. 30-32.

5. On voit ici que Hiéroclès prolonge le combat déjà mené par le médio-platonicien Numénius (IIe s. ap. J.-C.) contre les mauvais penseurs responsables de l'incompréhension de l'œuvre de Platon. Numénius avait en outre popularisé le thème de l'accord, non tant en ce qui concerne Platon et Aristote (encore qu'il n'appartienne pas au courant contemporain représenté par Atticus, qui jugeait totalement incompatibles les doctrines de ces philosophes), mais plutôt Platon et ses précurseurs plus ou moins légendaires : Pythagore, Moïse et les sages de l'Orient (Brahmanes, Juifs et Mages). Voir son Fr. 1 (éd. des Places).

6. C'est-à-dire les « discordistes ». Cette remarque historique semble d'ailleurs justifiée : le thème de l'accord de Platon et d'Aristote ne triomphe véritablement qu'avec le néoplatonisme, dont Ammonius Saccas (cf. n. suivante) est, à travers son disciple Plotin, l'initiateur. Pour les prémices de ce thème avant le IIIe siècle, voir G. Karamanolis, *Plato and Aristotle in agreement ? Platonists on Aristotle from Antiochus to Porphyry*, Oxford, 2006 ; et pour la période subséquente, I. Hadot, *Athenian and Alexandrian neoplatonism and the harmonization of Aristotle and Plato*, Leyde-Boston, 2005.

7. Ammonius Saccas, le maître de Plotin à Alexandrie durant la première moitié du IIIe siècle. Une incertitude considérable plane sur ce personnage, qui pourrait en outre avoir été le maître du grand théologien chrétien Origène (mais l'hypothèse est rien moins que sûre). À l'image de Socrate – ou du Christ –, il semble ne rien avoir écrit, ce qui ne permet pas de mesurer l'étendue exacte de l'influence qu'il a exercée, et qui pourrait avoir été considérable. Ce qu'en dit Hiéroclès représente l'essentiel des maigres informations que nous avons sur sa pensée.

8. « Élève de Dieu », *theodidaktos*, est un surnom qui n'est attesté que dans des environnements chrétiens. Dans son commentaire à l'édition de Schibli (*Gnomon* 77, 2005, p. 309), H. D. Saffrey a supposé que ce surnom avait été donné à Ammonius quand il était encore chrétien, c'est-à-dire avant sa conversion au paganisme, rapportée par Porphyre.

9. Par là, on désigne l'ensemble des praticiens de l'occulte qui prétendent influer sur le destin par des moyens relevant de la technique (cf. *Commentaire*, n. 372).

10. La précision s'explique par le fait que, selon les néoplatoniciens, la création des aspects sensibles ou matériels du Monde n'est qu'une prérogative inférieure du Démiurge, qui crée aussi les âmes et autres êtres spirituels comme les démons et les anges (qui sont de nature incorporelle), et en outre ce qu'on pourrait appeler la structure rationnelle du Monde, à savoir la spatialité, la temporalité et les genres et espèces. C'est ce dernier aspect qu'ici – et dans le *Commentaire* également – Hiéroclès désigne par la formule « création incorporelle ». Cf. *Commentaire*, n. 149 et 284.

11. Voici la formulation la plus proche qu'on puisse trouver, chez un auteur païen de l'Antiquité, de la création *ex nihilo* (si toutefois le chrétien Photios ne déforme pas le propos de Hiéroclès). Le point de vue platonicien païen sur la création est très complexe : on peut, schématiquement, opposer l'héritage de penseurs médio-platoniciens tels que Numénius, Plutarque ou Atticus, pour qui la matière préexiste à l'action créatrice et explique la part de mal présente dans le Monde (Dieu n'a pas pu totalement subjuguer le chaos inhérent à la matière et a dû avoir recours à une simple « persuasion », qui se superpose à la nécessité, cf. *Timée*, 48 a), et la perspective de ceux qui, après Porphyre, rattachent la matière à la série des causes, en la considérant comme une émanation (même si toute dernière) de la divinité, et en tant que telle non dépourvue de perfection. La matière est ici produite par l'acte intellectif du Démiurge, sans irruption d'un intervalle de temps, et de la sorte le Monde n'est pas créé *dans* le temps, mais *avec* le temps, de toute éternité (ceci contrairement à la doctrine chrétienne). Hiéroclès se rattache à ce dernier groupe (cf. Hadot, p. 78-92) et minimise visiblement l'autonomie et la négativité de la matière.

12. *Ousiôsis*, mot très rare du jargon philosophique (et traduit comme tel) : il désigne ici l'accession à l'être de la corporéité, lors de la création. On notera qu'il apparaît chez Porphyre, dans le contexte de la création du Monde et en un sens très proche, sinon identique, de ce que conçoit Hiéroclès : *hama gar noèmati eis ousiôsin ho theos ta panta parègagen*, « car Dieu a fait venir toutes choses à la substantification au moment même où il les concevait » (*Commentaire sur le* Timée, Fr. 36 Sodano).

13. Triade néoplatonicienne typique, qui apparaît aussi dans le *Commentaire*, n. 175.

14. « Dieux », allusion au *Timée*, 41 a 7 où le Démiurge s'adresse à ses premiers-nés en les appelant « Dieux de dieux ». On retrouve ici la tripartition des genres supérieurs qui structure le *Commentaire*.

15. L'expression n'est pas chez Platon, même si elle se réclame de la croyance platonicienne en l'immortalité de l'âme.

16. Sur la dialectique séparation / union chez les êtres supérieurs, cf. Introduction, chap. « Genres et classes, uni-multiplicité ». Les néoplatoniciens, en métaphysique, ont cherché à concevoir un mode d'unité qui préserve la différenciation et l'autonomie des parties : tel est le sens de l'uni-multiplicité prêtée par Plotin à l'Intellect (le monde intelligible).

17. Écho du *Timée*, cf. *Commentaire*, I, 2 et la note.

18. La pensée grecque en général, et le néoplatonisme en particulier, sont hostiles à l'idée d'innovation, conçue comme déviation par rapport à une norme droite, révélée en des temps immémoriaux et sanctifiée dans les us et coutumes suivis dans les diverses sociétés humaines.

19. La nécessité conçue par les astrologues est irrationnelle, car elle repose sur de prétendus affects ressentis par les astres, lorsqu'ils se trouvent en conjonction avec d'autres avec qui ils sont en affinité, ou au contraire en conflit : l'homme devient ainsi le jouet de pathétiques luttes d'influences. La contrainte stoïcienne est visiblement assimilée à un déterminisme mécanique. Quant au péripatéticien Alexandre d'Aphrodise (dont nous avons un *Traité du Destin*), sa notion de destin est, selon Hiéroclès, rigoureusement physicaliste, alors que le destin véritable (la providence) est orienté vers une fin, qui est le Bien, et qui est aussi souhaitée par tout être rationnel : en outre, cette fin a des moyens, les châtiments réservés aux méchants, qui ne sont pas assurés dans le cadre d'un déterminisme mécanique.

20. C'est là, en effet, la position néoplatonicienne standard sur la réincarnation, qui prend le contre-pied du *Timée* de Platon (90 e-92 c), de *Rép.* X, 620 d et de *Phd.* 81 e-82 b, du moins si on les prend à la lettre. En raison du fixisme inhérent à la métaphysique néoplatonicienne, les âmes demeurent dans le rang qui leur a été assigné et elles ne peuvent ni accéder au rang supérieur des anges (cf. *Commentaire*, XXIII, 4 et la n.), ni être ravalées au rang des animaux, qui sont dénués de raison. Plotin, étonnamment, prenait à la lettre le récit platonicien ; son disciple Porphyre semble avoir tergiversé sur la question (point chez J. Carlier, « L'après-mort selon Porphyre », dans A. Charles-Saget (éd.), *Retour, repentir et constitution de soi*, Paris, 1998, p. 133-160), et il n'est en tout cas pas étonnant que, dans son *Traité de l'abstinence*, il soit partisan de la rationalité de certains animaux, qui jette une passerelle entre eux et nous et permet de rendre plus raisonnable la thèse de la réincarnation de l'homme vers l'animal.

21. En considérant que *tautèn* et *autès* renvoient aux deux conceptions opposées par Hiéroclès. Si les deux mots renvoient à la seule thèse de Hiéroclès, alors il faut traduire : « Cette hypothèse mal assurée et vaine [*selon Photios*], il la considère de tous les points de vue ».

22. Le verbe *syggymnazein*, si on le prend au sens propre, doit renvoyer à une forme de discipline mentale relevant de ce que P. Hadot a appelé des « exercices spirituels » (*Exercices spirituels et philosophie antique*, Paris, 2002^2). Il doit s'agir d'exercices visant à soutenir l'existence de la providence, notamment par changement de perspective (par exemple, juger que les maux qui m'arrivent ne touchent qu'une infime partie du monde et doivent être replacés dans un cadre général, qui peut très bien être gouverné par la providence). Mais il est aussi possible que le verbe ait un sens plus large, et qu'il signifie simplement que Hiéroclès a « travaillé à » trouver et établir des arguments.

23. Il s'agit des *Oracles chaldaïques* ; cf. éd. É. des Places (CUF), Paris, 1971. Naturellement, ces *Oracles* ne sont « prétendus » tels que pour Photios.

24. C'est-à-dire la théurgie, qui est « l'art hiératique » (*Commentaire*, XXVI, 24). Le projet d'accord entre Platon et les *Oracles chaldaïques* existe dans le néoplatonisme depuis Jamblique (sinon depuis Porphyre), et a fait l'objet d'une monographie du contemporain de Hiéroclès, Syrianus (cf. *Souda*, *sub verbo*, Σ 1662).

25. Il ne s'agit vraisemblablement pas ici du grand théologien chrétien du même nom, comme on a pu le penser en raison de ce qui semble être une confusion de Porphyre, mais d'une figure distincte, philosophe païen rendu notable, dans l'école néoplatonicienne, par son refus de poser un principe au-delà de l'être, tel que l'Un. Voir la notice de L. Brisson et R. Goulet, « Origène le Platonicien », dans le t. IV du *Dictionnaire des philosophes antiques*, notice O 41.

26. Allusion probable au philosophe médio-platonicien Atticus, passé à la postérité comme le platonicien le plus hostile à Aristote.

27. Périphrases désignant respectivement Aristote et Platon.

28. Sur ce passage, voir l'Introduction, p. 32.

29. Telle est bien en effet l'impression qui se dégage des œuvres de Hiéroclès, qui s'exprime en général de façon claire et évite un jargon excessif.

30. Nous signalons par des astérisques tous les *hoti* du texte, qui indiquent un nouveau développement et un nouvel extrait fait par Photios.

31. C'est-à-dire l'Olympiodoros du *codex* 214, 171 b.

32. C'est la thèse de la plupart des auteurs d'époque médio-platonicienne : Dieu crée le monde à partir d'une matière préexistante, qu'il arrange ou façonne sans lui donner l'être.

33. Pour Dieu comme « peintre », cf. Plat., *Tim.* 55 c : « Et puisqu'il restait encore une combinaison, la cinquième, Dieu en fit usage pour le Tout, au moment d'en peindre la surface ». Peintre, menuisier et dieu sont en outre les trois figures présidant aux diverses espèces des lits (lit peint ; lit manufacturé ; lit idéal), en *Rép.* X, 597 b.

34. L'assomption est que le caractère inengendré (c'est-à-dire principiel) est un signe de supériorité de nature : il est impossible qu'un principe soit incréé et à l'état mauvais. Non seulement rien ne saurait motiver le changement d'attitude du Démiurge envers une essence immuable, mais il est même impossible qu'il ait prise sur une essence de même rang que lui, comme le montre la suite. Certains philosophes médio-platoniciens, qui concevaient une matière incréée mauvaise, n'avaient pas le même scrupule que Hiéroclès.

35. Distinction cruciale dans l'exégèse du *Timée* : on accepte de dire que le Monde (ou ici la matière) est engendré par le Démiurge qui est sa cause, donc qu'il dépend de lui pour être, mais on n'accepte pas qu'il soit engendré du point de vue temporel : il a, au contraire, été créé de concert avec le temps, de sorte qu'il n'a ni commencement ni fin dans le temps. Ici le raisonnement est *a contrario* : si vraiment la matière était inengendrée y compris d'un point de vue causal, alors elle serait principe et d'emblée parfaite, comme Dieu, et alors tout changement serait pour elle un mal. Autrement dit, pour qu'il soit acceptable d'opérer sur la matière, il faut que celle-ci soit d'emblée dans une relation d'infériorité ontologique.

36. Cf., de nouveau, Plat., *Rép.* X, 617 e. La démonstration cherche, en procédant *a priori*, à sauvegarder la bonté divine.

37. C'est le principal argument de ceux qui soutiennent l'éternité du Monde : si Dieu a créé le Monde en quelque point du temps, alors il a nécessairement changé d'avis (en faisant à tel instant ce qu'il avait décidé de ne pas faire précédemment), ce qui est incompatible avec l'immutabilité divine.

38. Cf. *supra*, n. 6.

39. *Nous* : cf. *Commentaire*, n. 340.

40. Cf. *supra*, n. 20.

41. *Noera* : dans le néoplatonisme tardif, le terme désigne le plus souvent les classes des êtres divins immédiatement subordonnés aux intelligibles, tels que le Démiurge ; mais ici, il s'agit simplement de désigner des êtres vivant dans le monde mais dotés, contrairement aux animaux, d'une faculté de pensée : d'où la traduction.

42. Le terme d'*hyphesis* (ici l'adverbe *hypheimenôs*) désigne un mode d'organisation et de réalité moins puissant et moins intense que celui des premières réalités intelligibles, qui peuvent concentrer toutes choses dans une dimension nulle, tandis que le Monde voit de simples parties de lui-même occuper une extension parfois notable. Il est systématiquement la marque d'entités de rang inférieur.

43. Cette altération essentielle est en effet un trait des âmes humaines selon Jamblique (cf. Introduction, p. 62).

44. C'est-à-dire que le rang inférieur des êtres éthérés a mené à une plurification de leur mode de connaissance, qui est discursif quand celui des êtres célestes est purement intuitif. Dans le néoplatonisme, la pluralité est toujours signe d'infériorité, l'absolu étant identifié à l'unité pure, l'Un. Les âmes humaines relèvent d'un rang encore inférieur.

45. Cf. *Commentaire*, XXVII, 6 : la troisième classe est subordonnée à la première, mais aussi à la seconde, qui joue donc un rôle d'intermédiaire nécessaire.

46. Allusion à la méthode dialectique de division employée par les néoplatoniciens, dans la lignée de précédents platoniciens comme le *Sophiste*. Le schéma, très fréquemment utilisé (notamment dans les *Éléments de théologie* de Proclus), est le suivant, pour A = intellection et B = absence d'intellection : A (les êtres célestes), A et B avec prédominance de A (les êtres éthérés), A et B avec prédominance de B (les âmes humaines), B (la quatrième classe, conséquence logique du schéma mais qui n'est pas en fait issue du Démiurge : s'agit-il des animaux ?). En vertu de la même logique, les néoplatoniciens déduisent une loi universelle des moyens termes : entre deux réalités contraires A et B s'intercalent nécessairement des moyens termes AB et BA.

47. C'est en effet, avec celui de « messager » évoqué un peu plus haut, le rôle traditionnellement dévolu aux êtres semi-divins que sont les démons

et les anges (les dieux étant considérés comme trop augustes pour daigner exercer une surveillance sur le particulier) : la fonction de surveillance est assumée aussi bien collectivement (démons recteurs de cités et autres communautés) qu'individuellement (démons et anges « gardiens »). Dans ce dernier rôle, les démons président à la naissance et à la mort, selon une représentation familière à l'historien des religions, et présente notamment dans le mythe grec des Moires.

48. « L'âme préexiste "là-haut" (*ekei*), dans le royaume transcendantal de l'être, d'où la destinée l'envoie dans ce monde-ci ; sa naissance est en même temps son entrée dans le royaume du devenir (le terme grec *genesis* recouvre les deux idées) » (Schibli, p. 342, n. 28). Après la mort, l'âme remonte là-haut, comme le montre la suite.

49. Le raisonnement est assez tortueux, même s'il s'éclaire quelque peu avec la suite (la traduction de Schibli nous semble faire contresens, sauf à donner un sens spécifique à *kreittôn anagkè*). Nous le reconstituons de la manière suivante. Si les événements extérieurs arrivaient sans raison, alors, dans l'hypothèse de l'existence d'une providence, il faudrait que ce soient les actes de l'âme elle-même qui soient orientés (et donc déterminés) par une nécessité d'ordre supérieur à l'ordre physique. Mais dans ce cas, l'âme n'a pas de libre arbitre ; le vice et la vertu sont attribuables à cette nécessité ; et il n'y a plus de rétribution selon le mérite. Hiéroclès pense au contraire que les événements extérieurs sont orientés par la nécessité (à travers laquelle s'expriment ordre et providence), et que sur le fond de ces événements, l'âme se détermine librement. Le sens de l'argument pourrait être aussi qu'en l'absence de déterminisme dans la nature, nous serions plus déterminés que des objets physiques, ce qui serait absurde. Le sens de *eggignesthai* (« apparaître », c'est-à-dire « être soumis au choix de l'âme », ou bien « être produit », « être imposé à l'âme » ?) et *kreittôn anagkè* (« nécessité supérieure à la nécessité physique », et donc « nécessité d'ordre intellectuel », ou bien « nécessité plus forte (que nous), qui s'impose (à nous) » ?) est incertain. Il est clair en tout cas à partir de la suite du texte que Hiéroclès cherche une voie moyenne : si aucune nécessité n'existait, tout arriverait arbitrairement et contre le mérite, et cela nierait l'existence d'un plan de la providence ; si la nécessité régulait tout, alors il n'y aurait plus de mérite, ni de justification aux errements apparents de la providence.

50. Conviction du philosophe présocratique Anaxagore (cf. Plat., *Phd.* 97 c), tout à fait compatible avec les doctrines de Platon et d'Aristote.

51. La traduction du passage est un peu malaisée, dans la mesure où Hiéroclès énonce quatre possibilités au lieu de trois (la dernière semblant s'identifier à la première et à la thèse de la nécessité absolue, comme le note Schibli), et qu'il ne comptabilise pas sa propre solution parmi ces

possibilités. Le sens de sa doctrine est toutefois clair : nécessité et liberté ne sont pas des domaines *exclusifs* (que leur domination soit univoque ou successive), mais en *mutuelle collaboration* : le libre arbitre s'exprime sur fond de la conviction que les bonnes actions finiront par être justifiées par l'ordre divin ; et la providence suppose le libre arbitre, sinon elle récompenserait des actions faites sans mérite.

52. Doctrine standard de la matière dans les écoles (néo-)platonicienne et aristotélicienne : elle est le substrat dénué de toute qualité, ceci afin de pouvoir acquérir toute qualité, tel l'excipient dénué d'odeur qui accueille les odeurs de parfum (cf. Plat., *Tim.* 50 e). Selon Aristote, le principe matériel s'oppose directement au principe formel. N'étant rien en particulier, la matière peut devenir tout. Les quatre éléments ne s'identifient pas *stricto sensu* à la matière, car ils sont déjà pourvus d'une forme et de qualités primaires (chaud, froid, sec, humide).

53. Allusion à l'immortalité acquise par les choses mortelles en vertu de la perpétuation à l'infini (la « succession ») de l'espèce, tandis que les individus représentant cette espèce naissent et meurent, et que la matière se transforme incessamment. Cette immortalité est l'objet véritable du désir amoureux : cf. Plat., *Symp.* 207 a-208 b. L'éternité des espèces devient par la suite une doctrine de base de l'aristotélisme : les individus ne se conservent pas dans leur unité individuelle mais spécifique (*De anima*, 415 b 4-7). — Pour Hiéroclès, donc, les êtres dépourvus de raison sont livrés au hasard en tant qu'individus, mais gouvernés par la providence au niveau de l'espèce. Les êtres humains connaissent pour leur part aussi une providence individuelle.

54. Avec le terme d'« aléa », on a tenté de rendre l'ambiguïté du terme *pathos*, qui pourrait aussi bien renvoyer à des châtiments (pour les méchants) qu'à de bonnes fortunes (pour les bons).

55. Cf. le *Commentaire*, XI, 31, où les dieux immortels s'inquiètent de nous « comme de parents déchus ».

56. La précision peut s'expliquer de deux manières : soit (ce qui est peut-être plus probable) en raison du goût néoplatonicien de la hiérarchie, qui fait que chaque niveau est sous la supervision du niveau qui le précède immédiatement (« sauter » un niveau signifierait court-circuiter la hiérarchie qui, par hypothèse, est parfaite et immuable) ; soit avec en vue une théorie telle que celle de Plotin sur le démon personnel (*Enn.* III, 4, 3), lequel s'identifie à chaque fois au niveau qui surplombe directement l'état atteint par un individu donné, cet état étant toutefois variable selon les individus et selon les progrès accomplis au cours de la vie.

57. Nouvelle allusion au mythe de Plat., *Rép.* X, 617 d-620 e, où effectivement le choix des vies semble simultanément volontaire et déterminé.

58. C'est-à-dire que les hommes justes et rationnels sont plus libres que les méchants, qui tendent à l'animalité et sont ballottés par leurs passions, comme des jouets, tout en étant responsables de la condition qui est la leur. Les uns dominent leurs choix et voient ce qui doit en résulter ; les autres sont dominés par eux, mais tous choisissent.

59. Hiéroclès semble ici parler de lui-même, en concédant modestement qu'il n'arrive pas toujours à être pleinement fidèle à son statut de philosophe. Cette incapacité est du reste dans la nature des choses, car toute âme humaine, selon l'interprétation introduite par Jamblique et suivie par Hiéroclès (cf. Introduction, chap. « L'essence de l'âme : entre faiblesse et droite raison »), est irrémédiablement partagée entre stabilité et variation, action droite et erreur, intelligible et sensible.

60. Conséquence de la doctrine de Jamblique (cf. n. précédente) : on ne peut atteindre ni une béatitude impossible à remettre en cause (comme semblent l'admettre Plotin et Porphyre), ni une déchéance telle qu'on se voie rabaisser au rang des animaux. Ce sont là de simples pôles, et non des absolus.

61. Allusion à des récits philosophico-religieux sur l'exil de l'âme, tels que celui d'Empédocle, qui parle pour sa part d'une errance de trente mille ans (Fr. B 115 D.-K., v. 6). Sur cet exil empédocléen, qui ouvre le grand poème des *Catharmes*, voir M. Rashed, « Le proème des *Catharmes* d'Empédocle. Reconstitution et commentaire », *Elenchos* 29.1, 2008, p. 7-37.

62. Nouvelle allusion au schème philosophique technique Essence – Puissance – Activité, cf. *Commentaire*, n. 145. Ici, il s'agit de dire que les êtres parfaits produisent invariablement la même activité liée à leur essence, ce qui n'est pas le cas des êtres imparfaits, dont les activités varient ou cessent.

63. *Kat' auto monon to einai* : la production « par l'être même » est une formule technique du néoplatonisme tardif, qui joue notamment un grand rôle dans les *Éléments de Théologie* de Proclus (Prop. 18) : ce qui produit par son être même est, à titre premier, cela même qu'il donne aux autres choses : il est donc le fondement même de la relation platonicienne de participation. Il ne produit pas par un mouvement, qui impliquerait variation, mais du fait même qu'il existe.

64. Cf. sur ce passage Hadot, p. 88-89, qui met notamment en lumière l'objet réel du débat, à savoir la création du Monde, créé de toute éternité par un Démiurge agissant par son être même (cf. *supra*, 460 b-461 a).

65. Plat., *Phèdre*, 247 c.

66. Jamblique (*apud* Simplicius, *In Cat.* p. 363, 33) conçoit semblablement un lieu divin, qui est à lui-même sa propre cause.

67. Plat., *Lois*, IV, 709 b.

68. On voit ici apparaître de façon très claire une distinction entre deux providences, qui était déjà en germe dans la distinction entre « jugement divin » et choix humain, et entre autodétermination libre et circonstances touchant au corps et aux biens extérieurs. Dans ce qui suit, on va voir également que la providence pure a trait au bien, tandis que la providence mixte a trait aux maux apparents que sont les corrections et châtiments (même s'ils sont en réalité aussi des biens). Dans cette mesure, la distinction de Hiéroclès correspond à la distinction faite par Jamblique entre Providence et Destin (cf. *Commentaire*, n. 98) : d'un côté, un ordre absolument parfait, régi par la seule raison divine et accepté par l'âme exerçant sa propre raison ; de l'autre, un ordre qui prend en compte les défaillances produites par la matière et la nécessité. Ces deux ordres s'identifient en dernière analyse, en ce qu'ils visent tous les deux au bien : mais le second peut apparaître néfaste et punitif au coupable qui raisonne de façon immédiate et égoïste.

69. On retrouve les termes mêmes de la citation des *Lois* de Platon (*tykhè* et *kairos*). Hiéroclès justifie par ce texte sa distinction de deux providences.

70. On ne saurait mieux dire que la vie des hommes n'est pas soumise à la *prédestination*. Cf. aussi *Commentaire*, XI, 19-20 : les punitions ne sont pas infligées à l'homme en tant que tel, mais à un coupable.

71. « C'est-à-dire la position que chaque personne assume en vertu de ses choix individuels » (Schibli, p. 352, n. 65). Hiéroclès entrouvre ici une possibilité pour concilier ordre ontologique (le « rang » déterminé par la « Loi » dans les premiers chapitres du *Commentaire*) et ordre éthique (mérite).

72. Sur cette section, cf. D. O'Meara, « Aspects of Political Philosophy in Iamblichus », dans H. J. Blumenthal et E. G. Clark (éds.), *The Divine Iamblichus*, Bristol, 1993, p. 68-69.

73. Plat., *Tht.* 173 c-176 b.

74. La figure de l'amoureux chez Platon renvoie à l'Erôs du *Banquet* et à la « folie amoureuse » du *Phèdre*. Curieusement, Hiéroclès choisit d'illustrer son propos au moyen d'un détour par la *République*. Son « amoureux » est plutôt un *philanthrope*.

75. Plat., *Rép.* VI, 500 e-501 a.

76. Hom., *Il.* I, v. 131.

77. Cf. Plat., *Rép.* VI, 501 a-c. On se souvient que le Démiurge lui-même est peintre (cf. *supra*, 460 b).

78. Allégorie de la relation pédérastique, qui permet de jeter un voile pudique sur les détails d'une association généralement réprouvée par les intellectuels de l'âge tardif.

79. *Goèteia*, *goèteuein* désignent les pratiques occultes de la magie, et sont employés par Platon (ex. *Phd.* 81 b 3) pour évoquer le charme exercé par les prestiges du monde matériel.

80. Comme l'indique Schibli, il est nécessaire, pour comprendre ce passage, de se référer à Plat., *Rép.* VI, 500 d, où il est expliqué que le philosophe subit une « contrainte » (*anagkè*) de s'occuper des mœurs de ses frères humains et non seulement des siennes. (une stratégie alternative pourrait être de corriger *ou eikonas* en *hou eikonas*, comme le propose D. O'Meara, *Platonopolis*, Oxford, 2003, p. 77, n. 13) L'« image » qu'il trace est sa propre vie, dans ses aspects privé comme public.

81. *Apokatastasis*, la restauration dans la condition heureuse d'avant l'incarnation. Le terme est aussi employé en théologie chrétienne pour décrire le retour de toutes les âmes auprès de Dieu, à la consommation des temps.

82. Cf. Plat., *Phèdre*, 249 a.

83. C'est-à-dire le règne de la providence d'un côté, et les dispositifs suscitant le bien de l'autre (raison, lois, prières, qui forment ici une triade). Hiéroclès veut éviter que la production du bien soit assurée d'office par le seul ordre providentiel, et échappe ainsi à la responsabilité de l'individu et de la société.

84. C'est-à-dire l'inégalité des conditions – riches et pauvres, heureux et malheureux… – dont tout homme fait l'expérience, et qui ne peut être justifiée du point de vue de la providence que si elle a été méritée, soit dans la vie présente, soit au long des vies antérieures. Pour la plupart des philosophes grecs, la répartition juste est celle qui se fait proportionnellement au mérite, ce qu'Aristote appelle égalité « géométrique » ou « proportionnelle » (cf. *Éthique à Nicomaque*, V, 1131 a), à la différence de l'égalité « arithmétique » qui donne également à chacun.

85. Cf. Plat., *Tim.* 89 b.

86. La médecine grecque, en particulier, était friande d'observations empiriques sur les cycles temporels régissant les espèces : des cycles de sept ans, par exemple, gouvernent l'être humain, irrationnel pendant ses sept premières années, voyant sa raison se former pendant sept autres, et devenant biologiquement adulte de 14 à 21 ans.

87. Cf. Plat., *Rép.* X, 620 d-e ; *Phd.* 107 d, et *supra*, 462 a. C'est le démon personnel de chacun.

88. Cf. plus haut, n. 53.

89. Cf. *Commentaire*, n. 240.

90. Sans doute une allusion polémique à la thèse débattue par Plotin (*Enn.* IV, 9) de l'existence d'une âme unique pour tous les êtres. Les néoplatoniciens tardifs n'ont de leur côté aucun doute, et considèrent que chaque être humain possède une âme qui lui est propre, âme de rang inférieur à celles des dieux, des astres ou de l'Univers et pour cette raison appelée « partielle » (*merikè*).

91. Cf. Plat., *Phd.* 107 e.

INDEX NOMINUM ET RERUM

L'indexation des notes finales se concentre sur les noms d'auteurs et les notices les plus détaillées.

TABLE DES MATIÈRES

LA ROUE À LIVRES

PARUS

GEORGES ACROPOLITÈS
Chronique du XIIIe siècle. L'empire grec de Nicée

AGATHIAS
Guerres et malheurs du temps sous Justinien

ALAIN DE LILLE
La plainte de la nature (*De Planctu Nature*)

LEON BATTISTA ALBERTI
De la famille

ALCIPHRON
Lettres de pêcheurs, de paysans, de parasites et d'hétaïres

ALEXANDRE LE GRAND ET LES BRAHMANES
PALLADIOS D'HÉLÉNOPOLIS, Les Mœurs des brahmanes de l'Inde
suivi de Correspondance d'Alexandre et de Dindime (Anonyme)

APPIEN
Les guerres civiles à Rome (Livre I. Marius et Sylla)
Les guerres civiles à Rome (Livre II. César et Pompée)
Les guerres civiles à Rome (Livre III. Antoine et Octave)
Les guerres civiles à Rome (Livre IV)

ARRIEN
L'Art tactique. Histoire de la succession d'Alexandre

ARRIEN & OPPIEN D'APAMÉE
Art de la chasse. Cynégétiques.
ARRIEN, Cynégétique *suivi de* OPPIEN D'APAMÉE, Cynégétique

BÈDE LE VÉNÉRABLE
Histoire ecclésiastique du peuple anglais (Tome I. Conquête et conversion)
Histoire ecclésiastique du peuple anglais (Tome II. Miracles et missions)

BOÈCE
La consolation de philosophie

CALLISTHÈNE (Pseudo-)
Le roman d'Alexandre. La vie et les hauts faits d'Alexandre de Macédoine

CHRONIQUE DE MORÉE

JEAN CHRYSOSTOME & JEAN DAMASCÈNE
Figures de l'évêque idéal

CICÉRON
De la divination
La nature des dieux

CONSTANTIN LE GRAND
Lettres et discours

CTÉSIAS
Histoires de l'Orient

DENYS D'HALICARNASSE
Les origines de Rome (Les antiquités romaines. Livres I et II)

DIODORE DE SICILE
Naissance des dieux et des hommes (Bibliothèque historique. Livres I et II)
Mythologie des Grecs (Bibliothèque historique. Livre IV)

DION CASSIUS
Histoire romaine (Livres 40-41. César et Pompée)
Histoire romaine (Livres 57-59. Tibère et Caligula)

DION DE PRUSE
Ilion n'a pas été prise. Discours « troyen » 11

LE DOSSIER SAINT LÉGER

ÉLIEN
Histoire variée
La personnalité des animaux (Tome I. Livres I à IX)
La personnalité des animaux (Tome II. Livres X à XVII et index)

ESQUISSE DE LA KABBALE CHRÉTIENNE

EUMATHIOS
Les amours homonymes

GALIEN
L'âme et ses passions

GEOFFROY DE MONMOUTH
Histoire des rois de Bretagne

GERVAIS DE TILBURY
Le livre des Merveilles. Divertissement pour un Empereur (3e partie)

HÉRODIEN
Histoire des empereurs romains de Marc Aurèle à Gordien III
(180 ap. J.-C. - 238 ap. J.-C.)

HÉROS, MAGICIENS ET SAGES OUBLIÉS DE L'ÉGYPTE ANCIENNE
Une anthologie de la littérature en égyptien démotique

JACOPONE DA TODI
Laudes

JAMBLIQUE
Vie de Pythagore

JORDANÈS
Histoire des Goths

LES JUIFS PRÉSENTÉS AUX CHRÉTIENS
Textes de Léon de Modène et de Richard Simon

JULIUS VICTOR, *L'Art rhétorique* ~ PSEUDO-AUGUSTIN, *Sur la rhétorique*

DIEGO DE LANDA
Relation des choses du Yucatán (1566)
suivi de DIEGO LÓPEZ DE COGOLLUDO, Histoire du Yucatán (1660)

LETTRES POUR TOUTES CIRCONSTANCES
Les traités épistolaires du Pseudo-Libanios
et du Pseudo-Démétrios de Phalère

LUCIEN
Comment écrire l'Histoire

MACROBE
Les saturnales (Livres I-III)

JEAN DE MANDEVILLE
Voyage autour de la Terre

NICOLAS MARTONI & OGIER D'ANGLURE
Vers Jérusalem. Itinéraires croisés au XIVe siècle

MAXIME DE TYR
Choix de conférences. religion et philosophie

MAXIMIEN
Élégies, *suivies de l'*Appendix Maximiani
et de l'Épithalame pour Maximus *d'ENNODE DE PAVIE*

JÉRÔME MÜNZER
Voyage en Espagne et au Portugal (1494-1495)

NAISSANCE DE LA BIBLE
PSEUDO-ARISTÉE, Lettre d'Aristée à Philocrate
suivi de ÉPIPHANE DE SALAMINE, Traité des poids et mesures
et de Témoignages antiques et médiévaux

LE NOUVEAU MONDE
Récits de Amerigo Vespucci, Christophe Colomb, Pierre Martyr d'Anghiera

OVIDE
Les fastes

PHILOSTRATE
La galerie de tableaux

LE POGGE
Un vieux doit-il se marier ?

PROCOPE DE CÉSARÉE
Histoire des Goths (2 volumes sous coffret)
Histoire secrète
Guerre contre les Vandales (Guerres de Justinien, Livres III et IV)

LE ROMAN D'YSENGRIN

ROMANS DE CHEVALERIE DU MOYEN ÂGE GREC

SATIRES ET PARODIES DU MOYEN ÂGE GREC

TOUT EST BIEN QUI FINIT BIEN
(comédie anonyme de la fin du XVIIIe siècle,
traduite du yiddish amstellodamois)

LORENZO VALLA
La donation de Constantin

VIE D'ABERCIUS. VIE DE POLYCARPE
Deux biographies légendaires d'évêques du IIe siècle

VIE D'ÉSOPE
Livre du philosophe Xanthos et de son esclave Ésope.
Du mode de vie d'Ésope

XÉNOPHON
Constitution des Lacédémoniens – Agésilas – Hiéron
suivi de PSEUDO-XÉNOPHON, Constitution des Athéniens

JOSEPH BEN MÉÏR IBN ZABARA
Le Livre des Délices. *Sefer Cha'Achouïm*

Documents

Alexandre le Grand. Les risques du pouvoir

Chroniques mésopotamiennes

Les cités de l'Occident romain

Conquérants & chroniqueurs espagnols en pays maya (1517-1697)
I. Découvertes

Conquérants & chroniqueurs espagnols en pays maya (1517-1697)
II. Conquêtes

Les cultes isiaques dans le monde gréco-romain

Éloges grecs de Rome

Inscriptions historiques grecques

Récits inédits sur la guerre de Troie

JEAN GOBI
Dialogue avec un fantôme

LIBANIOS
Lettres aux hommes de son temps

Corpus aristotélicien

Du ciel

Problèmes mécaniques - Des lignes insécables

Des couleurs - Des sons - Du souffle

Composition et mise en pages
Nord Compo, Villeneuve-d'Ascq

*Ce volume,
le quatre-vingt-quatrième
de la collection « La Roue à Livres »
publié aux Éditions Les Belles Lettres,
a été achevé d'imprimer
en février 2018
par La Manufacture imprimeur
52205 Langres Cedex, France*

*N° d'éditeur : 8847
N° d'imprimeur : 180163
Dépôt légal : mars 2018*